Shenzhen
Model

深圳样本

罗亚平————等 著

清华大学出版社
北京

图书在版编目（CIP）数据

深圳样本 / 罗亚平等著.—北京：清华大学出版社，2020.8
ISBN 978-7-302-56123-1

Ⅰ.①深…　Ⅱ.①罗…　Ⅲ.①区域经济发展－研究－深圳　Ⅳ.①F127.653

中国版本图书馆CIP数据核字(2020)第141362号

责任编辑：王巧珍
封面设计：李召霞
责任校对：王凤芝
责任印制：沈　露

出版发行：清华大学出版社
　　　　　网　　　址：http://www.tup.com.cn，http://www.wqbook.com
　　　　　地　　　址：北京清华大学学研大厦A座　　　　　邮　　编：100084
　　　　　社 总 机：010-62770175　　　　　　　　　　　邮　　购：010-62786544
　　　　　投稿与读者服务：010-62776969，c-service@tup.tsinghua.edu.cn
　　　　　质 量 反 馈：010-62772015，zhiliang@tup.tsinghua.edu.cn
印 装 者：三河市铭诚印务有限公司
经　　销：全国新华书店
开　　本：170mm×240mm　　　印　　张：19.5　　　字　　数：288千字
版　　次：2020年8月第1版　　　印　　次：2020年8月第1次印刷
定　　价：76.00元

产品编号：086983-01

改革开放，
努力建设好中国特色社会主义
先行示范区

2019 年岁末，大半个中国已银装素裹。深圳，这座北纬 22° 的城市，仍然满街轻俏春装，满目葱茏翠绿。

回首往事，2019 年是一个十分关键的时间窗口，8 月 18 日，《中共中央 国务院关于支持深圳建设中国特色社会主义先行示范区的意见》由新华社向全世界发布，深圳经济特区在即将迎来 2020 年经济特区建区 40 周年、前海深港现代服务业合作区成立 10 周年之际，迎来了更大的历史性发展机遇。

深圳给世人的标签有"经济特区""改革开放试验场""窗口""尖兵""铺路石""马前卒""居民平均年龄最小的城市"……

40 年筚路蓝缕、沧海桑田，从南海小渔村的乡间里巷，到现代化国际大都市的傲然崛起，深圳向世界展示了惊人的发展奇迹，这是中国力量、中国精神之所系、之所在。

1979 年，广东省宝安县蛇口公社炸山填海，打响了中国改革开放第一炮，中国第一个对外开放的工业园区——招商局蛇口工业区诞生了。

从蛇口这个"改革试管"起步，到 1980 年 8 月 26 日深圳经济特区正式设立至今40年，一系列"敢为天下先"的经济探索与制度革新次第铺开，思想的解放振奋国人。"时间就是金钱，效率就是生命""空谈误国，实干兴邦"的口号，从这里开始响彻大江南北。

坐落在南山区的招商局历史博物馆门前立着一尊雕塑，女神挣脱束缚，身体奋力欲飞，目光坚定，长发飞舞。"闯与创"是雕塑的名称，也是对特区精神的诠释。

人们津津乐道深圳的新中国"第一次"：从在全国首次实行住房商品化改革、率先发行股票、首次取消票证，到近年在全国率先开展行政审批制度改革、首次"破冰"商事制度改革、率先推行法检人员职业化改革，40年，1 000多项全国第一，深圳成为当之无愧的体制改革"试验田"。

沿深南大道从东往西，几乎就是深圳改革开放发展路径的一次沙盘推演——罗湖区的国际贸易中心大厦创造了特区初期三天一层楼的深圳速度；华强北电子一条街推动了内外商贸的拓展，打造出华强名片；南山区的粤海街道孵育出华为、中兴、腾讯、大疆等科技巨头，诠释了何为创业创新的深圳力量。

罗马并非一日建成，伟大的背后充满苦难和艰辛，有人看到了深圳的"巨变"，但没有看到"巨变"之前历尽的苦难和艰辛，而深圳经济特区取得的辉煌成就离不开40年来中国共产党人的自觉和觉醒。

习近平同志在庆祝改革开放40周年大会上的重要讲话指出："改革开放是我们党的一次伟大觉醒，正是这个伟大觉醒孕育了我们党从理论到实践的伟大创造。"这一重要论断深刻揭示了改革开放是中国共产党历史上具有战略意义的伟大革命。

时空之中的深圳故事，是中国道路、中国故事最佳的诠释；深圳的改革开放发展轨迹，也暗含着中国前进之路的逻辑。重寻改革开放的足迹，不忘初心，就是写作这本书的初衷。

我十分欣喜地看到：我们的改革开放事业后继有人。写作这段深圳历史的作者来深圳时间长的有30多年，有些人虽然来深圳时间不长，但他们中间有年轻的上市公司董事长，大部分作者据说都是硕士、博士、博士后，他们都是未来将深圳建设成为中国特色社会主义先行示范区当之无愧的接班人。

党的十八大以来，以习近平同志为核心的党中央在全国各地开始中国自由贸易试验区建设，在国际上倡导"一带一路"合作，通过一系列重大部署开创了对外开放新的局面。

2020年是特别值得纪念的一年，也将是更加不平凡的一年，全球新冠病毒的魔咒挥之不去，我们仍将会在"苦难中行军"。40年那么多艰难困苦都经历了，战胜了，"宝剑锋从磨砺出，梅花香自苦寒来"，我坚信：深圳仍将一如既往，以拓荒牛的精神再次打造出一片崭新的天地。

是为序！

王伟光

（中国社会科学院前院长、党组书记，全国政协常委）

2020年7月于北京

CONTENTS | 目录

第三章　湾区潮涌

潮起南海

Tides Rising from the South China Sea

Chapter 1

解放军止步罗湖桥

————

1949 年 4 月 21 日，毛泽东和朱德发出了《向全国进军的命令》。几乎同时，人民解放军发起渡江战役，4 月 23 日解放南京，宣告了国民党反动统治的覆灭。英勇之师所向披靡，捷报不断传来，这让仍在江北的第四野战军两广纵队的将士备受鼓舞。两广纵队在东江纵队的基础上组建，干部和战士主要是广东人和广西人，其中有些人的老家就在宝安、坪山、大鹏半岛，眼看着就要渡江南下，干部战士个个摩拳擦掌，坚定信念打回华南，解放两广，解放家乡。

北撤转南征　不越樟木头

时间回到 1946 年 6 月。在广东坚持抗战八年多的东江纵队听从党中央的命令，从大局出发，以战斗骨干为主组成北撤部队，6 月 29 日下午，在深圳大鹏半岛沙鱼涌海滩集结。

历史将永远铭记这一天。6 月 30 日清晨，东纵（包括珠纵、韩纵、南路、桂东南等部队的部分骨干）2 583 人，分乘美军提供的 3 艘登陆舰，徐徐驶离大鹏湾。东江纵队司令员曾生和同志们登上甲板，使劲挥动手臂，向留下坚持斗争的战友和前来送行的乡亲们告别。曾生是龙岗坪山人，很多干部战士也是这一带人，为了和平，为了革命，他们要离开熟悉的土地，奔赴遥远的北方。将士们一起高唱起《北撤进行曲》："为了广东的和平呀！我们要离开战斗的故乡，我们要奔赴新的战场，辞别了亲人，告别了战友，飘过海洋到遥远的北方……"这悲壮的歌声,随着海风在大鹏湾上空飘荡。

东江纵队情报处长袁庚也在北撤之列。袁庚是大鹏镇水坝村人,"七七"事变后,投身抗日救亡运动,后来加入东江纵队。抗战期间他负责港九地区的情报工作;抗战胜利后,他担任东江纵队驻港联络处主任,作为东纵代表与英军代表谈判。为了革命,袁庚已说不清在深圳和香港之间往返了多少次。他可能不会想到,三十多年后再回到香港,再到深圳蛇口,炸响创建蛇口工业区的第一炮,成为改革开放、成立深圳经济特区启幕的前奏。

北撤部队经过 5 天 5 夜的海上航行,顺利到达山东烟台,受到胶东军民的热烈欢迎。按照党中央安排,北撤部队仍保留东江纵队的名义,全体人员进行集中的政治学习和军事训练。

经过半年多的学习和参加实战,部队的政治觉悟和军事素质大大提高。1947 年 3 月,中央军委决定以北撤部队为基础组建两广纵队,任命曾生为司令员。党中央交给两广纵队的任务非常明确,要求他们通过自身的努力,发展成为一支万余人的战略性部队,最终目的是按照统一部署与其他部队协同解放华南。1947 年 8 月 1 日,在山东滨县正式举行两广纵队成立大会。两广纵队隶属华东野战军,经过多次战斗锻炼,特别是经过豫东战役、济南战役和淮海战役大兵团作战的锻炼,从游击战过渡到正规战,从小部队作战到大兵团作战,成长为一支坚强的野战部队。

深圳大鹏沙鱼涌海滩,东江纵队北撤山东纪念碑(戴吾三摄,2017 年)

1949 年 3 月，为解放华南，两广纵队调归中国人民解放军第四野战军建制。

1949 年 7 月上旬，两广纵队奉命渡江南下，部队陆续由湖北黄石港横渡长江，进入江西省境，9 月初抵达赣州待命。

9 月 11 日，新成立的华南分局在赣州召开扩大会议，时任华南分局第一书记叶剑英主持会议，他不久前从北京接受中央命令后赶来。会上讨论和决定了解放华南的作战计划，党政军各级领导机构的组成和干部配备，支前工作以及接管城市的政策，外交方针和对付帝国主义的封锁等问题。

会议结束后，叶剑英再召集曾生和执行入粤先遣任务的几位同志谈话，他明确讲：百年来中国受帝国主义的侵略欺侮，广东人民对帝国主义是很仇恨的。但我们当前的主要敌人是国民党反动派，而不是帝国主义，要告诉广东的同志不要把对象搞错了。在这次谈话中，叶剑英还特地传达了毛泽东、周恩来的指示——"暂时不动香港"，要求部队不能越过樟木头一线。对先遣组同志的任务交代完毕，叶剑英又单独问曾生，两广纵队回到广东后有什么打算？曾生回答，按照党中央的指示办。叶剑英点点头，补充说，广东解放后，你们可以一部分干部和部队集中驻守珠江三角洲，另一部分分散到各区去，加强各区的工作。你们驻守珠江三角洲，面对香港、澳门，对内要搞好治安，对外要加强监视，但要避免发生涉外事件。叶剑英最后强调，这个问题很重要，一定要抓好。

9 月 28 日，广东战役联合指挥部正、副司令叶剑英、陈赓签发了广东战役"战联字第一号作战令"：命令第二野战军第四兵团为右路军，第四野战军第十五兵团为左路军，两广纵队和粤赣湘边纵队、粤中纵队为南路军，指定两广纵队司令员曾生、政委雷经天，华南分局副书记林平（又名尹林平）统一指挥。任务是于 10 月 20 日行进至广州、虎门之间地区，截断敌人的南逃之路。

以上内容可见曾生的回忆录。从历史上可知，樟木头因古时周围长满樟树，故名。明置樟木头营，距今有近五百年的历史。从地图上看，樟木头为粤港要道，1911 年广九铁路建成通车，樟木头站是当时广九铁路的大站之一，从樟木头到罗湖桥不到 50 公里。如果部队到樟木头，再抵达深圳河上的罗湖桥，进入香港可以说易如反掌。

由此可见，1949 年 9 月，党中央对不打香港已有明确的战略布局，两广纵队的任务也规定清楚。有文章说"解放军不打香港是到解放广州时才临时决定的"，这是没有根据的。

按照党中央的部署，两广纵队 9 月 30 日从赣州附近驻地出发，10 月 8 日进入广东省和平县地区。回到离别不久的革命老根据地，见到留下坚持斗争的战友和热情的乡亲，同志们兴奋的心情难以形容。此后，部队快速挺进珠江三角洲，执行任务，从 11 月起，展开珠江地区沿海岛屿的作战。其中在 11 月 15 日，两广纵队炮兵团长袁庚派两个排组成战斗队，攻打深圳蛇口西面伶仃洋上的大铲岛。经过 3 个小时的战斗，解放军顺利攻占大铲岛。

到 1950 年 12 月，两广纵队攻下敌人在广东沿海残存的最后一个小岛——蚊尾洲，全歼守敌。至此，广东沿海的岛屿全部解放。

领袖有远略　着眼大布局

1949 年 9 月，党中央对人民解放军不打香港早已有明确的布局。事实上，从历史文献可知，毛泽东对这个问题早有考虑。1946 年 12 月，毛泽东对来延安访问的西方记者说，对香港"我们现在不提出立即归还的要求，中国那么大，许多地方都没有管理好，先急于要这块小地方干吗？将来可以按协商办法解决"。（《毛泽东文集》第 4 卷，207 页，北京，人民出版社，1996 年。）

1949 年年初，全国大局将定，斯大林的代表米高扬于 1 月 31 日秘密来华，辗转到西柏坡中共中央驻地。毛泽东在与米高扬谈话时说道："中国还有一半的领土尚未解放。大陆上的事情比较好办，把军队开去就行了，海岛上的事情就比较复杂，需要采取另一种较灵活的方式去解决，或者采用和平过渡的方式，这就要花较多的时间了。在这种情况下，急于解决香港、澳门的问题也就没有多大意义了。相反，恐怕利用这两地的原来地位，特别是香港，对我们发展海外关系、进出口贸易更为有利些。总之，要看形势的发展再作最后决定。"〔《毛泽东传（1893—1949）》，948 页，北京，中央文献出版社，2004 年。〕

可见毛泽东高瞻远瞩，并不急于解决香港、澳门问题，当然也就谈不上命令人民解放军打香港。不过，在实际中这里还有若干具体问题。

1949 年 6 至 7 月，周恩来委托时任新华社社长廖承志，向熟悉香港问题的同志多方征求意见。此时，中共中央已定都北京。人民解放军渡江南下，势如破竹，解放华南，进逼香港，指日可待。

廖承志在当年 3 月召开的七届二中全会上被补选为中央委员。他出身革命世家，其父廖仲恺、其母何香凝均为国民党左派重要人物，曾辅弼孙中山建国。廖承志追求革命，16 岁加入国民党，1927 年蒋介石发动"四一二"政变后，愤而脱党，1928 年 8 月加入中国共产党，11 月受中共派遣到德国汉堡做中国海员工作，曾任"国际海员工会"执委等职。1932 年回国，先后任中华全国总工会宣传部长、全国海员总工会中共党团书记。1934 年任红军第四方面军总政治部秘书长，12 月因反对张国焘的错误被张关押并开除党籍，被押解参加长征。红军第一、二、四方面军在甘肃会宁会师后，经周恩来解救获释，他恢复党籍，被安排到红色中华通讯社工作。正是因为周恩来早与廖仲恺相识，对廖承志熟悉，在"七七事变"后，周恩来向中央建议，派廖承志去香港筹建八路军办事处。对此，毛泽东举手赞同。当时毛泽东习惯晚上十一二点到红色中华通讯社看新编发的消息，与通讯社的几位同志都熟，也了解廖承志的能力。廖承志接到任命后，毛泽东曾专门找他谈话，给予鼓励和建议。与廖承志一起赴港筹建办事处的还有潘汉年等人。后来潘汉年到内地做情报工作，也经常往来香港，可见廖承志与潘汉年熟悉。而廖承志在港辅助宋庆龄成立"保卫中国大同盟"，宋庆龄担任主席，廖承志担任负责实际工作的秘书长。1942 年廖承志离港在粤北被俘，1946 年出狱后即到陕北工作。

1948 年，随着人民解放战争的节节胜利，为了团结在港的民主人士，壮大人民民主统一战线，党中央再派潘汉年赴港，参与中共香港分局和中共华南局的领导工作。1948年末，根据中央指示，潘汉年不顾港英当局阻挠和敌特的破坏，排除万难，分批将民主人士等350余人，从海路安全送到华北解放区，参加新政治协商会议的筹备工作，从而为新中国输送了一大批宝贵财富。另外，他还亲自部署了国民党资源委员会、上海海关和中国民航在港员工起义。

因潘汉年曾在上海有地下工作基础，上海解放伊始，中央即派他到上海，陈毅任市长，潘汉年任副市长，同时兼任上海市委统战部长等职。

从潘汉年的经历，可见他非常熟悉香港的情况，出于对新中国经济建设的考虑，潘汉年向中央提出了以下具体建议。

人民解放军不宜进驻香港。因为美国执行杜勒斯的封锁政策，上海、天津、青岛等港口城市与国外的贸易往来几乎断绝，如再收回香港，则这唯一通向国际社会的贸易渠道将会被封闭。共和国初建，急需的军事物资和唯一的外汇收入渠道也必然断绝。对于香港而言，它也必将成为死港。因此，在一定时期保留香港自由港的地位，由英国人暂时管辖乃是上策。

廖承志赞同潘汉年的看法。他认为要武力解放香港，对中国人民解放军来说，只是一声冲锋号，就能把红旗插上香港太平山。

廖承志补充建议说，香港是世界上最大的自由贸易港之一，如果香港暂时留在英国人手中，为了英国自己的利益，它也不会放弃大陆这个巨大的市场。这就等于把美国对中国的立体封锁线撕开一个缺口：我们能从香港进口内地亟需的物资；也可以利用香港作为我们与世界交往的通道，世界各国兄弟党同志可以从这里进来，各国的民间友好人士也可以从这里入境；另外，香港还可以成为我们了解世界各国情况的窗口，这些深远的战略意义，越往以后，越会为大家所接受。

周恩来本人对香港也有一定认识。他早在1924年从欧洲回国时就到过香港，住在香港大学附近。1927年"八一"南昌起义后，他曾辗转到香港治病，在中环、上环、九龙等地都留下足迹，这些经历让周恩来对香港经济地位的重要性有深远的考虑。

可以说，正是毛泽东的高瞻远瞩，周恩来的具体运筹，并采纳了潘汉年、廖承志等人的建议，才有了中央对香港的基本决策，从而有了两广纵队的明确任务：挺进珠三角地区，但不能越过樟木头一线。

解放广州城　止步罗湖桥

1949年9月28日，广东战役联合指挥部正、副司令叶剑英、陈赓签发命令，下达了解放全广东的任务。按照部署，第四野战军第四兵团的三个军沿粤汉路南下，占领韶关，直取广州；第十五兵团的两个军，经翁源、从化等南下，形成对广州的钳形合围；两广纵队组织广东地方部队由和平、龙川等地东进到东莞地区，切断敌人的南逃退路。

10月13日，左路军从北、东两面逼近广州，右路军则从西面逼近广州。

广州城里早已是风声鹤唳、草木皆兵。代总统李宗仁乘飞机逃往重庆，国民党行政院长阎锡山逃往台湾，余汉谋、薛岳则逃往海南岛。广州城及周边国民党部队向西江地区撤退，市区只留下少数部队作掩护。

获悉广州守敌西逃，战役指挥部于10月14日12时迅速调整部署，其中，两广纵队从博罗、惠阳越过广九铁路插至虎门，阻击沿珠江南逃的敌军；第十五兵团第43军、第44军沿广花公路向广州市区攻击前进。

第43军先头部队第128师于10月14日18时许，行进到广州市东北郊，然后突入市区，21时，占领总统府、行政院、省政府、警察局等机关。

同时，第44军先头部队第132师也从东郊进入广州市区。随后，大军后续部队源源不断入城，在10月15日拂晓前占领了广州全城。

至此，华南地区最大城市广州宣告解放。

随着广州解放，兵锋直指香港。10月17日，解放军第十五兵团第129师和两广纵队攻克惠州。将士们士气高涨，欲乘胜前进到深圳河，跨过罗湖桥直入香港。不料上级命令，部队前进到布吉待命。布吉距罗湖桥仅有10公里，保持这么近的距离，可见上级对香港之慎。事实上，党中央考虑到深圳是通往香港和国外的重要通道，为避免与深圳河南岸一线的港英当局发生边界冲突，引起国际纠纷，已明示要以和平方式解放深圳。

罗湖桥在深圳河之上，这里的水深不过5米，桥长40余米，是连接深圳与香港的人行和铁路两用桥，也是两地人员来往的关卡。深圳河古称"明溪"，发源于梧桐山，自东向西流，注入深圳湾，自1898年中英签订《展拓香港界址专条》后更名为深圳河，成为香港新界与中国腹地的界河。

解放大军南下，深圳的国民党反动军警闻风丧胆，纷纷南逃伶仃岛、万山群岛、海南岛等地，结果在深圳湾畔的南头县城、沙井一带只剩下一些国民党警察队、保二营和沙井"联防队"约300多人，在深圳镇剩下国民党税警二团和护路大队千余人驻防。

深圳是什么时候解放的？有文章说，解放军十五兵团10月14日解放广州后，挥师南下，勒马深圳河。

深圳资深文化人廖虹雷于1974年、1978年曾先后两次走访东江纵队和粤赣湘边纵队的老战士，采访见证"深圳解放日"的当事者。根据他所做的记录，10月16日，活跃在东宝地区的粤赣湘边纵队一支队，早前已接到解放宝安的任务，这时按照部署前行攻击，歼灭了南头城中百余残敌，占领了伪县政府。南头古城宣告解放。

接下来是解放深圳镇。在布吉待命的解放军遵照中央指示，密切注意深圳河对岸香港的动态，避免一切不必要误会和冲突。部队用3天时间演练和准备，在地下党配合下争取不发一枪进入深圳镇。

10月19日下午1时许，沙深宝边委书记兼管委会主任刘汝深，率100多人由解放军军装换上警察服装，佩戴"人民警察"徽章，和60多位佩戴"政工队"袖章的干部，先行一步，从布吉乘坐货运火车直抵深圳，接管深圳镇和九龙海关。

军事接管人员一到站，迅速占领国民党的警察所和镇政府，接着，很快接管了火力发电厂、铁路东站、深圳商会、银行等重要部门。约下午5时30分，解放军大部队进城，上千各界人士和群众闻讯赶来，挥动彩旗，鸣放鞭炮，击鼓舞狮，欢迎大军进城。简单的入城仪式上，走在最前面的是红旗队，接着是腰鼓队，后面是整齐的方队。当时香港有十多名记者采访和电影公司拍摄了这激动人心的场面。（廖虹雷：《深圳民俗寻踪》，5～6页，深圳，海天出版社，2008年。）

第二天（10月20日），香港《大公报》头版以醒目的题目报道：深圳昨日宣告新生人民政权正式建立。

由此可见，解放广州后，解放军并没有直驱深圳，而是慎重前行。

很快，解放军担负起罗湖桥等地的守卫任务。不过，当时在罗湖桥边的许多战士想不通：清朝无能，与英国签订卖国条约，把香港租让给英国。现在新中国成立了，我们为什么不恢复行使主权呢？为什么看着香港的劳动人民还要受英国人欺负，不能过去解放呢？罗湖桥驻守部队负责政治工作的祁峰后来回忆道，他曾多次向战士们宣讲中央文件精神，帮助战士们提高政策觉悟。

解放军在罗湖桥、深圳河界按兵不动，毫无南进解放香港之意。随后港督葛量洪收到了中央通过秘密途径传递的香港维持现状的"三项条件"：一、香港不能用作反对中华人民共和国的军事基地；二、不许进行旨在破坏中华人民共和国威信的活动；三、中华人民共和国在港人员必须得到保护。

这三条要求合情合理，港督欣喜地感到不能错过这一良机，他力促英国政府决定在西方国家中率先承认新中国。1949年12月19日，香港《华侨日报》在头版头条刊登了"毛泽东已保证香港地位安全，英国年内承认中共"的消息。1950年1月6日，英国外交大臣致电周恩来，表示承认中华人民共和国，并愿意在平等互利、互相尊重领土主权的基础上建立外交关系。

八字方针定　卅年见影响

1949年10月19日，抵达深圳镇的人民解放军坚决执行毛泽东、周恩来"暂时不动香港"的决策，没有跨过罗湖桥一步。

1950年10月，随着抗美援朝战争进行，中国急需大批物资，此时香港的地位非常明显，正是通过香港，购进中国当时急需的橡胶、汽油、有色金属、棉花、麻袋等重要物资。

1951 年春，党中央进一步明确对港方针是"长期打算，充分利用"。关于香港的地位和作用，此后中央多次予以说明。1957 年 4 月，周恩来在上海工商界人士座谈会上讲话指出："我们不能把香港看成内地。对香港的政策同对内地是不一样的，如果照抄，结果一定搞不好。因为香港现在还在英国统治下，是纯粹的资本主义市场，不能社会主义化，也不应该社会主义化。香港要完全按资本主义制度办事，才能存在和发展，这对我们是有利的。……香港可作为我们同国外进行经济联系的基地，可以通过它吸收外资，争取外汇。"（《建国以来重要文献选编》，第 10 册，243 页，北京，中央文献出版社，1994 年。）

1958 年，中央设立外事小组，陈毅为组长；国务院设立外事办公室，陈毅为主任。1958—1959 年几次工作会议上，陈毅多次阐明"长期打算，充分利用"的意义，强调香港三大作用：自由港作用——吸收外汇，发展外贸；跳板作用——掩护人员的出入，打破敌对势力的封锁；信息渠道作用——香港是东西方了解的必由之地。

当时，主管侨务工作的廖承志积极配合陈毅，组织在港工作的新华社分社和中资机构的同志们进行讨论，把中央"长期打算，充分利用"的精神吃透。

正是中央对港的八字方针，很长一段时间，保证了香港的地位稳定，促进了与大陆的贸易，推动了香港的经济繁荣。

20 世纪 70 年代末，对港八字方针的影响显现。1977 年，恢复工作的廖承志重新主持外侨工作，负责港澳事务。1978 年的一天，新华社香港分社转来一封信，写信人是香港著名实业家查济民先生，信不长，内容却吸引廖承志反复读了几遍，他表现出浓厚的兴趣。查先生在信中建议：

"可以在国家的领土上划出一个区，最好是在与香港一河之隔的深圳，在中央政府的管辖下，鼓动港澳同胞、海外侨胞，回国投资定居。"

"我提此建议的主要精神，是在国家计划下，让港澳、华侨企业家、高级知识分子既可以在国内客居乐业，体验社会主义生活，又不中断与海外的联系……从经济角度看，我的建议也对国家的四个现代化可以起多快好省的作用。"

20 世纪 50 年代初的深圳镇罗湖桥，以桥中心划界
（郑中健摄，1958 年，深圳美术馆馆藏）

无独有偶，此后不久，复出工作、素有"红色资本家"之称的荣毅仁到香港访问，廖承志特意交待新华社香港分社帮助组织荣氏亲属团聚，远在美国的亲人也特地赶来，聚会十分圆满。荣毅仁返回时，侄子荣智鑫送上一份详细的建议，是关于设立华侨投资区的若干建议。建议转到廖承志手里，他越读越兴奋：香港的查济民，国内的荣毅仁，一个境内，一个境外，却都想到一起去了；提出的建议非常可行，把与香港一河之隔的深圳作为改革开放的试点。如此重要之事，要尽快上报给中央。廖承志提笔写道：

> 这是荣毅仁提出的在广东宝安、深圳一带设立投资区的意见。
> 我觉得可以研究，但没有把握。请先念、秋里、耿飚同志指示。

签上自己的名字，注明日期 1978 年 9 月 5 日，廖承志搁下笔，心情一时无法平静。

1978年12月，中共十一届三中全会决定了改革开放、把工作重点转移到经济建设上的总方针。

1979年7月15日，中共中央、国务院下达文件，正式提出在深圳、珠海、汕头三市试办"出口特区"。

1980年8月26日，全国人大常委会批准在深圳设置经济特区，这一天也被称为"深圳生日"。

自此，深圳如大鹏展翅，乘风高飞！

历史不能假设。我们无法想象，如果当年人民解放军跨过了罗湖桥，占领了太平山和维多利亚湾，那还会有今天的深圳吗？还会有深圳经济特区的设立吗？

我们敬佩老一代无产阶级革命家的深谋远略；我们感奋东江纵队的斗争精神，听党指挥和服从纪律的精神；我们赞美促成深圳设立经济特区的建言者和决策者。

我们将铭记历史。

削平一座山

1980 年 8 月 26 日，全国人大常委会批准设立深圳经济特区，广东省委书记（时设第一书记）吴南生兼任深圳经济特区第一任书记。

但到底谁是深圳经济特区设立首倡者，一直以来都是一个谜。多种官方版本的描述是这样的：随后，广东省委主要负责人向中央提出了在深圳设立特区的构想，很快，便迎来了复出不久的小平同志……

比较一致的说法是：设立深圳经济特区其实可追溯到 1978 年 4 月初，中央就拨乱反正，要求搞活经济，将全党工作重心转移到经济建设上来，明确广东省可以先行一步。

刚刚复出南下并担任广东省委第一书记的习仲勋谈到建设配套资金时转达小平同志在中央工作会议的讲话精神："中央没有钱，但可以给些政策，你们自己去搞、杀出一条血路来。"叫什么名字迟迟定不下来，叫作"出口加工区"吧？台湾有了。叫"自由港"？条件根本还不成熟，不敢叫。叫什么呢？邓小平就追溯延安时期陕甘宁的传统，提出了"特区"的概念。

汕头之行

这样一段小插曲，当年曾兼任深圳经济特区第一任书记的吴南生仍记忆犹新。

吴南生负责深圳、珠海、汕头三个特区的前期筹备工作，兼任广东省经济特区管理委员会主任，同时还兼任了中共深圳市委第一书记、深圳市长，但吴南生差一点赌气就不来深圳了。

事情的缘由还得从头说起。

1978年12月，党的十一届三中全会在北京召开，这是中国向世界宣布改革开放的一次具有划时代意义的重要会议。1979年1月8日至25日，广东省委召开了四届二次常委扩大会议，研究贯彻中共十一届三中全会精神。会后，按照广东省委的分工，吴南生率领一个工作组直接奔赴汕头市，传达中共十一届三中全会精神，开展调查研究工作。

吴南生的老家是汕头，他生于斯长于斯。1936年，他也是从汕头走上革命道路的。1944年，经由党组织的安排，吴南生赴延安，直接进了中共中央党校学习深造。日本投降后，和许多老同志一样，他凭两条腿从延安奔赴东北。1949年随解放大军南下，又参与解放汕头市，吴南生担任了汕头市军管会副主任。1952年，奉命调动，他才依依不舍离开了家乡汕头。

这次风尘仆仆回到阔别多年的家乡汕头，眼前的情景让他有些呆滞，简直不敢相信自己的眼睛，一派贫穷落后的景象，百业凋零，不禁为之心寒。他所熟悉的楼房，残旧不堪，摇摇欲坠，街道两旁，到处都是用竹子搭起来的横七竖八的竹棚，里面住满了成千上万的男男女女。这些人中有些是在那"备战、备荒"岁月随工厂迁到"大三线""小三线"去的汕头人，有些是一次又一次上山下乡到海南、粤西的知识青年，如今他们全部返城，回到汕头，由于没有房子住，没有工作，只好栖息在大街小巷临时搭建的竹棚里，人们把这些竹棚戏称为"海南新村"。

汕头过去有限的骨干工厂，已迁到"三线"去，经济特别不景气。城市公共设施落后，道路不平，电灯不明，电话不灵，还经常停电，夜里漆黑一片。市容环境卫生脏乱不堪，由于城区自来水管年久失修，下水道损坏严重，马路污水横流，有些人甚至把粪便往街上倒，臭气熏天。

此情此景，深深刺痛了吴南生，他焦虑万分，感到出去革命几十年，搞了这么多年"穷"社会主义，将国家搞到这种地步，心中有愧。再不贯彻中央精神，寻求改革之路，那就只有死路一条。

吴南生跟叶剑英元帅私交甚笃，常有见面的机会，每次见面，叶元帅就会焦虑地对他说："南生啊,我们家乡实在是太穷啊,你有什么好办法没有?快想想办法,把经济搞上去哦!"

从汕头回来,吴南生同志就有了要在汕头家乡尝试搞改革开放,先行建一个特区的构思和想法。

2月21日深夜,吴南生正在感冒发烧,但心情十分激动,迫不及待地起身,去电报局向省委发了一份长达1 300字的电报。这份电报尖锐地指出汕头现有的突出问题,特别提出:"来后,同地区有关部门的同志研究了利用外资发展经济和扩大对外贸易的问题。新中国成立前汕头市是我国重要港口之一,货物吞吐量最高年份达400万吨,海上的客运达35万人。汕头劳动力多,生产潜力很大,对外贸易、来料加工等条件很好,只要认真落实政策,调动内外积极因素,同时打破条条框框,下放一些权力,让汕头放手大干,这个地区生产落后、生活困难、各方面工作长期被动的局面,三至五年内就可以从根本上扭转。我们已拟定了一个初步意见,待报省委研究。"

吴南生直接就提出了在汕头划出一块土地,彻底开放,利用外资发展经济,要打破计划经济的旧框框,把市场经济引进来,以扭转汕头地区经济落后、群众生活困难的局面。

有人据此认为"特区"概念的肇始,源于这次吴南生的"汕头之行"。

2月28日下午,吴南生从汕头回到广州。广东省委第一书记习仲勋去他家,两人促膝谈心到深夜。

3月3日,在广东省委常委会议上,吴南生汇报工作时说,现在老百姓的生活很困难,国家经济已濒临崩溃的边缘,我们怎么办?十一届三中全会决定改革开放,我提议广东可以先走一步。

吴南生喜欢下象棋,懂得先走一步,叫作"先手",就是掌握主动权。先走一步的那个"子"怎么走呢?

广东省委常委会上,吴南生响亮地提出:在汕头划出一块地方搞试验,用各种优惠的政策来吸引外资,把国外先进的东西吸引到这块地方来。

他的理由有三:第一,就全省而言,除广州之外,汕头是对外贸易最多的地方,每年一亿美元的外汇收入,搞对外经济活动比较有经验。第二,潮汕地区海外的华人是全国最多的，约占我国海外华人的三分之一。其中许多是在外面很有影响的人物，我们可以动员他们回来投资。第三，汕头地处粤东，偏于一隅，万一办不成，失败了，也影响不会太大。吴南生说，如果省委同意，我愿意回汕头搞试验。如果办不成，要杀头，就杀我好啦！

共产党人提着脑袋也要建"特区"，这一说法据说就是这么来的，吴南生算是开创者。谁曾料到：汕头差点就被排除在特区建设之外。

当时深圳经济特区的前身——惠阳地区宝安县的生产建设情况更不容乐观，严峻的经济形势导致了大逃港，并且是新中国成立后，持续了约30年的大逃港！

当时有一组数据可以说明一些问题。

1979年，香港人均GDP是4 569.4美元，香港人均日收入为70元港币，一年约2万元港币。而同期深圳人均GDP为391美元，每天人均收入为0.5元人民币，一年不到160元人民币。1979年深圳市当时GDP只有香港的七百分之一，为1.96亿元人民币，而香港当年的GDP为225.26亿美元，换算成人民币是1 117亿元人民币。

巨大的贫富悬殊触目惊心！

1990年，前来参加深圳经济特区成立10周年庆典的习仲勋聊起当年那段历史，还意味深长地说了这样一番话：

"千言万语说得再多，都是没用的，把人民生活水平搞上去，才是唯一的办法。不然，人民只会用脚投票。"

习仲勋就是"用脚投票"一词的发明者。毫无疑问，邓小平、习仲勋都是信奉马克思主义的共产党领导人。人的思想是很复杂的，正确的思想就是面对现实说话，同时做出符合人的本性的决断。

吴南生的"私心"是对家乡经济落败的一种无奈，是对家乡人民的一种深深的爱恋和愧疚，情愿再掉一次脑袋，也要彻底改变家乡贫困现状的一种义无反顾的决心。

深圳市解放路区域昔日老街俯瞰图（马树华摄，1994 年）

大逃港之"痛"

广东省委第一书记习仲勋南下广东，第一站到惠阳地区宝安县调研，看到的场景跟吴南生差不多。

1978 年盛夏，深圳河一侧，当时还没被"摘帽"（指"平反"），上任不到 3 天的习书记与 3 位逃港者不期而遇，窄长的深圳河泛起一阵阵恶心的臭味，不知道是人为丢弃动物的腐臭，还是深圳湾河道漂上来的逃港者的尸臭……

3 名逃港者双手被反绑，蹲在地上，被背枪的民兵踢打。这一幕被习书记碰了一个正着，他看在眼里，痛在心里，当即对陪同一起调研考察的宝安县书记方苞指示："赶紧放人，为什么打人呢？三个农民为什么要'逃港'呢？！"

延安时期曾担任陕甘边区苏维埃政府主席的这位前国务院副总理怎么也想不通，一个抱定为人民谋幸福的政党无法保证自己人民的幸福，面对无法遏制的"逃港"潮，内心顿生无限的愧疚。半个世纪的革命，共产党人一个"穷"的根子还没有拔掉。

还是前一年，即 1977 年，邓小平视察广东曾说过这样一番话：关于"逃港"，"这是我们的政策有问题，不是部队能管得了的……"

习仲勋感同身受，逃港的根子不是出在老百姓身上，而是我们国家当年的大政方针肯定出了问题！堵不如疏，"捆"不如拔掉"穷"的病根！

老百姓穷怕了，中国的老百姓太善良，不到"活不下去"的地步，就不会置生命于不顾，铤而走险，暴尸沼泽。

一个逃到香港的农妇甚至留下了这样一句话："我死后，连骨灰都不要吹回这边来！"

我的湖南老乡，《大逃港》作者陈秉安先生掌握了大量的逃港资料和数据。据可查阅到的资料，从1955年开始出现逃港现象算起，深圳历史上总共出现过4次大规模的逃港潮，分别是1957年、1962年、1972年和1979年，共计56万人（次）；参与者来自广东、湖南、湖北、江西、广西等全国12个省区、62个市（县）。

宝安县文锦渡执勤的战士（郑中健摄，1958年，深圳美术馆馆藏）

逃港者多为农民，也有部分城市居民、学生、知识青年、工人，甚至军人。从政治成分看，普通群众居多，也有共青团员、共产党员，甚至干部。统计数据表明，至1978年，深圳全市干部中参与逃港者共有557人，逃出183人；市直机关有40名副科级以上干部外逃。

凡不经合法手续前往香港者，都被视为"叛国投敌"，抓到后就地收容。边防部队对于偷渡者来说是最大的障碍。20世纪60年代初，边防战士遇到不听命令的偷渡者可以随时开枪，许多偷渡者被打死在滩涂和山里。此后上级有严令和指示，开枪的现象逐渐消失。

风险极大的逃港风潮，还催生了一个新职业——"拉尸行"。鼎盛时期，深圳活跃着200多个"拉尸佬"。70年代末，深圳蛇口海上派出所曾经规定，"拉尸佬"每埋好一具偷渡客尸体，就可以凭证明到蛇口公社领取劳务费15元。

深圳经济特区成立之前，袁庚从香港坐船到蛇口，兴办蛇口工业区时，第一件事情并不是"三通一平"，或者去炸响改革开放的第一炮，而是组织广东干部群众到深圳湾，将海上漂浮的逃港者尸体捞上海滩，用简易棺木掩埋，给这些一心想改变命运而不幸遇难的同胞以尊严。

不久，微波山上炸响了改革开放的第一炮，袁庚誓言：共产党人不仅要完成推翻三座大山的历史使命，还要再削平一座山，这座山就是贫穷的根子！

后人在炸响改革开山炮的地方为他塑了一座雕像，将袁庚视为"改革开放的急先锋"，让后人永远铭记。

当年广东省委已经报请中央批准袁庚担任广东省副省长兼深圳市市长，袁庚听说后，星夜赶赴北京中组部，要求撤销报请。"穷根"这座大山还没有削平，不接受组织提拔，否则对不起他大鹏半岛的父老乡亲。

袁庚这位真正的人民公仆、共产党员，心里只装着人民的疾苦，不唯上，不跑官，升官了都把自己拉下来。

改革开放，广东省急需先走一步。在这些大是大非原则问题上，常委们都表示赞成，意见高度一致。至于刚从汕头回来的吴南生书记提出在汕头市先行试验的想法，习仲勋第一书记当即表态：要搞，全省都搞。先赶紧起草个意见，1979年4月召开中央工作会议，我好带去北京向中央领导汇报。

会后，习仲勋代表广东省伸手向中央要权。

习仲勋说：如果广东是一个"独立的国家"（当然是借用的意思），可能几年就搞上去了，希望中央给点权，让广东先走一步，放手干。这是原话。

1979年4月，中央工作会议讨论原则上同意广东的意见。6月6日，广东省委将报告上报中央。

7月15日，中共中央、国务院批转广东省委、福建省委的两个报告（即1979年中央50号文件），决定对广东、福建两省实行"特殊政策、灵活措施"，要求广东、福建两省抓紧有利的国际形势，先走一步，把经济尽快搞上去。决定在深圳、珠海试办"出口特区"，并指出，"出口特区，可先在深圳、珠海两市试办，待取得经验后，再考虑在汕头、厦门"。

关于汕头、厦门缓办经济特区，有以下一段实情。

1979年4月，中央工作会议同意了广东省和福建省试办出口特区的要求，决定派主管这方面工作的中央书记处书记、国务院副总理谷牧率领工作组前往广东、福建考察这几个地方，和两省省委一起研究，共同起草实行特殊政策、灵活措施的文件。

5月14日，谷牧率领一个工作组到达广东省，在广东期间，谷牧同志亲自找到吴南生个别交谈。

谷牧说："中央有一个意见，汕头市办特区的条件还不具备，只办深圳、珠海，你的意见如何？"

吴南山当即表态："谷牧同志，如果不在汕头办特区，我也不负责特区了。不是因为汕头是我的家乡，而是因为办特区的建议最初是在汕头酝酿出来的，海外和中国港澳的朋友们都知道。如果不办了，我就失掉信用了。一个没有信用的人是办不好特区的！"

谷牧说："啊，我明白了，那么，推迟办行不行？"

吴南生说："行！"

这就是中央决定缓办汕头经济特区的内情。

办特区的灵感和想法都来自吴南生书记的"汕头之行"，结果却帮了深圳的忙，中央同意深圳、珠海先行试办"出口特区"。

有心栽花花不发，无心插柳柳成荫。

赌气归赌气，工作归工作。中央50号文件下达后，广东省委立即决定：

成立由吴南生、刘田夫、王全国组成的三人小组，成立广东省经济特区管理委员会。广东省委决定：吴南生这位特区构想的开创者全面负责管理包括深圳、珠海、汕头3个特区的前期准备工作，旋即又被任命为即将成立的深圳经济特区第一任书记。

"升级"经济特区

邓小平关于试办经济特区，讲过三句著名的话：

"就叫特区嘛，陕甘宁就是特区。"

"中央没有钱，你们自己搞。"

"要杀出一条血路来！"

"这是小平同志1979年4月前后讲的，但不是一次讲的，我把它综合起来了。"吴南生说。

1979年5月3日省委常委会议记录和同年5月26日习仲勋同志《在省委四届三次常委扩大会议上的讲话》两个文件中，习仲勋同志曾两次传达了小平同志试办经济特区"要杀出一条血路来"这句名言。

习仲勋在1992年7月为《改革开放在广东——先走一步的实践与思考》所写的"序言"中写道："1979年4月的中央工作会议期间……党中央对广东的工作极为关心和支持，批准了广东省委关于在改革经济管理体制方面让广东先走一步的要求，同意广东搞一个新的体制。在这次会议上，我知道邓小平同志对改革开放的决心很大，说这次'要杀出一条血路来'，充分表达了中国共产党人要搞中国式的社会主义现代化的决心。"

三次转达这句话，前后相隔整整13年。

那么，"就叫特区嘛，陕甘宁就是特区"这句话是小平同志在什么时间、同谁说的呢？是1979年4月在听谷牧同志汇报后说的。

1979年4月，中央工作会议召开期间，各个小组会议发言后，谷牧同志向邓小平同志汇报说：广东省委提出要求在改革开放上"先行一步"，划出深圳、珠海、汕头等地方实行特殊的政策措施，以取得改革开放、发展经济的经验。但是，这些地方该叫什么名称才好？原来有"贸易合作区""出口工业区"等，都觉得不合适，定不下来。小平同志很赞成"先行一步"的做法，他说："就叫特区嘛！陕甘宁就是特区。"当晚，谷牧晚餐后散步到中南海东南角，又见到小平同志，小平一见他就问："谷牧，今天上午我说的话你听明白了吗？广东那几个地方就叫'特区'。"谷牧说："明白了。"

当晚，谷牧给习仲勋打电话，告诉他这个消息。第二天上午，习仲勋找到谷牧同志，问："叫作'特区'了，那以后广东还管不管？是不是直接由中央管？"谷牧说："不是，还是由广东省管。"

从省委常委会议记录中现在还可以找到，半年后，即1979年10月17日下午，习仲勋传达十一届四中全会和省、市、自治区党委第一书记座谈会精神时说：

"广东搞特殊政策问题，临走前小平同志谈了，他同意要快一点、宽一点。台湾统一了还不是特区？香港回归了还不是特区？1937年，陕甘宁就是特区。"

以上这么多材料都可以佐证。至于"中央没有钱，你们自己搞"这句话，也只有小平同志才能说得出来。

1979年7月，在微波山炸湾取直，兴建蛇口深水码头，炸响改革开放的第一声炮响。1980年8月26日，经中华人民共和国第五届全国人大常委会第十五次会议批准，深圳经济特区正式宣告成立。

罗湖开发风波

深圳经济特的土地，经中央批准，最后确定北面以山为界，南面以深圳河为界，与香港接壤。西边接珠江口岸，东部囊括大小梅沙旅游区，总面积为327.5平方公里，东西49公里、南北7公里的狭长区域。但到底如何下手，先从哪块范围开发，"老虎吃天，无从下口"，真正考验着这些从各地调遣而来的当政者的智慧。

同时兼任深圳经济特区第一书记、广东省经济特区管理委员会主任的吴南生,深圳经济特区方案一经中央批准,就马不停蹄地奔向了前线,负责三个特区前期总体规划的制定。1980年5月初,吴南生从全国各地请来一流的规划大师和工程师108名,组成了一个庞大的规划设计团队,为开发这片"处女地"出谋划策。

与工程师们朝夕相处的这位一把手,不仅焦虑开发建设怎么下手,更忧心特区的开发建设资金从何而来的大问题!

工程师们当时粗略估算,深圳经济特区光搞"五通一平",每平方米投资最少需要90元以上,第一期开发4平方公里,至少要10亿元以上的投资。前面提到"中央没有钱,你们自己搞!"中央的态度十分明显,只有政策,钱从哪里来,自己解决。巧妇真难为无米之炊!

"一场大暴雨将罗湖一带变成了一片汪洋,我和来参加深圳城市规划的专家租赁的新园招待所水淹到腰际,专家们呕心沥血完成的规划设计图纸也被泡在水中,来自香港的旅客不得不卷起裤腿在粪便浮起的车站中穿过,低洼地带到处是告急、呼救声……"就是这场铺天盖地而来的暴风骤雨,坚定了刚赴深圳走马上任的吴南生先削平罗湖山,填平罗湖低洼地,再谋发展的决心。

特区建设从始至终,都不那么一帆风顺,吴南生在做出这个重要决定之前,也经历了比台风毫不逊色的"暴风骤雨"。

1980年10月初,在深圳市委用铁皮临时搭成的小会议室里,挤满了市委常委和工程师们,当大家一讨论到开发罗湖小区时,就爆发了那场著名的"罗湖风波"。

当时工程师们的意见是:罗湖毗邻香港,是一片旺财、旺地的黄金地段,可先开发作为商业性用地,引进外资,开发房地产及商业,用来还贷付息,积累特区资金,并可改变国门面貌。但市委的个别领导却立即站起来唱反调说:罗湖地势低洼,年年发大水,开发罗湖,无疑等于"抛钱落水",劳民伤财,得不偿失。

双方唇枪舌剑，互不相让，火药味十足。工程师这边认为市领导不懂得城市建设，更接受不了他们那种高高在上、颐指气使、盛气凌人的口气。一位年轻气盛的工程师和两位年长的常委甚至拍桌打凳，互相对骂，当时会场上就针尖对麦芒，顿时陷入了僵局。

吴南生主持会议，在冷静而详细地听取了各方的意见后，旗帜鲜明地站在了工程师们这一边，并决定立即动工，搬掉罗湖山，填平低洼地。他强调道：如果现在不坚决作出决策，耽搁时间，很快，雨季就要到来，移罗湖山填高罗湖洼地的工作，就要被多拖延一年，整个特区建设也同样要拖延一年多，贻误战机！

市委内部还是有人固执己见，竟然私自借市委的名义发电报给省委，状告罗湖开发是瞎指挥。有人还公开出面横加干预，挑起争论，并多次下令停工。

1980年，广东改革开放已经开局，当时主政广东的习仲勋、杨尚昆调中央工作，由任仲夷接替，担任广东省委第一书记兼省军区第一政委。任仲夷刚到广东省主持工作，就看到这份电报，了解到这场风波，赶紧赴深圳，多方了解调查，听取不同意见，并在当晚的深圳市委常委会议上，语重心长地说："建设中要听工程人员、专家的意见，你们意见不一致，为什么不很好听工程人员、专家的意见呢？""搬罗湖山，是特区第一个大工程，你们今后要做的大事还很多，要讲团结。"

12月8日至10日，任仲夷又陪同国务院副总理谷牧，还有当时电子工业部部长江泽民，视察了深圳经济特区。12月12日，在广州召开的广东省委常委会议上，江泽民提及罗湖考察的"深囧"经过："深圳特区的建设要引起足够的重视。30年的南大门，一下雨就泡在水里。我8月份去的，就泡在水里，香港来的人，高跟鞋、丝袜子都泡在水里，罗湖、文锦渡，无论如何都要搞好。"

在中央领导人的大力支持下，广东省委对建设深圳特区首先搬掉罗湖山、填高罗湖区达成共识。那些曾一度极力反对这一意见的人，只好面对现实。至此，"罗湖风波"才逐渐平息下来。

经过成千上万建设大军的日夜奋战，80多万立方米的罗湖山终于被夷为平地，罗湖区陡然填高了 2 米，低洼处填高了 4 米。昔日的低洼泽国，变成了道路纵横、高楼大厦林立的罗湖新城。不花国家一分钱的投资，建设一个现代化城市，这也是计划经济环境下破天荒的。绝对不可想象，深圳经济特区的土地开发这一实践，对全国未来城市建设是一大启示，也是一大贡献。

开挖罗湖山南坡（何煌友摄，1980 年，深圳美术馆馆藏）

共和国土地"惊天动地"第一槌

——

    建经济特区是改革开放的一大创举，作为中国第一个经济特区，深圳因改革开放而生，因改革开放而兴，因改革开放而强，但其中艰辛，很多"90后""00后"可能很难理解。今天不少年轻人都习以为常的一些思想和观念，在那个时候，可能是禁区，或者雷区，稍有不慎，就会碰得粉身碎骨，但既然是特区，中央、国务院又给了一把"豁免"的尚方宝剑，可以试错，但不可以停滞不前，发生在33年前的共和国土地拍卖第一案就是在这样一种历史背景下，对土地制度改革的一次"惊天动地"的尝试，这次拍卖可以说是中国房地产业发轫之作。

当年的深南路，未来深南大道的雏形（何煌友摄，1983 年，深圳美术馆馆藏）

"前无古人"的土地使用权拍卖

1987年12月1日，阳光明媚，风和日丽。

深圳市上埗区上埗中路，竣工才半年的深圳会堂，迎来了一件非比寻常的大事件。正午过后，下午3时开始，三三两两的人群开始朝这个新会堂聚集，不少人还是骑着自行车来的。

深圳会堂距离深圳市委不远，上埗区也就是后来深圳的中心区——福田行政区的前身，选择在这里举行大型拍卖活动是没有选择的选择，百废待兴，成立才第7个年头的经济特区，当时财政捉襟见肘，只有这样一个刚建好的会堂能够"胜任"举办这种规模的活动。

这一天，深圳市人民政府决定在深圳会堂举办新中国成立以来中华人民共和国首宗国有土地使用权的公开拍卖活动，这条消息通过特区媒体早已经广而告之，其实，也吸引了全球的目光。

中共中央政治局委员李铁映，国务院外资领导小组副组长周建南，嗣后成为中国第一任证监会主席、时任中国人民银行副行长的刘鸿儒，已经抵达深圳。正在深圳参加全国市长会议的17个城市的市长，28位香港企业家和经济学家都应邀出席这场活动。中外十几家新闻单位的近百名记者见证了这一非凡的历史时刻。

为慎重起见，深圳市人民政府在《深圳特区报》刊登了《土地竞投公告》。土地拍卖前3天时间，已经有44家企业报名参加竞投，其中有9家是外资企业。

下午3时40分，能容纳700人的上埗区深圳会堂座无虚席，人声鼎沸，热闹非常。一方面，这宗土地的拍卖确实对有土地需求的企业特别具有吸引力；另一方面，这是新中国成立以来共和国土地第一拍，社会上议论颇多，因为是开风气之先，关注的人更多地想了解拍卖背后的潜在意义。

这块待拍卖的土地，编号 H409-4，紧靠风景秀丽的深圳水库，占地面积 8 588 平方米，规划为住宅用地，使用年限 50 年。实际上，早就有不少房地产开发公司老板对这块地虎视眈眈，当然，仅仅是过来观战的企业代表也不在少数。

开拍前最后一分钟，中航技术进出口公司深圳工贸中心参拍的代表赶到会场，按先后顺序，当然只能领到 44 号拍卖牌。为了合规合矩，按拍卖行正规流程搞好这次全国土地使用权的首次拍卖，主、副拍卖官还专门被送到香港拍卖会去学习观摩国际土地拍卖流程和技巧。

主拍卖官是时任深圳市规划国土局局长刘佳胜，副拍卖官是时任深圳市基建办综合处副处长廖永鉴，尽管两人做好了充分准备，但一到临场，两个人心里其实都十分紧张，赶鸭子上架，平生"头一遭"。说不紧张是假话，但他们毕竟见过一些世面，波澜起伏的情绪很快就平稳了下来。

开拍顺序安排是：主拍卖官刘佳胜先用普通话报价，然后再由副拍卖官廖永鉴用广东话复述一遍，照顾到参会代表不少都是来自全国各地，而不少香港、广府、客家人都只能听得懂广东话这一实际情况。为慎重起见，刘佳胜、廖永鉴事前还对整个拍卖程序进行了一次彩排演练。

33 个春夏秋冬，弹指一挥间，刘佳胜描述起那次国有土地使用权的拍卖过程仍无限感慨："不瞒你说，至今我仍能感觉到那时的心跳！"

"一说到土地拍卖可不得了，有人说这是违反宪法的行为，有人说特区这是要搞资本主义，甚至说是赤裸裸的卖国。由于担心'拍卖'可能会引起一些人的反感，特区政府将'拍卖'改成了'公开竞投'。"刘佳胜提到了这个细节。

2018 年，深圳博物馆举办了"大潮起珠江——改革开放 40 周年广东展览"，展览会现场展出了一把小小的拍卖槌，这把拍卖槌就是主拍卖官刘佳胜用过的那把。

说起这把槌子，还有段不同寻常的来历。这次拍卖会之初，只有不到两周的时间了，土地拍卖小组突然发现国内根本就买不到拍卖槌，土地拍卖破天荒头一遭，国内咋会有这个稀罕之物嘛！情急之下，他们只好赶紧向对面的师傅——香港求救。

香港测量师学会会长刘绍钧赶紧派员专程飞赴英国，在一家有 100 年历史的木匠行定制了这把枣红色的樟木槌，然后又紧急送来深圳。深圳博物馆现在静静躺着的这把拍卖槌，基座正面镶嵌着一块铜牌，铜牌上有一行文字："深圳市人民政府笑纳，香港测量师学会敬赠。1987年12月1日。"

拍卖槌——镇馆之宝（深圳博物馆馆藏）

槌头直径6厘米，槌高8.7厘米，槌长31厘米；槌板高7.5厘米，宽17.8厘米，长53.3厘米，重2.95公斤，被后人命名为"土地拍卖槌""动地一槌"，收入了深圳博物馆永久收藏，被评为国家二级文物。这把土地拍卖槌最后成为深圳博物馆的"镇馆之宝"，岁月悠悠，终难掩饰槌头上的那岁月余辉。

惊天动地，一槌定音

还原土地拍卖场景（深圳博物馆供图）

1987 年 12 月 1 日下午 4 时 30 分,刘佳胜、廖永鉴分别用普通话和粤语对要拍卖的土地进行了一次全面解说:"拍卖地块编号 H409-4,紧靠深圳水库,占地面积 8 588 平方米,规划为住宅用地,使用年限 50 年。起拍价 200 万元,每口价 5 万元,现在,拍卖开始!"

话音刚落,会场上纷纷举起了竞价牌。

"200 万、205 万、210 万……"突然有人高喊:"250 万!"转瞬之间,土地竞价直接飙升到 390 万元。会场内突然出奇地安静,大家都屏住了呼吸,一根针跌落在会场的声音,这个时候都可能听得到,有人在期待更高的报价。

"400 万元",这时有一个声音从寂静的空气中飞出,显得遥远而悠长,这是市工商行房地产公司的代表举牌。会场上立即响起了掌声。

"420 万!"又一个声音紧追而出,这是一个耳熟能详的声音。回过头来看,这次举牌的是时任深圳特区房地产公司经理的骆锦星,深圳房地产实力派人物,会场上再次引起一片惊呼。

到了这个阶段,土地竞价者只剩下了深房、深华、特发三家公司。即使这样,他们彼此都互不相让,报价直追 490 万元而去。

400 万元以上土地使用权价格,其实早已超出了拍卖者深圳特区政府的心理预期。当举牌价格飙升到 485 万元时,竞价者只剩下 2 家,拍卖官刘佳胜正打算击槌,斜刺里又冲出来一个急促而果断的报价声:"490 万!"

骆锦星有点面红耳赤,频频举牌,志在必得;两虎相争,把拍卖价从 490 万元,继续推高到了 525 万元。

"525 万第一次,525 万第二次,525 万第三次!成交!!"

拍卖官刘佳胜这最后两个字"成交",几近是从胸腔中"喊"出来的,快得都还没等让人缓过神来。

会场上长达 17 分钟的轮番叫价,好似长过一个世纪,又仿佛就在那么一瞬间,心中的一个槌子终于落地!

有趣的是,刘佳胜落槌太快,许多记者还没有及时反应过来,都还没来得及拍照,四散的记者又一拥其上,包围住拍卖官刘佳胜,请他再敲一次槌。场面太热烈、群情激昂,还是有记者没有抓拍到第二次机会,刘佳胜不得不

"第三次落槌"，这真是一次拍卖人苦恼的"笑"。

政府也不希望第一次拍卖成交价格特别虚高，毕竟与起拍价相比，早已高出了300多万元。1987年，政府一共实际获得了2 336.88万元土地出让费，这等于是特区1985年、1986年两年全部土地费用收入总和。

骆锦星带领深圳特区房地产公司，在拍下这块地后，不到一年时间，迅速建起了东晓花园，然后以1 650元 / 平方米均价出售，108套房源不到一个小时即售罄，开发商——深圳特区房地产公司净赚400万元。

"动地一槌"促成了国家宪法的修改。中华人民共和国成立后，土地属国家所有，全部由国家统一分配，无偿使用，以深圳土地使用权拍卖为标志，土地使用权从此走上了市场化的道路。1988年4月12日，七届全国人大一次会议修改了《中华人民共和国宪法》相关条款，土地流转的禁锢终于被彻底放开。

土地使用权"魔方"

惊天动地第一槌，引起举世瞩目。有关专业人士后来总结分析说："这一次，深圳应该感谢香港！"

特区政府成立之初，有一宗土地租赁就是在骆锦星手上完成的，这一次也并非偶然。

1980年，组织上直接任命还是县邮电局局长的骆锦星做深圳市房产管理局副局长，不久又让骆锦星成立深圳市房地产公司，负责为来深建设者们建好150套宿舍。市财政只给50万元建设启动资金，这无异于杯水车薪。而在河对岸的香港商人看来，这是捧着金饭碗四处讨饭吃。就在骆锦星急得像热锅上的蚂蚁之时，天无绝人之路，有一个叫刘天就的香港老板"从天而降"……

香港妙丽集团董事长刘天就当时找到骆锦星要求合作开发，并约定骆锦星这边只出地，香港出建楼的资金，而利润双方七三开。

骆锦星当时啥都不懂，懵懵懂懂地就回了一句"不行"，港商灵活，刘天就就又让出了一成五，骆锦星代表的深圳方分八成五，出钱投资建楼的刘天就只能分到可怜的一成五的利润。

1980 年 1 月 1 日，双方签订了合作建房合同。协议规定：中方出地，港方出资，并负责销售，利润分成为 85∶15，深圳方面获得 85%。这直接推动了中国第一个商品房小区的诞生。

深圳方面的优惠措施是：一次性付款，优惠 9.5 折，同时提供购房入户，每家配备 3 个户口名额。

出乎意料，在香港推出的楼花很快就一售而空。当时，东湖丽苑一次性推出了 108 套房，户型面积为 50 ~ 60 平方米，均价 2 730 港元 / 平方米，一套房仅约 10 万港元，和香港楼价相比，便宜了一半以上。

据传闻，前后共有 5 000 多人排队购房，最后只好抽签定盘。于是，第二批 108 套房又推向了香港，旋即售罄。

这是后人详细记述的中国第一个商品房小区诞生的过程。

深圳市罗湖区爱国路 3001 号的东湖丽苑，是新中国成立以来赫赫有名的第一个商品房小区，在深圳经济特区尚未成立之前就打响了土地改革利用外资的第一枪。

来内地投资的"冒险家"刘天就进深圳的经历也特别传奇。第一次刘天就是坐在别人自行车车后架上，过罗湖关口，并前往深圳市政府的。

刘天就一过罗湖桥，看到的深圳是一片田园风光，当年深圳根本没有大巴，更没有出租车，不得已刘天就找来一辆自行车，坐在车后架上，在一片黄泥地上一路颠簸进了深圳市区，当晚还找不到能住宿的旅馆，刘天就就在一个办公室里搬了张长桌子对付了一个晚上。

就是这样一个港商——香港妙丽集团董事长、《天天日报》社长，第一个到深圳投资，深圳市政府的人当时问刘天就，投资深圳，你为什么这么猴急呢？

刘天就答道："香港几十年前也是一个小渔村。邓小平把深圳划成特区，这是机会，我要来投资！"

港商赚钱自有一套。东湖丽苑设计图纸一出来，刘天就就在自己的报纸

《天天日报》上刊登卖楼花广告，楼盘还没有开始建，结果房子早已销售一空。刘天就就是这样"空手套白狼"，用买房人的钱，将深圳的东湖丽苑建好，并给骆锦星这个刚刚艰难起步的房地产公司赚了足足500万元现金。

中国首个商品房小区的建设，中方深圳这边从中获利500万元，这在当时是非常了不起的，为深圳后期的房地产开发建设起到了不可估量的示范作用。而作为一个大胆的尝试，东湖丽苑的开发日后对深圳的商品房市场建立和完善产生了深远影响。

东湖丽苑开发一举成功，此后，深港合作建房在深圳特区一路绿灯，获得默许。东湖丽苑作为深圳特区第一套商品住房，已是明日黄花，但它的标本意义不容忽视。

"教会徒弟，饿死师傅"，特区最早"淘金人"刘天就后来的运气一直没有第一次这么好，不久在深圳的新投资，刘天就次次败北，步步落败。1984年年底，妙丽集团在香港破产清算，刘天就不得已远走加拿大。

同样也是香港人，一名香港学者"逆向"而行，同样做了深圳土地拍卖的鼓手，他的名字叫张五常。当年他是香港大学经济系主任。

香港出生，尔后又在美国加利福尼亚大学洛杉矶分校经济学系学习过的张五常，现在有一些靓丽的名头——国际知名经济学家，新制度经济学代表人物，现代新制度经济学和现代产权经济学的创始人。

比刘天就略小、跟骆锦星同年的这位国际知名经济学家，长期是君子动口从不动手，身在港英当局治下的香港，老先生却一直看多中国内地经济。

有关张五常现在一直流转着这样一段不显山不露水的轶事。

1986年12月，厦门一位常务副市长请刚从香港回大陆的张五常夫妇吃饭，在一栋古老的大房子里面，主人介绍说是100年前的豪宅，外表看起来蛮破落，这位副市长请张五常夫妇在房子后花园的露台吃午餐，畅谈了2个小时。

副市长一点官架子都没有，看不出来是官，很随和，衣装穿得也很普通、随意。他对外界知道的东西十分多，而且还非常有主见。

张五常说："我很喜欢别人不同意我的观点，我虽尊为大教授，只要说不同意我的观点，我就对他刮目相看，这位年轻副市长给我留下了十分深刻的印象，我现在可以告诉你：他正领导着中国。"

其实张五常最大的贡献是 1986 年 6 月 25 日在香港《信报》上发表了《出售土地一举三得》，建议一河之隔的深圳，可以通过出售土地使用权来解决特区经济发展急需资金的"燃眉之急"。

一年后，深圳正式启动土地使用权拍卖，之前还特意专程邀请张五常教授跨过罗湖桥，来深圳作了一场专题报告。讲座中，张五常对特区现行采取的因行政划拨而对土地资源造成浪费的情形深感痛惜，并给政府算了一笔细账："深圳已经开发的土地，如果以每平方米 5 元出售，每年可得到 2 个亿；如果每平方米 50 港元，便可得到 20 个亿。而香港的地价目前是按每平方米万元港币计算的！"

一语惊醒梦中人！1997 年香港回归前，香港全部土地归女王（实际是女王代表的国家）所有，由于新界是自清政府租借而来，除了香港唯一的自由保有（freehold）土地圣约翰大教堂外，其他的土地使用（保有）权均有年期限制，即是 leasehold——租赁的、租用的。港英政府的土地所有权原则上虽然归英王所有，而使用权可以有限出让，内地全国各地的土地归国家所有，中华人民共和国成立以来，用《宪法》规定了不能转让、不能买卖，更谈不上商业行为。

李灏主政深圳 8 年，更多地吸收了香港模式，虚心学习香港成功的商业经验。李灏是深圳经济特区 40 年历史上市委书记任期最长的一位，正因为主政时间长，促进了发展过程中经济政策的连贯性和持续性。

1985 年 8 月，李灏由国务院副秘书长调任广东省副省长、深圳市市长。1986 年，调任深圳市委书记兼深圳市市长，于 1987 年聘请了内地和香港10 多位专家和实业界人士组成了一个顾问委员会，市政府每做什么重大决策，都要听取顾问委员会意见。

内地国有土地参照香港的模式，所有权归国家所有，使用权可以按不同的年期和具体的用地条件，实行有偿使用或者有偿出让，在当时的历史条件下，完全是深圳经济特区的一大创新，也是一个伟大的创举；确实是要冒着

"违宪"的风险。土地使用权的拍卖出让"壮举"是向隔壁邻居香港学习的成果，其中就有这个顾问委员会的功劳。

土地使用权拍卖惊天动地一槌是深圳经济特区1987年标志性事件，影响深远，深圳进一步向全世界昭示了中国坚持经济建设、坚持改革开放的决心和勇气。

不要忘记李灏书记主政时期，1987年2月份，深圳经济特区还颁布了《关于鼓励科技人员兴办民间科技企业的暂行规定》，这是最早允许私营企业成立的政府规定，可以这样说，这是国内最早的一部有关私营企业的法规，是一项重大突破，法规明确规定：现金、实物、商标、专利、技术等可以投资入股分红。正是因为这个文件的出台，华为公司在1987年才能在深圳注册，一个日后伟大的企业悄然诞生。

1987年9月29日，经中国人民银行批准，新中国第一家证券公司——经济特区证券公司正式落户，揭开了深圳股票交易市场的大幕。

1987年是深圳经济特区发展长河中极不平凡的一年。

土地"示范"效应余波

土地使用权有偿转让的尝试，极大地冲击了当时的中国土地管理体制。实际上，在土地使用权开拍之前，1987年10月，深圳市人民政府修改了《深圳特区土地管理暂行规定》，将这个从1982年起就开始实施的特区规定中的"土地使用权不能转让"的条款修改成为"土地使用权可以有偿出让、转让、抵押"，并同时将之更名为《深圳经济特区土地管理条例》，报请广东省人民政府审定。

但在管理条例尚未正式通过之前，深圳经济特区先行一步，进行了土地使用权拍卖的有益而大胆的尝试，当时所承受的压力和风险确实十分巨大，在全国人大会议上，甚至有多个省市的代表"质询"国务院，为什么深圳特区可以"违宪"，顶风作案？

1987 年 12 月 29 日，广东省第六届人民代表大会常务委员会第三十次会议一致通过了《深圳经济特区土地管理条例》，才从法律层面上确立了深圳经济特区国有土地使用权有偿出让和有偿转让的合规性，确立了土地所有权和使用权分离、土地使用权进入流通领域的土地管理体制的合理性。

深圳很多改革举措都可能涉嫌"违宪"或"违法"，但李灏书记敢闯敢试，勇于担当，1985—1993 年期间，迅速打开了中国改革开放新的局面。

对外界的指责，李灏书记当时是这样回答的：

"深圳的做法没有违宪，按照我们的理解，一块土地同时拥有所有权和使用权双重属性。所有权永远属于国家，我们拍卖转让的只是土地的使用权；而且使用权是有期限的，几十年后收回。老的宪法条款规定不够细致具体，需要我们根据实践中遇到的问题进行进一步完善……"

这样回答来自各方的责难，李灏书记当时是否咨询过他的顾问委员会，现在不得而知，反正让反对派无言以对。这场风波最后归于平息，中国的房地产业日后在全国范围内的蓬勃发展，均得益于这场土地制度改革迈出的最坚实的一步。

深圳速度"诞生记"

————

　　"深圳速度"是一个时代的标签，也是一个时代的集体记忆。

　　1981年10月8日，中国一冶承建的深圳国际商业大厦破土动工，1982年4月，提前94天竣工，深圳国际商业大厦创造出平均每5天一层楼的"深圳速度"，获得时任深圳市副市长罗昌仁的肯定，施工单位如数领到94万元港币的奖金，轰动全国，这是"深圳速度"的起点。

中央电视台拍摄专题片《奇观》。图为著名导演张家毅（右三）在建设中的国贸大厦工地拍摄取景，向全世界首次报道"深圳速度"（杨洪祥摄，1984年）

1982 年 11 月 ~ 1985 年 12 月的 37 个月时间里,中建三局建设工程股份有限公司承建深圳国际贸易中心大厦,创下了 3 天一层楼的新纪录,刷新了"深圳速度"。深圳国际贸易中心大厦建成后,成为深圳地标、深圳第一高楼,周边地区都被称为国贸商圈。

如火如荼的深圳经济特区建设经媒体报道后,为全国人民所熟知,"深圳速度""3 天一层楼"成为风起云涌的中国改革开放的火车头和风向标。

中国改革开放的总设计师邓小平多次提到"深圳国际贸易中心大厦",并将其建设速度跟特区改革开放画上了等号。

1982 年 2 月,小平同志的目光扫过到处还是水田、鱼塘、低矮房屋的罗湖,站在深圳国际商业大厦楼顶远眺正在建设中的深圳国贸大厦,承诺等大厦落成之日,一定要上去瞧一瞧。岁月如白驹过隙,1992 年,小平同志第二次视察南方,终于站在了中国第一高楼的楼顶上,发表了对深圳改革开放最肯定也是最重要的讲话,原本计划只讲 15 分钟,最后讲了 45 分钟。

深圳国际贸易中心大厦终究会成为一段往事,但重新对这段历史进行解读,对当前建设中国特色社会主义先行示范区仍不失启发和示范效应,尤其是在当前"思想再解放,改革再出发"新的历史条件下。

深圳执政者在当时经济特区捉襟见肘的财政困境之下,为什么会心血来潮,突发异想要建一栋高楼呢?

经济特区成立前的两个月,57 岁的罗昌仁与时任省委书记的吴南生坐火车一起来深圳,负责分管城市建设工作。成为特区领导班子中一员的罗昌仁清楚记得,一踏进深圳罗湖,沿途四处荒山野岭、炊烟零落;一下火车,从东门走到市委机关大院全部都是泥巴路。

8 月 26 日,全国人大常委会批准建立经济特区,深圳瞬间成为一方创业热土,全国各地党政机关、企事业单位争相前来,不少的机构部门都想挤过来盖栋办公大楼,作为外联内拓的"窗口",抢占先机。尤其一些对港农畜牧有出口产品的省份,这种需求更加迫切。为此,深圳考虑专门辟出一块地来,盖一栋高楼,作为全国各省市部门综合办公楼。当时,吴南生首先想到:要盖就盖中国第一,盖一座能在全国乃至亚洲首屈一指的标志性建筑,向全世界宣示中国加大改革开放的决心。

最初，这栋高楼起名叫"深圳国际贸易中心大厦"，简称"国贸大厦"。但到底建多高，投资多少，大家心里都没有一个底。最开始只打算盖38层楼，刚刚竣工的江苏南京金陵饭店37层、110米高，当时就已赢得了"中国第一高楼"的美誉。深圳国际贸易中心大厦若想在层数上超过南京，勇夺"中国第一高楼"的宝座，胜过一层也就行了，当时都是小富即安的思想。

梁湘接替吴南生担任深圳市委第一书记后，延续了这个梦想，推动了建设步伐。特区初立，百废待兴，财政相当困难，但新任书记信心满怀，并有了建设更高建筑的雄心，他考虑未来的深圳高楼不仅仅只是做"中国第一高楼"这么简单，还要有更高的诉求和目标，最好能成为中国标杆。

高楼必须跟国际接轨，跟时代同步，建成30年内不落后的现代化高楼大厦。一开始，国贸大厦的规划修修补补，补补修修，楼层也从38层增加到44层，进一步增加到53层，大楼总高度160米。53层高楼，地下3层，地面50层。规划设计了楼顶直升机停机坪，供直升机降落、起飞，这就是"中国第一高楼"诞生的前前后后。

不仅如此，大厦外立面最初准备使用马赛克材料，当大楼修建到一半的时候，发现很多地方都跟不上潮流，甚至可以说非常落后。

在这种情况下，梁湘让负责国贸大厦建设的马成礼带队去香港考察，寻找差距。考察回来后，他们对国贸大厦原设计结构进行了一次重大调整。马赛克外立面全部更换为玻璃幕墙；增加了中央空调设备、观光电梯和避难层，增设了顶层玻璃墙旋转餐厅，这种大玻璃面旋转餐厅，至今世界上还无法超越。

高层决策，基层执行！

国贸大厦最初采用集资的方式解决了前期建设资金问题，从设计、施工到装饰诸多方面汇聚精英，博采众长。

湖南省地质勘测公司承担了测量任务；大厦设计由多家设计院投标，最后选中了湖北工业建筑设计院黎卓雄、袁培煌等人的设计方案；国贸大厦基础坑施工，由参加建设特区的基建工程兵负责，部队集中了挖掘机、推土机，日夜不停，不到两个月就完成了所有的任务；挖桩施工任务由广东省第二建筑公司承担；大厦基础和主体施工向全国招投标，全国首创，有 7 家省级以上建筑公司获得资格，参与了竞标，最后，中国建筑第三工程局一公司（简称"中建三局一公司"）中标。正是在中建三局一公司手上，创造出了举世瞩目的"3 天一层楼"的新的深圳速度。

中建三局创伟绩

"中国第一高楼"建设过程中到底产生了哪些神话和传奇，最后让"深圳速度"在改革开放的大潮中独领风骚，夺风气之先？其实用"7+1"来概括是最能说清楚的。

"7"是指 7 个人，他们是：基建工程兵副参谋长，后担任管理国贸大厦的深圳市物业集团公司的总经理马成礼；中建三局副局长，兼中建三局一公司党委副书记的李传芳，国贸大厦建设初期任项目总指挥，后被梁湘"抢"走，担任深圳市副市长；中建三局副局长，兼中建三局一公司经理张恩沛；国贸大厦工地主任、工地施工指挥王毓刚；支部书记、施工副指挥厉复兴；工地总工程师俞飞熊；滑模主管罗君东。最后四位要戴红色安全帽的人经常出现在工地一线指挥作业，而被工人们戏称为国贸大厦的"四顶红帽子"。

一个"1"是指整个国贸大厦建设过程中，使用了世界上最先进的"滑模"技术。

马成礼是深圳市成立后，经济特区建设"开荒拓野"基建工程兵的头头。1979 年冬天，背着粮食咸菜，马副参谋长率领 2 000 人的部队，开进了年初还叫"深圳镇"的这个小渔村。

《工棚里的婚礼》，刊登于《深圳特区报》（1984 年 1 月 11 日），后来《中国日报》（英文版）用半个版面转载，标题改为《他们的生活充满阳光》。1983 年 9 月 30 日，由基建工程兵部队改编成立的深圳市第四建筑公司，在竹子林工棚里为复员干部徐德君和女青年于丽范举行婚礼，照片展现了深圳开荒者乐观创业的精神风貌（杨洪祥摄，1983 年）

马成礼带领的这批娃娃兵完成了国贸大厦前期的基础设施建设工作。

转业地方后，马成礼担任了深圳市物业集团公司（管理国贸大厦）的经理、董事长兼党委书记及深业集团总经理、副董事长等职，被国务院军转办、人事部、总政评为"全国模范军队转业干部"。

七个人中唯一的女中豪杰是中建三局的李传芳，一个非常女性化的名字，实际上，她才是这座"前无古人"的第一高楼国贸大厦深圳工地第一总指挥，小平同志评价说："人才难得！"

李传芳是一个高智商的决策者，在国贸建设过程中，被梁湘"挖"过去，担任了深圳市副市长一职。

故事之一：工地上的一对"牛郎织女"。

1983 年 4 月，李传芳被派往深圳驻点，全权负责中建三局的深圳业务，在国贸大厦驻场上任的第一天，她在动员会上严肃地宣布了一条纪律："我们有 30 多对夫妻过来了，今晚开始必须全部住单身宿舍。"话音刚落，有人就表示怀疑，因为李传芳的丈夫俞飞熊也在工地现场，担任项目总工程师一职。她说："我也不例外，全部实行军事化管理。"并宣布：除特殊情况外，谁都不准回家，也不准家属来队，国贸大厦建成那一天，这条"铁"律才能自动废除。顿时，全场响起了一片雷鸣般的掌声。

故事之二：催命的电话。

深圳特区成立之初，人们整天都有使不完的劲，晚上加班从不计较报酬和收入，更没奖金、提成的概念。施工队伍进入工地，闲下来的时候，人们都会主动找活去干。无论是梁湘市长，还是一般的工人，在那个激情燃烧的岁月，精神状态非常好，这么说吧，没有一个人不是全身心扑在工作岗位上的，华为的"垫子文化"在当年可以说是习以为常。如果晚上 12 点以前不在工地上，梁湘就会骂人。

张恩沛上任中建三局局长后，在中建三局总部主持工作，待在武汉的时间比较多。张局长跟李传芳指挥长约好，每天上午 9 点，李传芳去电话局排队，打长途电话回武汉汇报工程进度。那个时候局办公室没有电话机，更没有手机，远程联络没有今天方便。

有一天，李传芳照例打长途电话汇报工作，电话那头总感觉声音不对，有气无力，伴有一种很压抑的呻吟声。她关切地问道："张局长，你怎么了？"

电话那头张恩沛痛得豆大的汗珠一颗颗朝下掉，他的阑尾炎又发作了。

李传芳问："张局，你为什么现在不去医院呢？"

张恩沛的回答让她泪流满面："我怕你打电话找不到我，万一有什么事给耽搁了呢？"

40 年前的"深圳速度"就是靠这么一班钢铁汉子、女中豪杰一步一个脚印，实实在在干出来的，不是吹出来的。

接下来，重点说说这一个"1"，这个"1"就是"滑模技术"！在国内建筑行业中，深圳国贸大厦建筑施工过程中首次使用了"滑模技术"，这是缔造"深圳速度"的"聚焦点""新闻眼"和"突破点"。

"滑模"生死劫

深圳国贸大厦如果用传统的方式建设，主体工程结构施工，每层最少要花 15 天时间，地面上 50 层，需花费 750 天，主体基础建设周期不少于 2 年。如果用上建筑行业最新的"滑模"技术，工期能节约一半以上时间，这就是深圳国贸大厦主体工程建设为什么要率先用上"滑模"技术的由来。

深圳国贸大厦基础出地面后，混凝土工和抹灰工用混凝土浇筑水泥浆抹平地面
（杨洪祥摄，1983 年）

"滑模"技术是现浇混凝土结构工程施工中机械化程度高、施工速度快、场地占用少、结构整体性强、抗震性能好、安全作业有保障、环境与经济综合效益显著的一项施工技术。

中建三局滑模前期试验数度不过关，问题就出在滑模技术上。实际上，中建三局的滑模水平当年在国内建筑行业中是最领先的，但在深圳国贸大厦建设过程中就遭遇了"滑铁卢"，工程差一点就砸在这最具优势的"滑模"技术上，功亏一篑。

中建三局招投标书上明确了在国贸大厦的建设中使用"滑模"技术，这在所有参与投标的 7 家公司中是最具有技术含量的方案，从而脱颖而出，独占鳌头，一举夺标。"滑模"技术应用成为中建三局这次建设中的不二选择。

1983 年 3 月 1 日，深圳国贸大厦进入主体结构施工阶段，大厦每层面积达到1 530平方米，在这样大的单层面积上使用滑模，世界上尚无先例可循，尽管中建三局滑模水平当年日趋成熟，但在施工过程之中，在技术攻关上还是遇到了前所未有的挑战。

很快，耗费大伙无数心血、被寄予厚望的大面积内外筒整体液压滑模第一次开滑，滑模起提速度太慢，正在凝固成型的墙体被严重拉裂……国贸大厦第一次滑模宣告彻底失败。

丹麦因滑模失败，曾一次性死伤了30多人；美国的一个工程项目因滑模失败，损失上千万美元。当时没有人愿意看到这种厄运降临到中建三局，降临到深圳国贸大厦的头上。

技术人员憋足一股劲儿，调整了滑模的提升时间。但是，第二次试滑，仍以失败告终。滑模技术究竟能否成功，现场的总工程师，以及工友们心里都已经没有了底。

"再滑一次吧！"

梁湘在关键时刻，给予了大家精神上的支持。

可是第三次滑模，更加晦气，试验结果还是失败！

周围的空气一下子如废弃的混凝土一般，直接凝固，沮丧、懊恼写在现场每一个人的脸上，挥之不去。

三次滑模失败，批评、谩骂铺天盖地，不少蹲点等待报道国贸大厦坍塌新闻的外电记者幸灾乐祸，有人将不满情绪直接发泄到国贸大厦施工现场总指挥，还有"四顶红帽子"头上。

所有目光聚焦到了拼尽全力南下都要拿下"中国第一楼"项目的深圳项目总承包人、中建三局副局长兼一公司经理张恩沛身上。国贸大厦项目签署下来时是要求应用"滑模"技术的，如果临阵脱逃，退回到传统的建筑技术，不仅要被落标的同行耻笑，中建三局在深圳建筑业界从此名誉扫地，再也难以抬起头来。此外，返回到用传统建筑技术兴建国贸大厦，工期要违约，谁来承担这么巨大的损失呢？

危难之际，"四顶红帽子"没有气馁，给了总指挥长张恩沛和国贸大厦参战工友信心、力量和勇气。

已经顾不得唉声叹气，"四顶红帽子"一头扎进施工现场，已经不知道在工地熬了多少个不眠之夜，做实验、测数据，最终找出了前三次试滑技术失败的根本原因：一是混凝土应当达到一个最佳的强度系数，这个系数早已经掌握；二是混凝土在浇灌时的速度问题，这个速度必须有一个最佳值，否则功亏一篑。

为解决好这个"浇灌时的速度问题"，多年之后张恩沛"先斩后奏"的做法还被有关部门一再审查，余波未了。当时国内建筑业施工水平硬件上不过关，自拌混凝土都是人工推着胶轮车将混凝土送到作业面，速度太慢，根本达不到滑模过程中的技术参数要求。如果不引进国外先进的设备，改变现状，想成功难上加难，而当时中建三局根本就没有外汇结余资金。退一万步来讲，就是有钱，根据当时国家相关政策规定，购置5万元以上的设备需要打报告报请上级批准。对于体制内的限制，在当时的历史条件下，要想改变现状，必须冲破藩篱，使用霹雳手段，不顾一切，哪怕撤职坐牢。

深圳国贸大厦项目等不起"公文旅行"的时间，箭在弦上，不得不发。张恩沛只能冒险，一次性拍板，超出权限贷款购置进口设备！

张恩沛以一个人的"敢作敢为"，冒着很大的政治风险和经济风险，在提升"滑模"技术上"孤注一掷"，赌了一把。这次幸好他赌中了。否则，轻则进班房，重则他会被全公司上下人吐唾沫。

中国企业家，尤其是改革开放初期的企业家在大展宏图之时，除了经济风险，还要冒更大的政治风险。在当时历史条件下，特区允许"试"错、允许探索，需要跨越常规，冲破体制的羁绊，在这一过程中，当然也就使得改革开放的道路上会出现各种艰难和惊险，试错身败名裂，试对则名垂青史。中建三局的一炮打响，真真实实试出了一个举世瞩目的"深圳速度"。

1983年9月18日，在深圳市政府的大力支持下，中建三局一公司向银行贷款300万港币，一次性购进2架爬塔、3台混凝土输送泵和一台混凝土搅拌站，第四次滑模试验重新启动。

夜深人静，海风轻拂，灯光通明，1 600人的工地上静得针落可闻。

"敢为人先"的带头人、中建三局工地总指挥张恩沛沉稳地走向指挥台，目光如炬，工人们只听到浑厚而有力的声音从他那个方向传过来……

"同志们，4个月的努力和煎熬，今晚就要见分晓！深圳市委、市政府和三局的全体员工都在等着我们的好消息。所有的岗位、所有的工序、所有的作业都不能有任何的疏忽与差错。今晚，我们一定要把滑模拿下来。大家有没有信心？"

"有！"

工地上各个岗位的1 600名员工，同时发出震耳欲聋的呐喊。

"开始！"

张恩沛一声令下，静静的工地上突然声音大作，搅拌机和输送泵轰鸣，大地微微颤动，混凝土像汹涌的河水涌进平台上各个进料口，如壮士胸中压抑了太久的豪气，在这一刻喷薄而出。

那场景壮观无比，浩气干云。

晚上11点是预定的第一次滑模提升的时间，分布在1 530平方米操作面各个关节点位置的576个油压千斤顶同时启动，"哒、哒、哒、哒……"，576个马达的声响清亮而惊心。

市政府副市长罗昌仁、中建三局张恩沛和工程建设指挥部的同志们蹲在滑模平台的下方，眼睛一眨也不眨地盯着拉模的全过程。

那滑模上升的声音就如同有人在张恩沛的心坎上"踢踏"，又仿佛有人拿着刀子在张恩沛的心尖上磨砺，每一秒都显得如此漫长。

自重280吨、结构庞大的滑模，慢慢地被同步顶升起来，1厘米，又1厘米，混凝土墙脱离了模板，像长城，稳稳地矗立在眼前！青灰色的墙体在夜灯的照射下，像婴儿的皮肤柔和光滑……脱离模板怀抱的墙体是破蛹而出的蝴蝶，是大楼的精灵，沉默的墙体有了生命，它们在说话，在欢歌，在向这些特区建设者们微笑。

继续浇灌，继续提升，滑模整体提升后，一层大楼宣布完成。经过激光检测，楼层的水平度和垂直度完全符合标准。

张恩沛命令工程师们再仔细检查一遍。"四顶红帽子"受命奔赴各点检查，一一回报："我们成功了！"

成功了！

巨大的喜悦替代了一个多月来巨大的压力。

张恩沛再也忍不住泪水，任其肆意流下。

市长眼角里也涌出了泪花，他与张恩沛、李传芳、"四顶红帽子"，还有身边的工友一一握手，感叹地说："你们真太不容易了！祝贺你们！祝贺中建三局！"

工地总指挥长张恩沛再次按捺住猛烈的心跳，拿起麦克风对着工地周围等待已久的 1 600 名员工说："同志们，告诉大家一个好消息，滑模成功了，我们胜利了！"

大家听罢，先是瞬间的寂静，接着就欢呼起来。参战的中建三局工友们把安全帽从头上摘下，使劲地挥舞着，喊叫着，拥抱着，泪水与汗水交织在一起！

深圳国贸大厦落成 5 年后，国家 12 个部委组成的联合调查组对张恩沛违反外汇管制等一系列问题进行了一次次深入的调查，在调查过程中，经过深圳市领导、建设方多方做解释工作，反复强调张恩沛所率领的中建三局为深圳做出了巨大的贡献，创造了举世瞩目的"深圳速度"。

几番斟酌，国家各部委联合调查组才给张恩沛下了"功大于过，下不为例" 8 个字的结论。张恩沛后来也用"无私为公，值得值得" 8 个字评价自己当年胆大妄为的"试错"行为。

深圳国贸大厦全景图（陈宗浩摄，1984 年）

36 年前，深圳基建工程兵新闻报道员，后担任深圳市房地产协会领导职务的杨洪祥，用相机真实地记录了深圳特区早期城市建设的雏形，也记录下了深圳国贸大厦建设的全过程。在那个激情燃烧的岁月，特区的建设者们，用双手，用板车，用人拉肩扛，把特区一栋栋高楼建设起来了。尤其是国贸大厦的"拓荒者"，是他们创造了"深圳速度"，杨洪祥认为：深圳速度当时也是中国改革开放的速度，是世界看中国的一个窗口。

新旧地标建设者的"世纪"握手

相距 5 公里，跨越 32 年，从深圳市人民南路 3002 号到益田路 5033 号，从 1985 年到 2017 年，从中建三局到中建一局，第一代深圳速度的创造者、记录者和新一代深圳速度和深圳高度的创造者终于紧紧握手。

2016 年元旦，深圳国贸大厦的建设者、参与者、管理者马成礼，和当年国贸大厦建设的见证者、影像记录人杨洪祥终于站上 592.5 米的南中国新的第一高楼——深圳平安国际金融中心，和高楼的建造者、项目总负责人陈维德、王鸿章握手相聚在一起，互相倾诉两代人的激情和创造。

深圳平安国际金融中心由中国平安保险（集团）有限公司投资建设，总投资金额 90 亿元，2009 年 8 月 29 日正式奠基。大楼地上 118 层，地下 5 层，原设计高度为 660 米，最终高度降低至 600 米以下。建设高度的"缩水"，是因为航空限高所致。项目总承包方的中建一局向参与封顶仪式的媒体宣布，项目将在 2016 年 4 月全面竣工，建成后新的深圳第一高楼上升到 592.5 米，成为仅次于上海市上海中心大厦的中国第二高楼。

2013 年"3·15"消费者权益日到来之际，中央电视台曝光了深圳多处楼盘违规使用"海沙"建楼，"海沙"腐蚀钢筋导致楼板开裂、墙体出现裂缝。深圳市住房和建设局迅速成立调查组对此事进行深入调查。海沙风波同样波及已在建 3 年多的深圳平安国际金融中心。

2013 年 3 月 22 日，深圳市住房和建设局公布了对深圳平安国际金融中心等 6 个在建项目的抽样检测结果。结果显示，深圳平安国际金融中心混凝土氯离子含量符合标准要求，不涉及"海沙"问题。该检查结果与平安国际对混凝土工程用沙的检测结果基本吻合，仅仅停工 10 日后，深圳新地标迅速向新的高度冲刺。

2015 年下半年，中国建筑总公司在深圳主持召开平安国际金融中心超高层施工关键技术成果鉴定会。经鉴定，深圳平安国际金融中心项目 3 项成果达到国际领先水平，1 项成果达到国际先进水平。

此次达到国际领先水平的技术成果分别为平安国际金融中心项目"超高层建筑半凌空变角倾斜巨型钢骨混凝土柱施工技术""高强混凝土（C100）千米泵送施工关键技术"以及超高层建筑结构施工模拟与现场监测中的"巨型桁架斜腹杆与巨型斜撑提前闭合预留缝隙技术"。其中，"高强混凝土（C100）千米泵送施工关键技术"成功完成了全球首次 C100 混凝土的 1 000 米泵送试验，一举刷新了业内 C100 超高强度混凝土的泵送纪录，登上了建筑业的又一巅峰，标志着中建一局已率先攻克千米摩天大楼的核心施工技术难题。此外，"平安国际金融中心超深基坑设计与施工关键技术"也达到了国际先进水平。

平安国际金融中心大厦高楼还使用了先进的北斗导航卫星，对整个大楼的施工过程进行了复测。

"定海神针"深圳第一楼——平安国际金融中心大厦（陈宗浩摄，2018 年）

特区新地标有以下三大突出特点。

艺术美感非凡：立体的龙脊似天际线，优雅具有现代感的锥形外观，从底部方形向上收拢，经部分舒展，塔楼朝着细长的塔尖慢慢升高，细长的建筑形式既具时代感又富有艺术美感。

节能高效：整栋大楼的建筑选材采用国际标准的环保材料，周身散发出柔和光泽，宛如镶嵌在华南大地上的一颗温润珍珠。为降低资源消耗量，外墙结构特制的不锈钢板，可回收循环利用。建筑还采用了低辐射、高透光的上釉玻璃，再辅以光感器和可调节灯具，极大减少了人工照明对能源的消耗。

观光平台独具一格：大楼设计了一个震撼的观光平台，观光层设在535米处，巨大的自动扶梯连接三层空间，整个体验的终极之处在于一个开敞的360度视野的观光空间，三角形悬挑观光平台让人有一种凌空漂浮的感觉，极具震撼效果。

穿越11 680个昼夜晨昏、32个春夏秋冬，"深圳速度"的创造者逐渐老去，与我们渐行渐远，但那种"勇于挑战，敢为人先"的信念和精神似一盏明灯，薪火相传，从未熄灭，照亮后一代不畏艰辛，艰苦奋斗，永攀高峰。

从深圳国际贸易中心大厦到地王大厦，从地王大厦到京基100，从京基100再到平安国际金融中心大厦，深圳的"楼王"见证了经济特区40年改革开放的辉煌成就，向世界宣示了一次次被刷新的"深圳速度"。

"深圳速度"是深圳经济特区40年改革开放速度的象征，也是敢为人先的一种胆气和勇气。

"深圳速度"也是一种精神和力量，影响了一代又一代特区人去奋勇拼搏。

中华第一股——深宝安

斗转星移，岁月蹉跎，股票在今天的生活中早已司空见惯，但 40 年前，除了经济学家，大多数人都不知道这两个字的真正含义。股票是资本主义市场经济的产物，是西方人发明的。在社会主义制度条件下实行"拿来主义"，如何为我所用，如何在中国第一个经济特区发挥出这个不二神器应有的聚宝聚财、发展经济的效力，探寻股海沉浮的历程，了解新中国第一股的由来，也许能给出一点启示。

总书记指点迷津

新中国第一只股票——深宝安 A（SZ00009）是 1983 年 7 月 8 日在深圳市宝安县诞生的，由宝安县联合投资公司向社会公开募集发行。这只股票开新中国发行股票之先河，引起了世人瞩目，也被认为是中国加大改革开放步伐的一个标志性事件。据说美国纽约大都会博物馆还珍藏了一张深宝安的原始股票。

"深宝安"顾名思义是"深圳宝安"的简称。对深圳特区行政区划演化比较清楚的人可能会多问一句：1979 年 1 月，广东省批准撤销宝安县，设立了深圳市。1979 年 3 月，国务院批准将广东省宝安县正式改名为深圳市，怎么后面又会冒出"深宝安"这个名称的股票呢？

其实这都源于 1980 年 8 月 26 日这一天深圳经济特区的成立，很有必要详细交待一下。1979 年确实撤销宝安县，设立地级深圳市（国务院

1979 年 3 月 5 日批准）；撤销珠海县，设立地级珠海市（国务院 1979 年 3 月 5 日批准）。这都为后来的深圳经济特区、珠海经济特区设立埋下了伏笔。

1980 年 8 月 26 日，第五届全国人大常委会第十五次会议批准，广东省深圳、珠海、汕头和福建省厦门四大经济特区成立，深圳经济特区毗邻香港，核准面积为 327.5 平方公里，约占深圳全市面积的 1/6。特区成立后，还有 5/6 的土地怎么管理呢？1981 年 7 月，国务院决定在非特区部分重新恢复原宝安县建制，深圳市因此就有了"经济特区"和宝安县这两大行政区划。1981 年 10 月，被撤了 3 年的宝安县重新恢复，归还建制，新宝安县辖 1 577 平方公里，是深圳经济特区面积 5 倍多。广东省委任命方苞为深圳市委常委、宝安县委书记；李广镇任宝安县委副书记兼县长。

一提及"深宝安"，这两个人物是注定绕不开的。一个是方苞，深圳经济特区成立之前就是宝安县委书记，习仲勋书记释放 3 位逃港村民时，方苞书记就在现场；另一个是深圳经济特区成立之后的宝安县县长李广镇，后来接替方苞担任了宝安县委书记。

"深宝安"就诞生在李广镇任宝安县县长任期内。深圳市前身是宝安县，有了深圳经济特区后，又部分恢复了宝安县；因此，就有了老宝安和新宝安之分。人们习惯把土生土长的宝安人都称为"老宝安"，而李广镇算是"新宝安"。李广镇算得上是新宝安建设的开拓者、急先锋，而且还是深圳经济特区的"活地图""活字典"。

股票议案如果没有当时总书记的"指点迷津"，李广镇县长的灵机一动，也许会推迟几年，无法在资本市场独拔头筹。

也许，我们还会在后面反复提及一个概念，这就是：中央在批准设立深圳经济特区之后，只给政策，没有资金的支持。宝安县重新恢复建制，但老宝安的那点家底全部给了新成立的深圳市。当时市委书记问新宝安县的书记和县长，计划将县衙安在哪里？千年的县衙已经归了特区，不可能要回去，没办法就暂借了一个叫"西乡"的宝地，可是当新的县官去那里一看：满目黄土，一片瓦都没有。

新宝安县有了，开发建设资金却是一个"无底洞"。当年，经济特区没有钱，新成立的宝安县更"穷"。上面说了，中央只给政策不给钱，必须自己想办法，用足、用好政策。梁湘在任时，市政府还能拨几个钱，但那点钱发完工资和支付办公开支后所剩无几。在这种艰难的历史背景之下，县委县政府才不得不想方设法，出良策解困。

宝安县成立不久，时任中共中央总书记胡耀邦来深圳考察，顺道也视察了蛇口工业区和罗湖、宝安等地，了解到特区建设存在严重的资金匮乏难题，提议尝试发行股票。

总书记说，当年陕甘宁边区也遇到过这样的困难，边区政府就发行了一种凭证——救国公债券，用它来募集闲散资金，摆脱了资金的匮乏影响人民生产及生活的问题。

现在你们要想方设法将老百姓手上的闲置资金集中起来，办大事，办好事，投入到经济建设中去，以创造更多的社会财富。

香港招商局集团副董事长袁庚、宝安县县长李广镇陪同总书记考察，聆听了总书记的意见和提议。当年蛇口工业区背靠香港，有央企基因，筹资渠道广，发行股票进行社会渠道融资没有新成立的宝安县急切，这次"点拨"最终让宝安县的领导开了窍，摸着石子过了河。

李县长能开窍，跟他幼年时的经历不无关系。

生于新中国成立前的李广镇，穷苦出身，14岁不到从广州投奔香港，孑然一身，投亲靠友，他乡求生。新中国成立前夕，香港市井萧条，经济凋零，小广镇看不到希望和未来，打工不到一年，就折回当时的广东省宝安县做了一个小店员，从一家私营企业起步，开启了他曲折奋斗的人生。幼年"打拼"的这段记忆在李广镇脑海里留下了深刻的印象，香港雪厂街街边的股票交易、登龙街的食档，如电影画面一幅幅过了一遍。

当年，内地是谈"股"色变，虽然跟香港一河、一海相隔，一纸股票在那边是"财神"，在我们这边就是资本主义的"洪水猛兽"，不要说卖，碰都不敢去碰一下。

为了建设新城，发展宝安县的经济，县委、县政府的领导统一了认识，决定成立一家公司，运用公司运营方式为宝安新区建设筹集资金，1982年11月，宝安县政府发布了县政府75号文件，决定成立宝安县联合投资公司，并任命县政府办副主任曾汉雄为公司总经理。

霸道县长

宝安县联合投资公司成立了，县委、县政府一班人都拍手称快，但一到说起向群众集资，还要办股份制，就炸开了锅，好像要了谁的命，吵吵嚷嚷，怪话连篇，意见无法统一。

改革开放之初，老百姓手上本来就没什么钱，一块钱恨不得掰成两半儿花，大伙儿都是手中无粮、心中发慌。

但突然"尚方宝剑"从天而降，政府又发了文，县政府就着手开始了整体规划、分步实施，宝安县联合投资公司制定了详细的实施流程。

第一，议定一个章程，保障股东的权益。

第二，郑重其事印制股票。

股票设计好了，找广州市印币厂印制，1股10元钱，1000股刚好1万元。卖给你股票，同时还有一本股金证，万一股票丢失了，股金证还在，同样可兑现。

第三，县政府拿出200万元，带头认购20万股兜底。

但就在讨论第三个步骤时，遇到了来自各方前所未有的阻力！

政府资金跟其他资金混合经营，政策上能不能这么干，合不合规，合不合法，这在当年来看就是冒天下之大不韪。而且要拿出200万元进来参股，在流程上宝安县财政局这关就过不去。

在县政府碰头会上，财政局领导一上来就开始哭穷，哪里有这笔钱呀，1700万元财政收入，全县财政发工资还有亏欠，一个好大的窟窿，还要拿出200万元搞这个股票，县财政实在拿不出来这笔钱！

"不拿也要拿，不拿不行。不拿，政府商议的股份公司就办不起来，资金募集不起来，大家就会对县政府丧失信心。"李广镇听罢，立即就在会上发飙。

财政局领导说："你这不是强迫命令嘛！"

县长当即答道："强迫，也就这一次！"

结果毫无悬念，县长的意见占了上风，政府拿出了200万元入股，成了深宝安的第一大股东。

宝安县联合投资公司首期向外集资450万元，其中有近一半资金就来自县财政。从这起家，随后开始开发土地，办实业，招商引资，效益可观。随着分红、扩股、再发展，财源似滚雪球般越滚越大。不少买了深宝安股票的香港同胞，当年都是大赚特赚。

李县长的"霸蛮"劲，成就了深圳经济特区建设的又一个"第一"，也是新中国成立以后第一只股票。

股民分钱

1984年，宝安县联合投资公司获利17万元，股票购买者首次分得了红利。宝安县福永区凤凰乡农民文富祥购买1 000元股票，当年分红100元，股息48元。深宝安A在深圳证券交易所正式挂牌那天，也沾满了"宝安"得宝而安两个字的福气。

说到购买宝安联合投资公司股票赚钱的事，就不能不提当年宝安县大坑村，大坑村隶属深圳市龙岗区大鹏镇，属于现在的深圳经济特区范畴。

大坑村位于深圳市大亚湾，"深宝安"发行股票之前，整个村子100多人捕鱼种稻，都是典型的农业人口。1983年，要修建大亚湾核电站，县政府就把大坑村的村民搬迁到王母墟大坑新村。老大坑村人高高兴兴地搬进了崭新的两层小楼。土地没有了，国家给每户每人补偿1万元，加上部分搬迁费，人均2万元，2万元在那个"万元户"时代，可是一笔从天而降的横财。没有土地的大坑村人，乐得把渔网都收了起来，琢磨着如何来花销这笔巨款。

接触过"城中村"村级干部的人，都会感觉老宝安的村干部跟内地的村干部眼光比较起来会有天壤之别。特区成立之初，这边南海小渔村的经济跟内地比，要差很大一截，应该说是非常穷，当地知水性的年轻人一个猛子扎进海里，偷渡到一水之隔的香港去了。上面的领导来调查，严厉质问："为什么村里人都要逃到资本主义社会去？资本家在那边残酷地剥削我们劳动人民呀！"

"剥削掉一半，还剩下一半！待在这儿，啥也没留下，还吃不饱饭。"村干部不痛不痒地回答。

这回答让上面来的领导顿时语塞。广东人不跟你讨论什么"主义"，只跟你说实际。更厉害的是，村委会完成搬迁任务，国家拨的移民安置款，结余还剩下150万元土地补偿款，村干部没有一次性分到各家各户，而是按照县政府李县长的提议，集中起来办大事，绝大部分投资到了宝安县联合投资公司去了。1984年投了80万元，1985年投了50万元，当时村里不少人还对村委会干部的做法感到很窝火，认为村委会是在政府领导那里讨好卖乖，只想自己升官发财，哪管黎民死活。

结果"宝安县联合投资公司"改制为"深圳宝安实业有限公司"，等在深交所一上市，大坑村获得1 500万股法人股，全村对"深宝安"这只股不到200万元的投入，老鼠变大象，法人股股票市值最高时达到了2个多亿。

1999年的深宝安年报中，宝安县大鹏镇大坑上村位于大股东一栏中的第三位，大坑下村排在第四。大坑上村持有深宝安1 533.99万股，占1.6%的股权；大坑下村持有1 307.54万股，占总股本的1.36%。2000年4月7日收市时，按ST深宝安5.69元的收盘价算，大坑村拥有股份折价为1.617亿元。法人股当年不能流通，股改后ST深宝安的股价最高还达到了17元以上，最低点也在11元左右徘徊。股改后大坑村法人股抛售，资产又翻了1～2倍。大坑村号称人均资产200多万元，那还是以现在的人口口径计算的，若是用1983年时的总人口计算，至少人均资产超过400万元，这都还是20年前的估值。如果按现行社会财富水准计算，大坑村个个都是千万元户。

20 年前，大坑村已经是全国最富裕的村庄之一，按当年流行的说法是："北有大邱庄，南有大坑村。"

清洁环保的中国核电事业，也是跟特区经济一起成长的。1978 年 12 月，中国改革开放的总设计师邓小平在会见法国外贸部长后，宣布引进两台法国核电站设备。1982 年，国家正式批准大亚湾核电站项目，大亚湾核电站成为改革开放中一个标志性工程。在党和国家领导人的关怀、支持和推动下，1987 年 8 月 7 日，随着第一罐混凝土的浇筑，大亚湾主体工程开工建设，踏上了"引进、消化、吸收、创新"的发展之路。

中国广核电力股份有限公司（简称"中广核"）起步于购买了中国第一股——深宝安的大鹏镇大坑村。

2014 年 3 月中广核重组，12 月 10 日，在香港联交所上市，这家特区企业"中广核电力"成为全球首家单一经营核能发电业务的上市公司，股票代码 01816HK，系中国核电龙头。2019 年 8 月 12 日，中国广核回归国内主板上市交易，股票代码为 003816。

40 年筚路蓝缕，中广核旗下核心资产大亚湾核电站对深港两地经济建设，发挥了巨大作用，也为特区环保生态、社会公益、经济效益的提升不断加分。2014 年，中广核大亚湾核电站成立了社区基金，主要用于鹏城岭澳社区以及大坑村等居民区内部道路、小区供排水系统、绿化、老人活动中心等基础设施建设，累计投入超过 600 万元。

2019 年度中广核电力公司实现营业收入 608.75 亿元，较 2018 年度增长 19.77%；营业利润 165.88 亿元，较 2018 年度增长 10.99%；归属于上市公司股东的净利润 94.66 亿元，较 2018 年度增长 8.77%。在深圳市 2019 年上市公司净利润 50 强企业中排行第 12 位。

老宝安县的大坑村依靠资本市场这根神奇的魔棒，既改善了生活环境，又提升了生活质量。没有中国第一股，它就不会坐上通往康庄富裕大道的直升火箭，没有绿色能源上市企业借"地"发挥，大坑村人就不会有如今高品质的新生活。

骆文冠画出来的神奇"股票"

深宝安股金证（深圳博物馆馆藏）

回过头来看看，深宝安这张股票是怎么诞生的？股票样稿怎么神奇出炉的呢？十分有趣的是，深宝安股票设计人竟然来自一个对股票一窍不通，不知股票为何物的"股盲"画笔下，他的名字叫骆文冠。

广东省河源市和平县山区是画家骆文冠的故乡，骆文冠广州美院毕业后，回乡到和平县文化馆做了一个普通干部。深圳成立之前的 1978 年和 1979 年，骆文冠有两次南下深圳的经历。

第一次是参观中国水印版画展。30 年后，骆文冠回忆起来还说："深圳当时只有一个孤零零的海关和迎宾馆，感觉这里不过是一个小县城罢了，比和平县城落后多了。"

更有意思的是，深圳经济特区成立 30 周年时，深圳市福田区人民政府的对口帮扶对象，正是骆文冠的老家广东省河源市和平县，靠全国人民支援发展起来的深圳经济特区，富强后不忘反哺贫困山区。

也就是一个比和平县山区还落后的南海渔村，成立经济特区的消息传到骆文冠耳边，他被深圳的亲戚召唤而南下。

粤东山区河源市和平全县就只出了骆文冠这一个美术学院的大学生，文化馆长不同意放行，骆文冠就去找人说情，县上领导松了口，一刻没停留，骆文冠和太太收拾行李，义无反顾就往深圳跑。

20 世纪 80 年代的路况可想而知。一大清早，天还没亮透，两口子上了车，300 多公里山道弯弯，跑了一整天，傍晚时分，筋疲力尽的小两口才到目的地。车上没空调，行车中只能开窗通风，黄沙漫天飞，一下车到住处，骆文冠两口子成了"非洲黑人"。

调进新成立的宝安县委宣传部不久，深宝安股票的设计任务就这样不紧不慢、不前不后，刚好落在了骆文冠头上。说心里话，骆文冠当年心里一点谱都没有，因为不知道股票为何方神圣，当年除了李广镇县长之外，股盲应该说是极为普遍的。

1983 年，有一天，骆文冠接到了一个电话，电话是县委办打过来的。话筒那边的领导很和蔼地说："小骆同志，到政府办来一趟……"

接下来就给骆文冠布置了一个十分艰巨的任务，领导告诉他："县委、县政府决定成立一家股份公司，叫宝安县联合投资公司，打算将农民手上的闲散资金集中起来搞开发，算集资吧，既然是搞集资，好歹得给人家一张凭证吧，这之前县里也安排人设计过，没有弄好，这个任务现在就交给你吧。"

骆文冠问有什么特殊要求。领导说："没有什么特殊要求，把它画出来就行了，不过马上就要发行股票了，时间紧迫，最多能给你 15 天时间。"

只有半个月时间，得日夜兼程呀。那段时间，早上 8 点起床，凌晨 2～3 点钟睡觉对骆文冠来说是家常便饭。

正值南国的盛夏，那个时候没有空调，电风扇也不敢开，生怕风扇一吹，画稿一翻，会让画稿线条走样或画笔、墨水掉下来，把图案全部弄脏。天气炎热，汗流浃背，九易其稿，半个月时间里他不能有任何一次"闪失"，否则都会功亏一篑，推倒重来，必须一丝不苟、小心翼翼。股票第一稿就是在这种情况下一气呵成的。

主管领导过来慰问过，其实是监工，看看工作进度情况。骆文冠感觉肩上的担子千斤重，不敢有丝毫疏忽和懈怠。

画完正面图案，将 1 000 元、100 元、10 元三个股票面值画上去后，骆文冠自作主张，将"宝安县联合投资公司"以及"股金证"三个字也画上去了。眼见距交稿日期越来越近，为了制版清晰，宝安县联合投资公司的公章也被骆文冠临摹上去了，这真有点现实版电影《无双》，用画笔在"犯罪"，但最大不同之处是骆文冠画股票是一项政府工程。

骆文冠原打算先把股票画稿交上去再做些修改。没想到，初稿一交上去，领导就点了头，果断地说："行，挺好，不需要再作任何修改。"

一个从不知道股票为何物的人，第一次画股票就奇迹般一次性通过。

骆文冠设计的股票作为发行"深宝安"股票的凭证，一直使用到深圳"老八股"上市，深圳证券交易所无纸化后，这套"股金证"作为"古董"被送进了深圳博物馆，美国纽约大都会博物馆也有收藏。

奇诡的是，骆文冠设计的这套股票，市面上很少出现过仿冒。为此，有人专门就这个问题请教过国家一级美术师、后来担任过深圳市美术家协会主席的骆文冠老师。骆老师回忆说："后来很多人认为我骆文冠设计的这套股票里面有什么密码和玄机，其实，这些人不知道，真正的门道是设计的过程中我力求精细，全部手工描绘，比较灵活，有些地方可以画一些不怎么引人注意的切线，图案还有些不对称，这一般是很难模仿得了的。"

骆文冠画的这张根本无法复制的"深宝安"股票，就这样成就了一段"中国第一股"的美谈。

"新中国第一股"之争

新中国第一只股票到底是"深宝安"还是"上海飞乐"？新中国第一个证券交易所是"深交所"还是"上交所"？

这两个历史问题经常有不同的答案。深圳证券交易所创始人、新中国证券市场的拓荒者、深交所前法人代表禹国刚介绍说，"深宝安"于1983年7月8日公开招股，而"上海飞乐"则是1984年11月18日公开招股。深圳经济特区在改革开放初期有先行先试的特权，深圳证券交易所是"先生下孩子"（1990年12月1日），而上海证券交易所"先拿到准生证，后生下孩子（1990年12月19日）"。禹国刚列举了当年的股票及报纸等"文物"，结论十分明确。

1984 年 11 月 18 日，上海第一家经中国人民银行上海市分行批准，向社会公开发行股票的股份制企业上海飞乐音响公司成立，并向社会发行每股面值 50 元的股票 1 万股；而 1982 年，新中国第一家股份制企业——宝安县联合投资公司在深圳宝安县成立。1983 年 7 月 8 日，"深宝安"以公开发行股票的方式向全国招股，7 月 25 日，宝安县联合投资公司在《深圳特区报》刊登公开招股公告：欢迎广东省内外国营集体单位、农村社队和个人（包括华侨、港澳同胞）投资入股，每股人民币 10 元。无疑"深宝安"比"上海飞乐"整整早了一年多时间，成为新中国第一只公开发行的股票。继"深圳老五股"集中交易后，1991 年 6 月 25 日，"深宝安"在深交所集中交易，其总股本为 2.25 亿股，是深沪股市当时股本最大的上市公司。

　　吴晓波的《激荡三十年》一书对这个问题也有阐述。

　　"关于哪只股票是新中国第一股，一直存在争议，其中参与竞争的有：1980 年 12 月成都工业展销信托公司发行的股票；1983 年深圳宝安联合投资公司发行的股金证；1984 年 9 月，北京天桥百货股份有限公司发行的定期三年股票；1984 年 11 月，上海飞乐音响公司发行的股票。因为邓小平将第一张飞乐股票赠送给了纽约证券交易所总裁约翰·范尔森，所以，"上海飞乐"的认可度最高。飞乐股票实行的是保本保息、自愿认购、自由退股的原则，股票分为集体股和个人股，股息率分别相当于企业一年定期存款或一年期储蓄存款的利率，与真正意义上的股票还有一定的差距。"

　　吴晓波最后没有给出一个肯定的答案，但他指出了"上海飞乐"发行前还不能算真正意义上的股票。

　　深圳经济特区是中国改革开放的窗口和试验田，一切有利于解放生产力的改革创新，都可以在深圳先行先试，试验成功了再向全国推广，这也是深圳的成功之道。禹国刚是新中国第一股在深交所上市的历史见证人。

　　发行股票这件事情，充分展现了特区开拓者们的创新精神、敢为人先的精神，以及敢于担当奉献的气魄。40 年时间，深圳经济特区从一个默默无闻的小渔村一跃而起，成为现代化国际大都市、中国特色社会主义先行示范区，放在当年的历史大背景来看，这第一次初尝"禁果"，不说是"石破天惊"，也是"九死一生"，跨出了"前无古人，后有来者"最为坚实的第一步！反思起来，如果当年没有李广镇，也会有王广镇、赵广镇，但时机的把握就很难说了，说不定就被"上海飞乐"抢了先，毕竟当时改革开放大潮风起云涌。

宝延举牌风波

中国证券市场的第二个"第一"，也发生在"深宝安"这只中国第一股上，给刚刚起步的中国证券业下了一剂"猛药"，上了一堂资本市场风险投资的大课。

1993 年 9 月 30 日，这天是中秋节。临近中午，时任上海延中实业总经理秦国梁正在外面办事，突然接到董事长周鑫荣的电话，说有人要收购延中实业公司。秦国梁赶回公司后才知道，上午 11 时 15 分，上海证券交易所宣布延中实业临时紧急停牌。随后，深圳宝安集团上海公司发布公告称，公司已于当日拥有延中实业发行在外的普通股 5% 以上。自此，中国证券市场上市公司的第一例收购战打响。

上海市昌平路 396 号，延中实业总部格外寂静，然而，一场暴风雨正在酝酿之中。

秦国梁第一个反应就是抵触，"把一个街道小厂弄上市，吃了多少苦，流了多少汗，这不是下山摘桃子、抢别人的劳动成果吗？"

一翻文件，原来 1993 年 4 月 22 日颁布的《股票发行与交易管理暂行条例》第四章就是"上市公司收购"，秦国梁以前是跳过去不看的，"都是国家的企业，不可能收购吧"。但是往往不可能的事情，千真万确就发生在自己身上。

当天下午，秦国梁立马赶到上证所，一查吓了一大跳，什么 5% 以上，来自深圳的一匹黑马"深宝安"已持有 15.89% 的延中实业股票，这回使了障眼法，玩了把数字游戏。

延中实业是上海证券交易所最早上市的公司之一，属于"三无"概念股，盘子小，争夺其控股权的斗争在中国股票市场上曾多次掀起波澜。1993年"深宝安"通过二级市场举牌延中实业，打响了新中国上市公司收购兼并第一枪，史称"宝延举牌风波"。

上海延中实业认为："深宝安"这一收购完全是敌意的，不择手段，要求证券监管部门调查并进行最严厉的处罚。

1993年10月22日，中国证监会召开新闻发布会正式宣布：宝安上海公司在证券市场所获的延中股权有效，但该公司及其关联企业在买卖延中股票过程中也存在不合规行为。

显然，这一裁决对"深宝安"是有利的，而对延中实业来说，虽然其对"深宝安"的指责得到了证监会相应的裁决，但其结果不尽如人意，延中实业失去的股权无需返还。在证券监管部门的协调下，深圳宝安集团、延中实业双方经过多次谈判，上海延中接受了被收购的事实，放弃了反收购。

至此，深宝安上海公司成为延中实业的第一大股东，持有18.71%的延中股票，第二大股东海通证券持有1.48%，在随后召集的临时董事会上，深宝安上海公司总经理何彬顺利担任了延中实业的副董事长，1994年3月接任延中实业董事长一职。

嗣后，中国证券市场"举牌"上市公司成为一种常态，你方唱罢他登场，北大方正入主延中实业，裕兴、高清先后举牌方正科技，进入21世纪，"野蛮人"姚振华变身"股神"，宝能系举牌万科。

2019年11月7日，中国（深圳）综合开发研究院发布了《深圳上市公司发展报告（2019）》。报告显示，深圳市共有392家上市公司，上市公司总市值达到110 415亿元，相当于2018年深圳GDP（24 222亿元）的4.56倍。

深圳经济特区"试验"引领资本市场风气之先，带动了整个中国经济向前发展，勇往直前。

迎春花开"海上世界"

人的一生会经历很多难忘的时刻,对于基建工程兵复员军人汪力群来说,最刻骨铭心的难忘时刻,一定是1984年那个即将冬去春来、迎春花绽放的日子。

40年前,汪力群是战斗在西南山区的中国人民解放军基建工程兵中的一员。

1983年,国务院、中央军委一声令下,中国人民解放军基本建设工程兵部队干部、战士两万多人,扛起背包从祖国的四面八方汇集到当时还十分荒凉的南海边陲小渔村安营扎寨,响应党中央的号召,投入到深圳经济特区火热的社会主义建设当中。

1985年至1987年底,中国人民解放军减员100万人,历史教科书上号称"百万大裁军"。百万大裁军这个早已载入史册的大事件,是中国人民解放军为贯彻落实把党和国家工作重点转移到社会主义现代化建设上来的英明决策而采取的一项重大行动,也是中国政府为履行维护世界和平而做出的杰出贡献。南下深圳经济特区的基建工程兵接到中央军委的命令,两万多官兵集体全部就地转业安置,转换身份,成为深圳经济特区的第一批市民。

汪力群就这样和他的战友们依依不舍地摘下了光荣的领章和帽徽,在完全陌生的南海之滨的小渔村落地生根,又做回了小小老百姓。

年轻而精明能干的汪力群调入了招商局(集团)蛇口工业区担任保卫干事一职,不久被分配到游轮公司任安保部副主任。

大多数人对深圳"海上世界"旅游景点并不陌生，但对"海上世界"主要景观——海上游轮的来龙去脉，知根知底的人，恐怕并不多。

报废游轮成景观

蛇口工业区的快速发展，推动了城市化进程，越来越多的"拓荒人"来到深圳，参与特区的建设，光进出蛇口每天就达万人以上。但蛇口的配套建设跟不上蛇口工业区开发的速度。现在的南山区，就是当年的南头片区，只有南山宾馆和几间简易的住房，床位不到 600 个，没有酒吧和歌厅等娱乐场所。参加蛇口建设的老外和香港人都成为早九晚五的候鸟——早上来蛇口，晚上回香港。招商局集团掌门人袁庚发现了这个"短板"——建设中的工业区确实少了一点城市生活的"烟火气"。

1983 年的一天，袁庚和老部下梁鸿坤讨论蛇口发展滞后的问题，当年，梁鸿坤是招商局集团办公室副主任。袁庚说："老兄，如果人家来我们蛇口旅游，看什么东西呀？我们的工厂？我们要想办法盖一栋五星级宾馆。老梁，你要多跑跑，这可是你们公司今后的首要任务。"梁鸿坤除了有集团公司办公室副主任之责外，同时还兼任了招商局集团发展部总经理之职。

"要不我们搞条环球旅游的游轮到这里，怎么样？先搞条旧的，可住又可玩，又快又省！一下子还可以增添几百张床位！"足智多谋的梁鸿坤灵机一动回复道。

袁庚一听，觉得这个点子非常不错，能在极短的时间内解决工业区遇到的娱乐设施极其匮乏的问题，又能解决床位问题。

"喂，远洋有没有客轮，报废的呢？"袁庚一个电话打到了广州。

袁庚说的"远洋"就是广州远洋公司。广州远洋公司曾经从国外买回了两条姊妹船，一条叫"光华"轮，一条叫"明华"轮。袁庚曾经带那艘"光华轮"从印尼四次大撤侨，情形有点类似电影《战狼》。而"明华轮"从1983 年的时候已经退役，闲置在港。很快，袁庚就和广州远洋公司谈妥，双方正式签订了合同；招商局（集团）蛇口工业区出资 300 万元买下"明华"轮，分 10 年付清，不计利息，船上所有设施（含两仓库洋酒）原封不动奉送。1983 年 11 月 23 日，"明华"轮在几艘拖轮的拖拉下，沿珠江口向东，到达蛇口水湾村边的海滩上，停泊在蛇口六湾。

"明华"轮原名"ANCEVELLER"，1962 年，法国总统戴高乐亲自为其下水剪彩，"明华"轮曾是戴高乐的专属游轮，也是中华人民共和国成立后中国第一艘国际旅游船。1973 年，中国购下法国这艘豪华游轮，正式将它更名为"明华"轮，1978 年因越南大批驱赶华侨，"明华"轮参与过越南、柬埔寨的撤侨任务，1979 年廖承志率团乘"明华"轮访日，该船被誉为"中日友好船"。

因为有了这艘游轮，大家管这个新成立的公司叫"明华"游轮公司。

特殊的接待任务

1984 年年初的一天，"明华"游轮公司突然接到蛇口工业区及深圳市政府有重大接待任务的通知，作为游轮公司安保部副主任的汪力群和大家一样，立即投入到紧张的准备工作中，其实当时公司上下都不知道具体接待谁，但却深知责任重大。

接到上级指示后，安保部人员全心全意配合广东省、深圳市两级公安机关的同志，立即开展了对"明华"轮的船体及周边区域极为严格的安全隐患排查、整改及公司人员政审工作，与此同时，按上级指示，参加接待的人员必须经过严格挑选，还必须参加全面的岗前培训工作，整个接待过程中被要求定人、定岗、定责。汪力群作为业务素质、安保素质过硬的干部被安排在"明华"轮最重要的岗位——后甲板舷梯口执勤，负责对所有登船人员的证件及物品进行检查。直到全部培训工作都结束，没有一个人知道接下来的重大接待任务具体是什么，可见当时保密工作做得何等严格。

1 月 24 日，有人从广播电台和报纸上得知：有一位德高望重的中央首长已经南下了广东，视察深圳和珠海经济特区。

也正是从这一天开始，公安警卫部门进驻招商局集团游轮公司，与游轮安保部的同志并肩工作，对这次任务的重大性质不少人也猜出了八九分。

1月26日，冬季的南国气温较低，但道路两旁的迎春花已经次第绽放，一朵朵、一簇簇，生机勃勃，在温润的海风中轻轻摇曳，像是在翘首期盼着春天的到来。

天刚麻麻亮，远处的边防哨所起床号已吹过，蛇口六湾迎来了凌晨5点半早已上岗的警卫人员，汪力群的团队也提前进入了工作状态。上午约9点，天空开始放晴，早春的寒意渐消，温馨的阳光穿透厚厚的云层，把陆地和海平面镀上了一层暖暖的亮色，执勤人员的心情不禁为之一振。大家心里都十分清楚，一个不平凡的日子即将到来。

远处一阵急促的警笛声传来，很快10余辆各式车辆组成的车队鱼贯而来，驶向"明华"游轮。车队刚停稳，只见一位身着灰色中山装的老人从一辆中巴车上走下来，精神矍铄地向迎接的人群频频挥手致意。游轮两侧欢迎的人群都是蛇口工业区各单位、企业的干部职工，有好几千人。

人们期盼已久的邓小平同志健步朝人群走来。蛇口工业区的群众挥舞着手中的鲜花和彩球，整个广场欢腾起来了。小平同志频频挥手向人群致意，蛇口工业区董事长袁庚及其他领导同志一起紧跟其后，他们从"明华"轮后甲板舷梯口踏上主甲板，又从左舷廊进入"明华"轮中央大厅，再乘电梯上了顶层船首的船长室休息，会见等在那里的其他领导同志。每一个人都会从汪力群这最重要的执勤岗位经过，汪力群的目光一直尾随着他们，看到首长步态轻盈，不急不缓。

"明华"轮因做过法国总统的专属游轮，被誉为世界上最豪华的游轮之一。首长看到"明华"轮船长室装饰、陈设奢华，不太情愿进去休息，要求换一间设施简单点的舱室休息和会客。"明华"轮的客房部经理立即将首长一行迎至隔壁的大副室，老人家这次才满意了，并开始用浓重的四川话口音说话，跟前来汇报工作的省市领导交谈起来，还专门跟袁庚同志就经济特区建设和蛇口工业区的发展进行讨论和谋划。

中午 12 时，邓小平、袁庚及陪同过来的广东省委的领导一同来到中餐厅就餐，这时，"明华"轮副总经理上前，对中央办公厅的随行同志提出，想请小平同志题个词。中央办公厅的同志汇报后，首长欣然应允，并问：写什么呢？"海上世界"，在一旁的邮轮总经理王潮梁这时脱口而出。这时，赵艳华立即取来宣纸和笔墨，放在旁边的案台上。小平同志慢慢走过去，提起笔，稍微思考了一下，大笔一挥，"海上世界"四个遒劲有力的大字跃然纸上，落款一完成，周围响起一片掌声。

为了纪念这个特别的日子，1984 年 1 月 26 日也被招商局集团确定为"海上世界"正式开业的日子，"明华邮轮公司"后来正式更名为"海上世界股份有限公司"。"海上世界"启用后，首长题写的"海上世界"四个遒劲有力的大字被做成了霓虹灯箱，安装在轮船顶部的正中，风雨 36 载，"海上世界"四个大字仍然熠熠生辉，绚丽夺目。

1984 年国庆节，装载有"时间就是金钱，效益就是生命"12 个大字的"海上世界"彩车，在北京天安门广场接受党和国家领导人的检阅。"海上世界"成为那段岁月特区深圳的一张耀眼的"城市名片"。

今日"海上世界"（陈宗浩摄，2018 年）

午餐后，袁庚陪同首长绕"明华"轮船舷一周，参观这艘法国总统专用游轮的一些主要设施，小平同志称赞蛇口工业区未来的经营思路和发展方向，沿着左舷走廊走到船后部主甲板时，他拿起陪同人员递过来的望远镜，驻足眺望远处工业区全貌，还有海对岸的香港半岛。

一阵和煦的微风从海面上吹来，轻轻扬起他已花白的头发，他投向远方的目光炯炯有神，紧闭的嘴唇透出无比的坚毅和自信，久久凝视远方……

小平同志题词的"海上世界"是中国最大的海上游乐船舶，也是中国第一艘由废弃大型游轮改建的"海上世界"大型游乐园，船上有电影院、舞厅、咖啡吧、游泳池、健身房、台球室、图书馆、中西餐厅、医疗室等生活娱乐设施，有六个等级的200多间客房，共计600张床位。所有客房均配置空调设备，前后甲板均铺设人造草坪，气象非凡。

小平同志再次经过后甲板舷梯口时，恰巧是汪力群值勤着警卫哨位，看到哨位上身姿笔挺、纹丝不动的这位年轻人，小平同志微笑地走了过来，向他伸出了右手……汪力群一个激灵，根本就没有反应过来，幸福会来得这么快，一激动竟忘了给首长行一个军人的敬礼，慌乱中机械地向前几步，轻轻地说了声"首长好！"小平伸过来有力的右手，像一股电流传遍汪力群的周身，这位担任内保警卫的战士真切地感受到了老人的慈祥、伟大。小平同志的手掌很厚实、很柔软、很温暖，汪力群激动不已，脑海里一片空白……

此情此景被现场一位随行的新华社摄影记者瞬间抓拍下来，定格在这个春天。

1984年1月26日下午4时，在数千人的目送下，首长乘坐南海舰队的驱逐舰，离开深圳码头，前往珠海经济特区。平静的伶仃洋面被风驰电掣的驱逐舰犁出一条优美的弧线，在斜阳的照射下像一条金色的彩练。往来驶过的船只拉响了致意的汽笛，惊起一群洁白的海鸥冲向蔚蓝的天空……

汪力群的遗憾

若干年后，尚不到耳顺之年的汪力群跟笔者静静地坐在前海自贸区深港基金小镇茶室，回忆起这段难忘的经历，心潮起伏，难以平静。

汪力群告诉笔者：那位抓拍的新华社记者后来将那张首长跟他握手的照片送给了他。汪力群一直将这张照片压在办公桌的玻璃板下珍藏，天天看上一眼，陪伴他工作。遗憾的是，这张十分珍贵的照片，在一次单位调换办公室后，就再也找不见了。或许是被别人珍藏去了吧，35 年，弹指一挥间，宛如白驹过隙……

一个人一生中都会有不少的遗憾，汪力群一生中最大的两个遗憾会陪伴其一生。汪力群曾是一名共和国的军人，因为年轻，加上紧张，欠了"中国改革开放总设计师"一个标准的军礼，心里更为内疚的就是这么重要、千载难得的一张珍贵照片，最后给弄丢了……

后来汪力群想，首长一生也许会跟他一样，也有很多遗憾，可能最大的遗憾是：小平同志最后也没能踏上蛇口对面的那个半岛，去亲自再看上一眼由于他的睿智、果断，于 1997 年收回的香港，一洗中华民族的百年耻辱！小平同志曾经在香港对岸的深圳经济特区多次深情地凝望，香港回归祖国母亲怀抱，最后梦想成真！

而汪力群的顶头上司袁庚的遗憾应该是：曾经作为改革开放试验田的蛇口，因自己一时的谨慎，多少年后，一直还是 2.14 平方公里的土地，无法覆盖整个南头半岛，但是，先人埋下的种子，已经在深圳经济特区 1997 平方公里的土地上开花结果，特区经验、特区精神在中华大地成为一种真实的存在，成为振兴中华新的希望和力量！

2018 年 10 月，深圳市南山区交警大队汪力群队长亲自站岗，为习近平总书记再次亲临前海视察，担任公安交通警卫工作……

深圳市红岭路口的"小平画像"（陈远忠摄，2005 年春）

特区之"特"

深圳是中华人民共和国成立以后第一个经济特区，围绕特区的话题贯穿中国改革开放的全过程，困惑不断，争论不断，建议不断，创新不断，发展不断。

深圳经济特区内的人都想知道未来特区还能"特"多久，特区优势何在，特区外的人，或者说"围城"之外的人都想知道：为什么会是深圳？！

其实并没有多少人知道特区迟到了多久，为什么需要"特"，为什么首先是在深圳市建立起"经济特区"，谁是第一个正式提出要建立"经济特区"的人，为什么特区有些红线不能"踩"，为什么会有特区之"特"，为什么深圳经济特区最后能成为中国首个建设中国特色社会主义先行示范区，是谁最早提出了这个"建设中国特色社会主义先行示范区"概念，未来它会发展成什么样子等一系列问题。

其实，"特区"之名最早并不叫特区，而是被叫作"出口加工区""特别政策优惠区"，加快利用外资发展社会主义经济早在新中国成立之初就已经进行了，当政者的提法和设想不同，但都想到了利用深港两地区位、资源和人文渊源相似相近的便利优势，加快发展国内生产，多快好省地大干社会主义，满足人民群众的幸福生活需求。回首往事，光阴荏苒，新中国成立70年来，中国也曾经痛失了几次千载难逢的机会……

陶铸 "引资办厂"石沉大海

1956 年春，毛泽东在广东视察，特意在广州市珠岛宾馆过农历新年。一天，广东省委第一书记陶铸领着港澳工委负责人饶彰风、黄施民急匆匆赶到主席下榻酒店，提交了一个非常紧急而重大的报告。

1955 年印尼万隆亚非会议召开之后，亚太地区的民族独立解放运动持续高涨，这些国家有不少华裔富商巨贾，纷纷将大量的资金转移到相对稳定、经济自由的香港金融市场避险，这股巨量游资导致香港贷款利息遽降。陶铸就此事请示主席：能否利用这个千载难逢的时机，采取一些灵活政策网开一面，把香港这批游资"吸引"过来，用来加快推进珠三角地区工农业生产的发展？主席听完汇报后，沉思良久，然后告诉陶铸书记："你们的想法不错，赶紧写个报告，我带回北京商量。"

当时广东省委的想法是：利用这次百年难遇的机会，加上地缘优势，向香港银行组团贷款，在内地某一个地方划出一块地来兴办工厂、搞实业，这是广东省委搞"出口加工区"的最初雏形。但广东省委的这份报告被带回北京后，却如泥牛入海，不知所终……

这种异想天开的"出口加工区"计划不知不觉就这样"流产"，不再被提起。失之东隅，收之桑榆，另一个跟"进出口"关联的事情却花落羊城，造福了广东。

1956 年 8 月，艳阳高照的一个下午，国家外贸部上报的一份文件送到了总理办公室，周恩来总理阅后，马上批准同意。

这份文件就是国家外贸部请求批准在广东省广州市举办全国出口商品展览会的请示，也就是首届中国出口商品交易会（简称"广交会"）的早期报告。从展览会到交易会，两个字之变，目标明确，意义重大，所借助的仍然是广东毗邻港澳、海外的地缘优势，华侨多、外资多的优势，对发展和恢复新中国的经济大有裨益。

广交会风风雨雨 63 年，当时是中国企业开拓国际市场、走向世界的唯一出口优质基地，中国外贸发展战略的引导性示范平台。截至第 123 届广交会，累计出口成交约 13 237 亿美元，参会境外采购商累计约 842 万人次，成为新中国抬眼向洋，最早融入世界、对外开放的前沿窗口。

深圳那时还不叫深圳，宝安还只是广东省惠阳专区粤中行政区下设的一个县（后归惠州地区管辖），广东省委"出口加工区"引资计划肯定还没顾及这个小小的宝安县，但中国出口商品交易会的进出口商品，从陆路走的话，必然也要从当年的宝安县罗湖桥出口到香港，而境外的大部分外商也不可避免地要途经后来叫"深圳镇"的罗湖口岸。这种地理位置以及交通上的优势，过了 20 年后，才终于被重新再认识。

党报记者香港"潜伏"

若干年后，真正第一个写出报告，用文字完整地表述出来，要在深圳边境一带建立起一个"特别政策优惠区"的人，竟然是一个党报记者。他的眼光虽然没有陶铸书记长远，考虑的也只是边境城市的"一亩三分地"，而正是这个"一亩三分地"囊括了后来的整个深圳经济特区，正是这个党报记者，第一个也是第一次将"深圳"和"特区"建立起了"链接"，尽管这种"链接"，由于当时各项政治环境和历史环境都不成熟，最后没有落地，只停留在了书面上。

60 年前能提出这样大胆设想的人，绝非一般凡人，这种人既要具备超前眼光，又得胆大心细，能揣摩中央的政策走向，因此只有身份特殊、人生经历和阅历特殊的人才具备这份睿智和胆识。

连云山是人民日报社军事记者组组长，专门负责公安部这个口子上的采访任务，风云际会，阴差阳错，命运之神偏偏就降临在他的头上。

1962 年 5 月，大饥荒引发粤中、粤东 10 万人大逃港，广东省公安厅求援，请求北京派员前来采访逃港实情，连云山前一年去过广东省采访，这个任务毫无悬念就落到了他的头上。

一到广州市，广东省公安厅就给连云山办好了边防证。到宝安县时，全县正处在大逃港的风口浪尖，中央媒体记者驾到，如同"钦差"降临，上上下下领导干部对这位首席军事记者十分客气和敬重。

罗芳村村民走过深圳河过境到香港耕作（郑中健摄，1950年前后，深圳美术馆馆藏）

宝安县公安局专门为连云山办理出一张化名"李进山"的过境耕作证，安排一位会讲广东话的侦察科长周水君相随，"李进山"就这样被裹挟进了逃港洪流，从大鹏湾耕作口过境，神不知鬼不觉、不声不响就进了香港九龙。

"逃进香港的边民在山脚下用塑料布搭成一个个窝棚，到处都是，跟他们聊，他们就哭，说他们很多都是共产党员、贫下中农啊，不断地说自己对不起党，对不起祖国，给社会主义丢人了！"

香港是不是人间地狱？"李进山"亲眼看过之后，也十分惊讶。

"全部都是谎言。在香港做乞丐都比大陆这边好，只要你肯干活，就有饭吃。接触了很多偷渡过去的人，看到我只会哭，但却没一个说逃过去后后悔。"连云山在深水埗遇到不少从内地逃到这里的难民，五味杂陈。连云山明白了，香港并不是之前内地宣传的那样糟，也不是什么人间天堂，香港这边也有很多贫民窟和乞丐，但眼下这边的难民只要肯干，基本都能吃饱饭。

沙头角、深圳镇、蛇口一带的边境村落当年有不少农田在香港地界这头，俗称"飞地"。宝安县农民去"飞地"劳作仅凭耕作证出入，边境农民大摇大摆地自由出入香港，根本就不需要逃港。但现在为什么还会有这么多人"铤而走险"？

经过一个多月香港实地体验，并对深港两地边民访谈，连云山头脑中进一步确定：逃港的本质就是经济问题，老百姓只想有一口饭吃，生活过得好一点，别无他求。

广东请连云山南下采访，当时目的十分明确，就是想通过中央媒体采访调查，看是不是有美蒋特务从中策划，也好帮地方上"分忧解难"，解决思想混乱和群众教育问题。

回到县委招待所，一个多星期，连云山闭门不出，陷入了深思。群众逃港表面上看是自然灾害、集体吃食堂等造成的，而实际就是一个政策问题。

一个小小细节，连云山这辈子终生难忘。

离开宝安县前夕，县委书记李富林把连云山请到县委小食堂吃饭，使劲地检讨自己，说自己工作方式有错误，才造成群众大面积逃港。大家的眼睛老盯着连云山看，观察这位大记者的面部表情。

连云山能揣摩出这一班县委领导干部的良苦用心，担心他这个"钦差"回京后会告"御状"，把边境大逃港的责任说成是宝安县委工作不力造成的。

"这能怪你吗，作为县委书记，你不是不知道。香港那边生活水平你能比吗？那也能叫水深火热？谁是水深火热？ 你这边饭都没得吃……" 连云山宽慰了几句。

"老连呀，这话别人说可以，我就不能说呀。"李富林忙接过连云山的话，言下之意是你连云山可以说这话，回北京后，你可以把这个真实情况向中央汇报呀。

深圳墟当时还是一个小镇，只有几十户人家，村里全是很低矮的破烂房子。就是宝安县城，仅仅也只有几栋两层小楼。沿着大鹏湾、深圳到蛇口一线，由两位换上便衣的广东公安处长一路陪同，耗时一个多月，连云山走访了深港一线 100 多个村子。

沿着九龙和大陆边界一两百里的村庄，窗户基本上都是黑窟窿，就像刚经历过一场炮火洗礼一般，看不见人。宝安当年一个农民，一天的平均收入大约是7角钱，而河对岸香港农民一天的收入，大约为70元港币，差距超过100倍。

回京后，连云山写了四篇内参给人民日报社常务副总编，内参的内容大致是：（1）香港的富裕情况。（2）大逃亡的深层原因是多方面的。香港的经济有吸引力，人民工资高，生活富裕却物价便宜等，同大陆这边实行的统购统销政策，还有"大锅饭"等形成鲜明对比。（3）建议划出一个地带，大致从沙头角、大鹏湾到蛇口、深圳一线列为特殊区域，给予各种优惠，争取物价与香港大致相等，取消一切购物券，自由买卖。（4）如果不这样会出现怎样的状况，以及这种状况为什么会出现的理由及根据。

凭着职业的敏锐性和数度深入香港和宝安县两地暗访和调查，连云山得出了与广东省宣传口径大相径庭的逃港真相，四份内参报告最后归结的观点和建议是：只有将深圳（当时还叫宝安县）设为"特别政策优惠区"，以香港作为目标仿效和追赶，利用对岸的资源，才能从根本上彻底破解长期屡禁不止的大逃港的难题。

过了几天，副总编辑找到连云山说恐怕不能见报，建议连云山去新华社找找人，看能否通过新华社送上去，要送就送到中央最高一级领导人那里。内参报告观点偏激，构思超前，描绘了一个广东省"特别政策优惠区"的概念。因特定的历史条件，尽管包括邓小平同志在内的中央书记处的高层领导都过目过，但内参报告最后还是被锁进保险箱，束之高阁。

回首往事，不应该忽视连云山这份报告的现实意义。今天再也没有几个人知道这段党报记者潜伏香港采访的秘闻，也不知道世界上还有这样一位有"预见性"的倔老头连云山。如果当时政治环境宽松，也许特区的蓝图会提早17年绘就。但这一切的一切只是一个美好的愿景，中国注定要多付出"文革"十年的代价，中国共产党人注定要在反思和教训中，才能够自觉和觉醒，去实现强国富民的"中国梦"。

连云山的报告是新中国成立以来，第一次也是最早一次提出在惠阳地区逃港沿线区域建立一个"特别政策优惠区"。逃港沿线区域就是1980年在深圳建立经济特区的全部范围。1978年中央启动改革开放,一个最主要的原因就是彻底解决经年难禁的大逃港难题,不甩掉30年困惑中国内地老百姓的这顶贫穷帽子,社会主义的先进性无法得到真正的体现;正是中国共产党人的自觉和觉醒,这颗深藏17年经年不发的"种子",才终于迎来了1979年的春天。

经济特区能否在社会主义国家建立

1978年12月18日,中国共产党第十一届中央委员会第三次全体会议召开,会议决定:"全党工作的着重点应该从1979年起转移到社会主义现代化建设上来。"同时明确提出了改革的思想:"实现四个现代化,要求大幅度地提高生产力,要求多方面地改变同生产力发展不适应的生产关系和上层建筑,改变一切不适应的管理方式、活动方式和思想方式,因而这是一场广泛、深刻的革命。"这个具有划时代意义的决定,包含着对新中国曲折经历的深刻反思,寄托着对未来充满希望的美好憧憬,揭开了中国历史新的篇章。

对于社会主义经济改革怎么搞,这个问题当时还不是十分明确。

1979年1月,一份关于香港厂商要求回广州开设工厂的来信引起了中央领导人的高度重视,让他们敏锐地意识到,这是一个千载难逢的契机。领导人很快作出批示:"这件事,我看广东可以放手干。"1月31日,中央批准交通部招商局集团(香港)在深圳南头半岛创办蛇口工业区。

2月份,国务院发文要求广东省宝安县在若干年内建设成为具有相当水平的工农结合的出口商业基地,建设成为吸引港澳游客的旅游区,建设成为新的边境城市。3月份,国务院正式批准将宝安县更名为深圳市,受惠阳地区和广东省双重领导。11月份,广东省决定,将深圳市升级为地区一级的省辖市,从惠阳地区划出。

前面已述，1979年4月5日，广东省委第一书记习仲勋向邓小平汇报工作时提出：希望中央下放权力，允许广东省在毗邻港澳的深圳和珠海以及侨乡汕头举办出口加工区，以吸引外商前来投资办企业。邓小平听取汇报后非常兴奋，提出了"办一个特区"的意见："还是叫特区好，过去陕甘宁边区就叫特区嘛！中央没有钱，可以给些政策，你们自己搞，要杀出一条血路来。"

1980年3月末，国务院在广州召开广东、福建两省工作会议，提出把原拟定的"出口特区"名称改为"经济特区"。5月份，中共中央和国务院发出41号文件，明确指出要"积极稳妥搞好特区建设"，并将"出口特区"改为"经济特区"。从此深圳被正式定位为"经济特区"，静待转正。

1980年8月26日，第五届全国人大常委会第十五次会议正式批准了《中华人民共和国广东省经济特区条例》，决定在广东省的深圳、珠海、汕头三市分别设立经济特区。不久，中央和国务院正式批准划出327.5平方公里的土地启动深圳经济特区的建设。8月26日成为中国第一个经济特区的诞生日，1980年也成为新中国建立以来，中国第一个经济特区的元年。

中英街军警巡视（何煌友摄，1981年　深圳美术馆馆藏）

胡鞍钢 "特区不特" 理论

在一次国务院会议上，一位中央领导人问："刚才发言的人是谁？"有人悄悄告诉他是胡鞍钢，然后继续补充道：胡鞍钢是刚从美国回来的留学生，对中国实情有一定的了解，不简单照搬西方经济学教条式的理论。

也正是这个胡鞍钢，第一个提出"特区不能'特'"，对特区"特殊政策"持怀疑态度，认为"特区之特"不应该这样持续下去。

胡鞍钢"特区不特"理论抛出之前，1993年深圳市财政支出为7.9亿元，名义上缴额，包括向中央财政及广东省一起的上缴总额仅占当年中央财政收入的0.59%，深圳市国民生产总值却占全国总值的1.28%。胡鞍钢因此认为：深圳的财政贡献与经济贡献不匹配，深圳经济特区上缴少，其他地区就会多上缴，"对于一个地区的特殊优惠，就等于对其他地区的歧视和剥夺"，胡博士的"特区不特"理论有根有据！

"胡氏理论"迅速发酵，在国内外迅速引起强烈而广泛的反响和热议，这位新锐经济学家观点独立，不肯退让，后续观点交锋步步升级。

国务院特区办刘福垣充当了急先锋，首先在《光明日报》发表文章痛斥"胡氏理论"。刘福垣先生的观点是：非但不主张取消特区之"特"，并且还要提倡"特区更要'特'"。

1995年8月7日，深圳市委书记厉有为在《深圳特区报》发表题为《深圳的实践说明了什么？》一文，旗帜鲜明地驳斥了胡鞍钢等学者的理论。此后，《深圳特区报》连篇累牍连续发表多篇"檄文"，从标题制作到内容，已经顾不上论战的礼数，矛头频频直指胡鞍钢的"特区不特"理论，质问胡博士"棍子抡向何方？！"

从1994年春天到1995年秋天，一共一年半时间，南方的密集"炮弹"暴雨般直接倾泻到胡鞍钢身上，南北之争早已超越特区成立之初姓"社"姓"资"的争论，也超出了"取消特区"还是"保留特区"之争，而是取消特殊政策还是保留特殊政策的争论——胡鞍钢的当头"棒喝"给了深圳人极其清醒的认识，明确好自己的站位，提前预防，多点危机感和生于忧患的意识，让特区人清醒：可爱而美味的奶酪，不会永远没有期限。

当中国经济改革从局部试验性的阶段，向普遍改革推进的时候，当全国各地进一步解放思想，更新观念，不再为市场经济是否适合中国国情而争论的时候，特区的命运自然为国人所关注。没有胡鞍钢博士朝特区打出的这一记"闷棍"，还有张教授、李教授的"棒喝"。

胡氏理论的核心是："特区之'特'不能特在优惠政策和减免税上，而应该'特'在技术创新、制度创新、与国际接轨三个方面，降低外商、外资以及内资进入市场的交易成本。"时至今日，胡鞍钢仍然坚持着上述观点，其实特区还是应该感激这位博士的醍醐灌顶，让深圳后来出台不少政策，提前进入了转型的快车道。

胡鞍钢这一"闷棍"触及了特区价值的灵魂——特殊政策，这都是当年广东省委向中央伸手要来的。

1980年特区主要的优惠政策包括税收、外汇管理、银行信贷、劳动用工以及人员出入境等方面，另外还赋予特区引进项目审批权、人员因工出国出港审批权、外贸出口权、外汇管理权和其他经济管理权限等。

特殊政策的核心是税收优惠。1994年1月1日起，新税制和新财政体制（指中央与地方分税制）实行，使得是否继续保留特区原有的优惠政策成了一个比较复杂和难以处理的问题，这也是胡鞍钢"特区不特"争论出笼的历史土壤。

经济学家以敏锐的眼光将特区优惠特殊政策问题以迅雷不及掩耳之势抛出，迅速激起了全国各地对特区的不满情绪。

新税制的根本原则是"统一税制，统一税率，公平税负"，由此建立公平竞争的国内统一市场，所有地区都要按照税制改革的有关规定和实施步骤执行，深圳也不能例外。不过，深圳市委、市政府在贯彻中央税制改革政策的同时，也积极争取中央有关部门的理解和支持，因而在实施新税制的原则中有一条：继续保持特区税制改革成果和税收优惠政策不变，从而使特区过去的改革成果和现行的税收优惠政策原则上都保留下来，对外商投资企业由于改征增值税、消费税、营业税而增加的税负，经准确测算后，通过财政返还。这样既保持了特区政策的连续性，保护了投资者的合法权益，也增强了地方发展生产、开辟财源的积极性。后来，胡鞍钢在《深圳的未来与发展》一书中提及："我在6年前提出的特区不特的观点实际上已经成为一项具体的实施政策，也再没有争论的必要了。"

6月份，中央领导人考察深圳特区后明确表态："中央对发展经济特区的决心不变；中央对经济特区的基本政策不变；经济特区在全国改革开放和现代化建设中的地位和作用不变。""特区不特"本身就是一个伪命题，中央领导人的表态最后终结了这场"风波"，新税制执行后，深圳还是经济特区，还是保留了不少特殊政策。

经过15年的快速发展，深圳经济特区确实也累积了一些问题。经济发展要"增创新优势"，特区之"特"要凸现优势和动力，"创新"成为特区发展的重中之重和新源泉。

随着中国加入WTO日期的临近，2000年，"特区不特"命题再次浮出水面。不过这次跟胡鞍钢上次乏人支持不同，这次支持"特区不特"观点的人已经明显占了上风，显示WTO的精神已深入人心。

中国加入世贸协定签字不久，《凤凰周刊》刊发贺军的署名文章《"改革试验田"的历史使命已经完结？》，文中指出：

"中国的改革已经走到了一个新时期，从'是不是要搞市场经济'的阶段，进入了一个'如何才能搞好市场经济'的阶段。内地人已经不会再为姓'资'姓'社'的问题进行争论，也再不会为市场经济是否适合中国而讨论。"

"现在，中国大陆的经济发展，已经到了从局部试验性阶段向普遍改革推进的时代。搞市场经济，对外开放，与国际市场接轨，已经成为全中国的要求，不能再把优惠局限于几个特殊的区域。而这也意味着，在中国加入WTO的背景下，经济特区正在越来越失去其特殊性。尽管每一个经济特区都不愿意放弃其特殊性，但它们仍然不能不接受一个越来越明显的现实：经济特区在中国的历史使命已经完结。"

"在对外与对内开放的双重压力之下，经济特区的存在已经丧失了重要的政策基础，为什么中国在对外开放的同时，也要对内开放？凭什么经济特区就应该享受比西部地区更多的优惠政策呢？凭什么经济特区的外资企业获得的优惠，在特区之外就无法获得？在外资眼里，在市场眼中，中国的经济特区已经从促进改革和市场经济发展的产物变成了阻碍继续完善市场经济的障碍，变成了在中国维持局部利益的又一种特权。"

贺军的观点是胡鞍钢"特区不特"理论的再现，但这次贺军说对了，因为历史环境发生了深刻的变化，特区不再"特"。终结中国经济特区特殊政策的并不是胡鞍钢，而是WTO，是WTO规则下的国民待遇原则，喝过洋墨水的经济学家胡鞍钢有先知先觉，提早说了6年而已。

因特虎"三剑客"　深圳主义网络"问政"

第一次到深圳，特区还像一个大工地和集贸市场，内地人过来，"能进工厂的进工厂，进不了工厂的就回去，熙熙攘攘，都在做买卖，"老亨回忆道。

1997年，深圳已经是一个初具规模的工业城市，没有了农村，但生活设施还不十分配套，幼儿园和老人的休养设施极为缺乏，而现在的特区则早已经是"一个生活气息很浓厚，生活与经济发展平衡的城市，人们已经开始讲究生活休闲、品位与舒适"。

老亨说上面这番话的时候，已是胡鞍钢"特区不特"理论的尾声，特区建设生机勃勃，但对特区不利的流言蜚语暗流涌动，每时每刻，从未停止。

1991年，一个来自永州名叫黄东和的湖南伢子南下深圳，这是黄东和人生中第一次来深圳，也是第一次感受深圳经济特区热火朝天的建设场景，随后不久他去了厦门大学读书，研究生毕业回来后，黄东和就再也没有离开过深圳。

在深圳，黄东和还有一个最响亮的网名：老亨！甚至大多数人都记住了老亨，却再也记不起老亨的本名。

从1997年定居深圳，到2005年，老亨一直在公务员队伍里面吃皇粮，工作稳定。

2001年，老亨建起了一个叫作"因特虎"的网站，成了"深圳主义"的领头羊、"深圳主义"论坛的创始人。对特区爱之甚切，"就观察并研究起深圳这个社会，把深圳历史都翻了个遍"。这也是建"因特虎"网站的初衷：让平台成为爱深圳人的心灵家园和归宿。直到今天，"因特虎"论坛PC端网站仍还能打开，但更新已经极为缓慢，时过境迁，当年的激情不再。

当年还有一个叫张红桥的同龄人，1991年从兰州大学新闻学院一毕业就"孔雀东南飞"，也做了深圳新移民。

市政协一次访谈节目中，《深圳特区报》记者同张红桥开了一个小玩笑："金心异"先生，欢迎您的到来，你的网名如今在网友中"如雷贯耳、皓月当空"，今天采访，我首先应该称呼您"张委员"，还是"金委员"？

张红桥解释道："兰州读书那阵，自己取了个笔名叫'金城'（'金城'是兰州的别名），来深圳触网，想再取一个网名，'金'姓就沿用了下来，自称'金心异'，不管张委员还是金委员，都是我，哈哈哈……"

"金心异"这个名字本是林纾（字琴南）小说《荆生》中出场的人物，林琴南用此名影射钱玄同，钱玄同后来"将计就计"，以此名自贬来回击林纾，不小心就真成了钱玄同的化名，鲁迅曾常以"心异兄""心翁"称之，钱玄同、鲁迅都用"金心异"笔名写过文章，"回敬"林纾的诽谤和攻击。这就是可堪一笑的一段文坛佳话。

因特虎"三剑客"张委员用"金心异"作为自己的网名，非常讲究，说明张红桥还是一个充满书卷气的文化人。

2000年互联网泡沫破裂，世界经济衰退。风声鹤唳之际，更多的人开始有了独立的思辨和对未来的思考。这就是一南一北两个文科生老亨和金心异殊途同归，在深圳能兵汇一处的历史背景。

而真正让外人最终知道深圳这个民间智库"因特虎"，并被号称"第一民间智库"的，还是半路上杀出的一个"程咬金"，网名"我为伊狂"的"少帅"吕中校。"因特虎"三剑客中数他年龄最小，他也是其中唯一的理工男。

因吕中校的加入，"因特虎"如虎添翼，用今天的网络语言来说：他就是一个"王炸"、重量级"网红"。当时的环境下确实太需要一个激情澎湃的"新移民"站出来为特区"迷茫的未来"振臂一呼。恰巧这时，斜刺里就冲出这么一个不显山不露水，甚至还有点腼腆的"黑马"，他在九省通衢的武汉混迹三年，深知深、汉两地文化、思想和经济上的差异，俗话说就是"旁观者清"。

南下深圳，呙中校正好二八"芳华"（南下深圳时，呙中校刚好25岁），血气方刚，毫无顾忌和负担，直接就先放了一"炮"。

1997年、2000年对深圳特区来说都是十分重要的时间窗口。1997年香港回归；2000年5月19日，中国外贸部部长石广生和欧委会贸易专员帕斯卡拉米在北京签署下中国加入世贸组织的双边协议。千禧之年，深圳经济特区下一个窗口在哪？怎样去发展？走向何方？这些问题确实是横亘在当政者面前的一块顽石，也是特区万千新移民百般困惑于心，彷徨、苦闷、忧虑而又难以释怀的原因。

深圳，你被谁抛弃

2002年11月16日，人民网"强国论坛"和新华网"发展论坛"发表了题为《深圳，你被谁抛弃？》的文章，把对深圳的争论再一次推上了舆论的风口浪尖。随后，南方主流媒体，尤其是《南方都市报》持续跟进，最后将之演变成对深圳现状和未来发展进行拷问的一种"现象级"事件，受到国务院调研组、深圳市政府的高度关注和重视。

这篇文章出笼后，全城关注，全国关注，虚拟的网名以及作者真实身份之谜都一直纠结了3个月……

关于网文作者年龄，大多数人猜测是一位中年人，至少已过而立之年，但后来让猜测者大跌眼镜，作者才27岁；关于职业，有人猜测网文作者应该是公务员，有人认为是媒体从业者，结果是证券从业者；关于来深时间，大多数人猜测来深圳最少7~8年，但网文作者来深才2年多，手里一直还捏着一本暂住证；关于学历，外界一致的推测是，肯定是个硕士，可能还是一个"海归"，但真实学历揭晓，作者原来是武汉大学管理学院企业管理系本科生；关于性别和性格，这是外界唯一没有猜测的两样东西。前者毫无悬念，后者乏人关注。而见过"我为伊狂"的人大都愿意用"内敛"或"内秀"的字眼来形容他，他的文字穿透能力远远高于他的口头表达能力。

针对这篇网文，回过头来看，《深圳，你被谁抛弃？》"迟到的觉醒"一节中提到，深圳一度希望建立深港自由贸易区。这篇网文发表 10 年后，果如所愿，深圳经济特区成立了广东自贸区前海蛇口片区，以及深圳前海深港现代服务业合作区。当时深圳市领导和该网文作者进行了一场卓有成效的面对面对话 ——"深圳被抛弃了吗？"

> 市长：你这篇文章产生了效应，引起了政府的重视、社会的重视，我看本身是件好事。但我不同意"深圳被抛弃"这个观点。
>
> 呙中校：市长的理由是什么？
>
> 市长：首先，党中央、国务院、省委、省政府没有抛弃深圳，并且对深圳提出了更高的要求。深圳过去是改革开放的窗口，现在要成为有中国特色社会主义的示范地区。
>
> ……
>
> 总之，我认为：只要深圳人自己不抛弃深圳，谁也抛弃不了深圳！我看你的文章也是这个意思。
>
> （以上内容见我为伊狂：《深圳，谁抛弃了你》，164-165 页，南京，江苏人民出版社，2003 年。）

老亨的"因特虎"平台正是在世纪之交的这个时间节点上推出，在经济特区的任务和使命即将发生重大转移的时刻"横空出世"，利用先进的互联网平台"吐槽"，这在国内当时的历史背景下，可以说是绝无仅有的开"网络问政"之先河。

《深圳，你被谁抛弃？》一出，极大地改善了当政者民主执政的思路，更重视舆情和网情，这是改革开放以来民主政治建设的一大飞跃，这也是新中国成立以来第一次。若干年后，"网络问政"成为中国政治生活中的一种常态。

这篇"网络问政"文章最后被定位为增进特区人忧患意识、改进执政者管理思路、催人奋进向前的一篇"檄文"。

若干年后，不少老特区人对这篇"檄文"结尾那段话，还朗朗上口！

> 莲花山下，依旧的车水马龙，流光溢彩。
> 莲花山上，小平同志目光如炬，健步如飞……

1980年建立的深圳经济特区，无论成败都是有极其重要的"样本"意义的。失败了，说明这种尝试不符合世界潮流，需要另辟蹊径；成功了，可以推而广之。伴随着深圳"特权"（特殊政策）的消失，深圳特区经济能否持续快速增长，对全国来说早已不显得那么重要，但对深圳市民来说，这些"过河的卒子"，如果优势尽丧、特区不特，却有切肤之"痛"，这些失落感如果不身临其境，是无法想象的。

尤其是经济特区的发展一直是步履维艰，成立不久就遭遇到意识形态的质疑，全国经济的调整也导致当时经济基础十分薄弱的经济特区遭遇了"生死时速"，不少民工卷起铺盖，纷纷返乡，有点原始积累的小老板选择了移民国外，远走他乡，但两万名转业地方的基建工程兵及家属却别无选择，只能留下来与深圳特区同呼吸、共命运。当时工地停工，工资没着落，在内地计划经济体制的企业还能满负荷开工之时，这些由成建制转业基建工程兵组成，被改编为一建、二建、三建等的企业就这样被推上了市场，任由风吹雨打。这批退役的基建工程兵必须自己救自己，在当时严酷的经济形势下，靠在市场经济"汪洋大海"中真正学会"游泳"。

他们被硬性脱离了计划经济体制，被突然抛进了完全陌生的、刚刚萌芽的市场经济试验场，他们才真正有被"抛弃"的感受，段亚兵的《深圳，两万人的苦痛与尊严》一书生动地记叙了这批无选择移民群体的际遇，令人难忘。

"新一代的移民，不要感情太脆弱、轻言被抛弃！"万科集团董事长王石当年针对这篇网文评论。

"我为伊狂"的师兄盛大林先生也参与了这场"深圳，你被谁抛弃？"的"网络问政"大讨论。

> "生于忧患，死于安乐"。深圳向来不缺乏激情和创造。最新调查表明，过六成的深圳人对未来充满信心。会不会被抛弃，取决于深圳人自己。只要创新和拼搏的精神不丢，我深信：深圳能够创造新的奇迹！（盛大林语）

也正有鉴于17年前说过的这段话，在中国改革开放40周年前夕，这位盛大林先生也"孔雀东南飞"，2018年在深圳经济特区这片热土上认认真真生活了一年多，做了一回真正的"特区人"。

火红的簕杜鹃（罗亚平摄，2015年）

永远的特区"拓荒牛"

2015年5月22日，凤凰卫视《凤凰大视野》主持人许戈辉采访了当年尚在世的深圳经济特区"拓荒牛"。

当年第一批的"拓荒牛"是梁湘、周鼎、周溪舞、林江、罗昌仁、刘波，省派干部6人的先头部队，当时，谁也不想过来。

深圳建经济特区的构想和起因是1978年10月袁庚赴香港招商局主持工作后，思考突破发展困局的办法时，提出了一个建设蛇口工业区的设想。广东省委书记吴南生的"汕头之行"后，省委第一书记习仲勋代表广东省委向中央的建议。

袁庚到香港后，想扩大招商局船务事业，在香港买块地，不过，让他沮丧的是，即便退而求其次跑到澳门，也同样发现这里的土地价格不是招商局（香港）能承担得起的。1978年香港土地价格之高，仅次于日本东京，中心区每平方英尺地价已到1.5万港元，郊区工业用地也达到每平方英尺500港元以上。

打消了在香港买地的念头后，袁庚又寻求变通的办法。在时任交通部部长叶飞的支持下，以交通部党组的名义向中央提交报告，申请充分利用香港招商局的优势，放手利用外国资金。这份报告很快得到中央和国务院批准，时任中共中央副主席、国务院副总理李先念批示："……手脚可以放开些，眼光可以放远些，可能比报告所说的要更大有可为！"

1979年新年期间，袁庚将自己关在职工宿舍修改、补充，完成了《关于我驻香港招商局在广东宝安建立工业区的报告》，提出：招商局初步选定在宝安县蛇口公社建立工业区，以便利用国内较廉价的土地和劳动力，利用国外的资金、先进技术和原材料，把两者的有利条件充分利用并结合起来，对实现我国交通航运现代化和促进宝安边防城市工业建设，以及对广东省的建设都将起积极作用。很快，报告获得了国务院领导的支持。

1979年春天，中央派出调查组，到深圳调查这里适不适合搞改革开放。刘波当时在广东省委组织部工作，为配合调查组开展工作，作为陪同者随调查组一起来到深圳。按照邓小平的指示，中央调查组要在这个地方调查了解搞改革开放行还是不行。

1979年1月23日，广东省委决定将宝安县改为深圳市，成立深圳市委。3月，国务院批准了宝安县改为深圳市。4月，中央经济工作会议上，广东省提出"将深圳、珠海和汕头划为对外加工贸易区"的提议。虽然一位副总理对这个提议大泼冷水，但广东省的建议却得到了邓小平的赞成和支持。就在提议的当天，邓小平与习仲勋等人谈话时表示：可以划出一块地方，叫作特区。

通过这次中央经济工作会议的讨论，形成了《关于大力发展对外贸易、增加外汇收入若干问题的规定》。时任中央书记处书记、国务院副总理谷牧在会议之后带队到广东、福建调研，推动两省制定"试办出口特区"方案。

1980年3月，谷牧赴广东主持会议落实特区建设方案，会上将"出口特区"更名为"经济特区"。1980年8月26日，第五届全国人大常委会第十五次会议批准建立深圳、珠海、汕头、厦门四个经济特区。自此，中国改革开放的试验田正式宣告诞生。

"那个时候深圳还是沙田一片，大沙田，我们的工作，就是从到这里支农开始的。这里大片大片的都是农田，我们从插秧开始，有农活就干。要在这个地方搞中国的经济特区，行不行？说真的谁都不知道，这里除了山之外全是大沙田……这次调研之后，调查组回到了北京，过了不久就听说要搞经济特区了，于是，我就成为第一批干部，留在了深圳，开始做特区了。"原深圳市委常委、组织部长刘波向记者讲述艰难起步的历程，老人情绪有些激动："我来那年是1979年，很早的，深圳组建班子的时候已经是1980年了，我们是第一批特区干部，主要领导人有梁湘、周鼎、周溪舞、林江、罗昌仁和我（注：深圳建市首任市委书记是张勋甫。梁湘于1981年2月就任深圳市委第一书记，1981年10月深圳市升格为副省级市），刚开始是我们五六个人，后来是七个人，现在这些人死得也差不多了。"说起这些当年的老伙伴，刘波开始流泪，然后极力控制自己的情绪。

2018年3月31日，深圳特区的开山鼻祖之一的刘波，这位来自梅州兴宁市（县级市）东江游击队的老战士，在深圳逝世，走完了革命的一生。

2019年7月25日，深圳特区6位最早的"拓荒牛"、深圳经济特区的第二把手，曾任新华社澳门分社第一任社长的周鼎同志也在深圳逝世。这位1944年参加革命的抗日老战士也同样走完了他火红的人生。

悠悠40年，"工地大主任"、原副市长罗昌仁成为这一时期特区唯一现存的拓荒人。

深圳精神图腾——拓荒牛（千帆摄，2019 年）

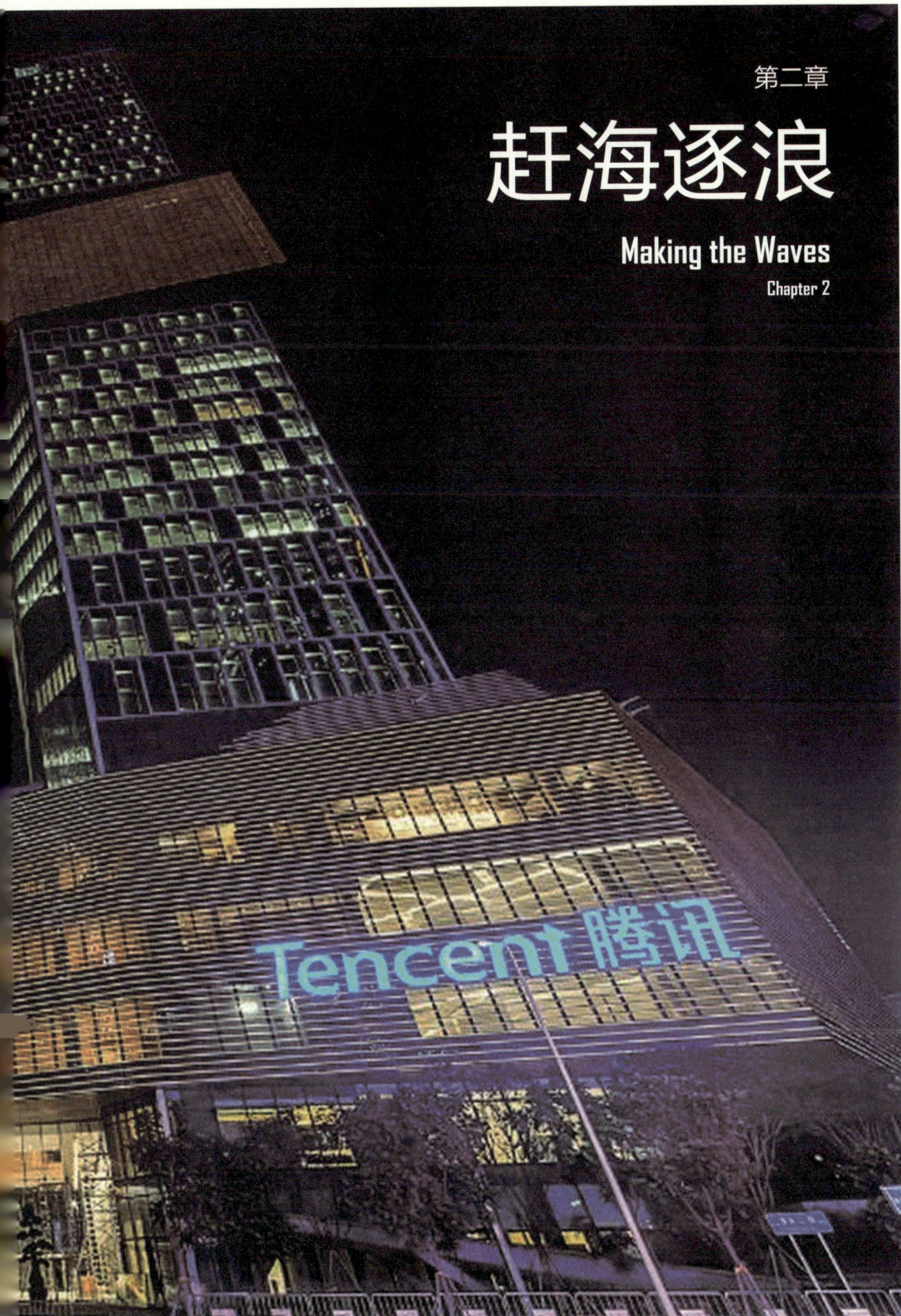

第二章

赶海逐浪

Making the Waves

Chapter 2

中国"硅谷"炼成记

硅谷作为电子工业和计算机业的王国，是世界高科技创新和尖端技术的代名词，以周边一批具有雄厚科研力量的顶尖大学（主要包括斯坦福大学和加州大学伯克利分校）的人才资源为依托，以高新技术的中小公司群为基础，形成了一个庞大的高科技集群和产业链，硅谷拥有谷歌、Facebook、惠普、英特尔、苹果、思科、英伟达、甲骨文、特斯拉等一系列世界一流的企业。

2020年3月，一场不期而遇的新冠肺炎疫情横扫了太平洋和圣弗朗西斯科湾之间的半岛北端，这座美国西部港口城市，联合国的诞生之地——旧金山，位于美国西海岸旧金山的斯坦福大学宣布暂停现场授课，改为网课。

3月7日，硅谷关闭，10万码农全部回家办公。时隔不到10天，旧金山宣布全城封城！旧金山市市长要求全体美国公民待在家里，不要外出，相互保持距离，通知抵达政府机构各个职能部门，指令从3月16日午夜开始，一直执行到4月7日，如果疫情不能好转，不排除继续延长，直至情况根本好转。这个指令涉及旧金山、圣塔克拉拉湾郡、圣马特奥、马林、孔戴科斯塔和阿拉米达县，硅谷刚好就位于旧金山半岛南端的圣塔克拉拉县，至此，近半个世纪领先世界科技界的这块高地被突如其来的"风暴"袭击，厄运难逃。

全球新冠肺炎疫情浮出水面，昔日硅谷的是是非非、前世今生成为人们更为津津乐道的话题。

浩瀚的太平洋波澜不惊。太平洋西岸40年前还很不起眼的小渔村，与"亚洲四小龙"地区之一的香港为邻的蕞尔小镇，一眨眼工夫，就崛起了一个叫深圳的城市，这里也被世人称为中国的"硅谷"，并实实在在搅动了太平洋东岸的神经，成为美利坚合众国（United States of America）眼里的一根"芒刺"。

2018年1月8日，世界知识产权组织等机构发布《2017年全球创新指数报告》，报告指出：在全球热点地区创新集群中，深圳位居第二名，仅次于东京，领先硅谷；据《2018中国创新城市评价报告》，深圳创新总指数为77.83（全国创新总指数为36.57），也位居全国第二，仅次于北京。深圳与科技创新相关的产业一直在国民生产中占据重要地位，并且增速很快。

2018年3月7日上午，习总书记参加第十三届全国人大一次会议广东代表团审议时发表重要讲话，其中指出：深圳在科技创新领域是全国的一面旗帜，并寄望深圳特区能进一步创新探索，引领世界大潮。

《关于深圳市2018年国民经济和社会发展计划执行情况与2019年计划草案的报告》指出，2018年深圳地区生产总值突破2.4万亿元；其中，新一代信息技术、高端装备制造、绿色低碳、生物医药、数字经济、新材料、海洋经济等七大战略性新兴产业增加值达9 155.2亿元，增长9.1%，占地区生产总值比重达37.8%。

罗马并非一日建成。今日深圳，世人公认的"中国硅谷"，并非一蹴而就，而是由多种因素促成，比如地理位置、政治实验、国际视野、移民文化，都与之有紧密而千丝万缕的关系，一言以蔽之，是中国改革开放的引领先锋作用铸就伟业。

没有改革开放就没有思想解放，没有思想解放就不会最终完全释放出人类的主动性和无限创造的能力，人类作为万物之灵、世界的主宰，本身蕴藏着无限的创造能力。

才从新冠肺炎疫情阴影下走出的深圳，过去这几十年是怎么一次次去冲击美国高科技创新发展的霸主地位的呢？又如何从稳定的40年中"和平"崛起？背后的原因值得我们深思。

世界潮流浩浩荡荡，每一个时代，都总会有独领风骚、独步世界的领军人物出现。

硅谷"盗火者"

深圳的发展轨迹与美国硅谷既相似，又不同！

美国硅谷的崛起跟旧金山密不可分，旧金山地处美国加利福尼亚州（简称"加州"），19世纪中叶这里是一个世界瞩目的美国西部牛仔的淘金之地。

1848年1月24日，加利福尼亚州的一个磨坊里发现了金子，这条消息像中子裂变一样迅速传遍美国，30万人蜂拥而至，有美国人，也有远渡重洋的华人，第一批淘金者克服了重重困难，甚至经历生死，人拉肩扛，使用牛车、马车等各类交通工具横跨整个美洲大陆，抵达了这个一毛不长的蛮荒之地。这又跟130年后的深圳拓荒有相似之处。

这场充斥饥饿、死亡、血腥和暴力的西部淘金之旅，引发加利福尼亚州一场伟大的变革，造就了后来活力四射的三藩市，也就是今天硅谷所处的旧金山前身。

1851年，澳大利亚一个叫"墨尔本"的地方，再次发现了大量的金矿，一些有经验的淘金者从世界各地又旋风般地涌去，这次又少不了大清朝的华工，到1854年"淘金客"达12.3万人，使藏金极富的三藩市黯然失色，墨尔本后来被华工习惯叫为"新金山"，以新、旧划分，美国三藩市"旧金山"的这个新名字从此传开。

清朝末年，外交官李圭在《东行日记》中提及了太平洋彼岸中国以外的"两座金山"，最后还是美国的旧金山孕育了彪炳史册的创新之地——硅谷。

苦难造就辉煌、创造奇迹，用在这个美洲大陆西海岸的荒山大漠再恰当不过。170年以来，"硅谷"卓然傲立，迅速崛起，其实与旧金山向地下无穷索取"坚硬"的资源不无关系。

硅是一种化学元素，化学符号是Si，原子序数是14，相对原子质量是28.0855，有无定形硅和晶体硅两种同素异形体，属于元素周期表上第三周期，IVA族的类金属元素。

硅是极为常见的一种元素，极少以单质的形式在自然界出现，但会以复杂的硅酸盐或二氧化硅的形式，广泛存在于岩石、沙砾、尘土之中。硅在宇宙中的储量排第 8 位。在地壳中，它排第二位，构成地壳总质量的 26.4%，仅次于第一位的氧（49.4%）。

硅石、黄金是大地母亲的恩赐，芯片、太阳能电池板的主要材料就是硅，光导纤维的主要材料是二氧化硅。

硅是整个电子工业中半导体最核心的材料，不可或缺。硅能带来光明、能源，以及推动地球科技和文明的发展，但 100 多年前，大地母亲在赐予宝藏的同时，也带来了瘟疫！

1900 年，新年刚过，一艘名为"澳大利亚"号的轮船缓缓驶入旧金山港口，船上的偷渡客——老鼠，轻而易举躲过了海关检查，带着可怕的黑死病毒上了岸。这些鼠辈沿着城市密集的下水管道，迅速向城市中心地带挺进，仅仅用了两个月时间，就出现了第一位鼠疫感染者。5 年之后，黑死病第二次席卷旧金山。

这期间，旧金山还经历了历史上最大的一场地震，灾难连连。

一位既聪明、又更懂得自律的罗伯特·布鲁被任命为统帅，处理好了这场十分棘手的瘟疫。他当时改变策略，号召医务工作者联合起来控制病毒的蔓延，严格控制住感染源——老鼠身上的跳蚤，最终遏制住这个"淘金窝"鼠疫的大流行，这是美国公共卫生史上一次伟大的胜利，那个叫作布鲁的统帅，最终晋级当上了美国卫生部长。

灾后重生的旧金山就像囚禁地笼已久的地火，随时都会在下一个"火山口"喷发！历史总会有惊人的相似之处，不仅仅是灾难，还有创造财富的坎坷历程！

"硅谷"的诞生，就是灾后重建的结果，它的诞生还与一所大学不无关系，这所大学的名字就叫斯坦福大学。

斯坦福大学的全称是小利兰·斯坦福大学（Leland Stanford Junior University），一般将其称为斯坦福大学。小利兰·斯坦福是前加州州长、铁路大亨利兰·斯坦福（Leland Stanford）和他妻子简·斯坦福（Jane

Stanford）的独生儿子，1884 年他们一家到意大利旅行，小儿子突然感染上了肺炎，没多久就在佛罗伦萨去世了。

独生子不幸去世，老斯坦福夫妇悲痛欲绝，他们知道辛苦积攒的家产已经再也用不到自己儿子的身上了，决定捐出大笔财富，在加州建立一个机构，并以独子的名字来命名这个机构，用以造福加州的青少年。老斯坦福夫妇说："加州的孩子就是我们的孩子。"

斯坦福夫妇在决定捐钱后，拿不定主意是要建立一所大学还是技术学院，或者是博物馆。当时美国东海岸的学术风气浓厚，他们从欧洲回国时，就专程到东边的哈佛大学、麻省理工学院、康奈尔大学、约翰·霍普金斯大学等拜访，听取校长们的建议。哈佛校长查尔斯·伊里奥特（Charles W. Eliot）建议斯坦福夫妇建一所大学，并告诉他们所需投资大约是 500 万美元。经过 6 年的建设，1891 年斯坦福大学正式开学，第一年共有 555 名学生以及 15 名教职员，斯坦福夫妇先后拿出 4 000 万美元办校。

斯坦福夫妇在建立大学时，为新大学立下的规矩与当时绝大部分大学都不一样：男女同校、不分宗教派别、实行公民教育。经过 100 多年的鎏金岁月，斯坦福大学已成为美国首屈一指的名校，被称为"西岸的哈佛大学"。

一个不幸生命的逝去，给旧金山这座昔日的淘金地带来了创造新的机会和财富的可能与运气。

硅谷（Silicon Valley）由来有多种版本，这个位于美国西海岸加利福尼亚北部旧金山湾区的滨海城市，是圣塔克拉拉谷（Santa Clara Valley）的别称，也是世界高科技和电子工业云集的象征。"硅谷"一词最早据说是由美国记者 Don Hoefler 在 1971 年创造的，被用于 1971 年 1 月 11 日《每周商业》报纸电子新闻的一系列文章的题目——"美国硅谷（Silicon Valley, USA）"。

之所以名字当中有一个"硅"字，是因为当地的企业多数从事与由高纯度的硅制造的半导体及电脑相关的产业有关，而"谷"则是从"圣塔克拉拉谷"地名中摘取的一个字。当年的硅谷指旧金山湾区南端沿着 101 公路，从帕罗奥多市（Palo Alto）经山景城（Moutain View）、森尼韦尔（Sunnyvale），再经坎贝尔（Campbell）延伸到硅谷中心、圣塔克拉拉县的县府圣何塞市（San Jose）的这条狭长地带。后来，位于旧金山湾两岸包括费利蒙市（Fremont）等地的加入使硅谷迅猛地发展起来。

硅谷的"盗火者"非著名的加利福尼亚人威廉·肖克利（William Shockley）莫属。后人评说：硅谷这1 315平方英里的土地（比香港特别行政区面积略大），是这个星球创造力最旺盛的热土，在这里，才华盖世的科技英雄享誉全球，波澜壮阔的商业传奇家喻户晓。

这种独具魅力的创新创业文化氛围，绝大程度上都源于"硅谷之父"威廉·肖克利。他曾是硅谷最具号召力的创业者，也是最著名的失败者，他给硅谷留下了擦拭不去的印迹：贪婪、天才、野心、悲剧、梦想与荣光……

1955年，威廉·肖克利离开工作将近20年的贝尔实验室，回到老家圣克拉拉谷，也就是现在硅谷的中心地带。他在山景城创建了肖克利实验室股份有限公司，然后到人才济济的美国东海岸发布招聘信息。电子领域的年轻才俊们受到肖克利名气的吸引，纷纷前来。就这样，他招揽到了8位才华横溢的年轻才俊。

1956年1月，肖克利荣获诺贝尔物理学奖，此时公司蒸蒸日上、前程似锦，员工们意气风发。尽管肖克利是一位科研领域的奇才，但却完全不谙世故，更不用说管理企业了。用硅谷一位管理者的偏激观点，肖克利是"一位天才，却也是一个十足的废物"。他专横跋扈、自以为是，以居高临下的傲慢态度训人。因难以忍受肖克利的偏执和多疑，8位青年才俊集体离开。辞职后，诺宜斯、戈登·摩尔、斯波克、雷蒙德等8人集体创办了半导体工业史上有名的仙童半导体公司（Fairchild Semiconductor），仙童成为Intel和超微科技（AMD）之父。

脱离控制的工程师们不断创建新的公司。1967年初，斯波克、雷蒙德等人决定离开仙童公司，自创国民半导体公司（National Semiconductor），总部位于圣塔克拉拉。1968年仙童公司行销经理桑德斯出走，又使世界上出现了超微科技这家公司。1968年7月，诺宜斯、戈登·摩尔、安迪·葛洛夫也离开仙童，成立了英特尔公司。英特尔公司目前是世界上最大的半导体集成电路厂商，占有 80% 的市场份额。

8 位青年才俊集体背叛使肖克利大发雷霆，称他们是叛徒，媒体戏称他们为"八叛逆"。"八叛逆"成为美国硅谷最重要的火种，这是硅谷历史上最著名的典故。

从"三来一补"到"深圳创造"

时光飞逝，"淘金热"过后的 100 年，一个崭新的共和国在太平洋西岸的中华大地上诞生，它的名字就叫中华人民共和国。

但有一种比瘟疫更可怕的贫穷和饥饿如影随形。在祖国的南疆，一批边民为了吃上一口饱饭，改变人生未来的命运，如蝗虫一般扑网，逃向深圳河对岸的香港地区，史称"大逃港"，这种状态一直持续了约 30 年。

为了改变这种现状，一场自上而下、自下而上的经济改革的春雷在南粤大地炸响！一批共产党人开始了自我觉醒。

到 2020 年，相比于 40 年前，深圳从一无所有、一个曾食不饱腹的小小渔村，到成为世人瞩目的"中国硅谷"，有其踏实的历史轨迹可循。

深圳市前副市长唐杰曾把深圳的持续产业升级比喻为"一个'爬锅底'的过程"：从"三来一补"的加工贸易时期，到以华强北为代表的模仿创新时期，再到创新科技之城的崛起。这三步走就是在"改革不停顿、开放不止步"的浪潮下实现的。

改革开放初期，除了有一份要改变现状的雄心，深圳没有技术、没有设备、没有资金，但是有地缘优势与低廉的土地和劳动力，这些因素为深圳打开了创造知识和财富机会的大门。深圳毗邻香港，特别是靠近香港的电子公司，这一地理位置对区域发展很关键。珠三角地区的家族和地方纽带也为资本和专业知识提供了重要来源。

温和的气候、毗邻香港的优势地理位置，有助于吸引国内的移民。事实上，当时的深圳因为是新开辟的城市，无所谓原住民，这让深圳本身就具有开放性，吸引了更多的人移民深圳。当时，香港面临的问题是人力资源成本高昂，即便是 3 000 元的月薪也很难招到人，而此时深圳人力成本可谓白菜价。深圳抓住时机，力推"三来一补"加工贸易。

深圳邻近电子制造商云集的香港，而内地对电子产品消费需求不断上升，这些因素促使深圳市政府把电子产业作为其发展计划之一。20 世纪 80 年代，国有企业和香港电子公司在深圳成立了几家电子工厂。比较有名的是，华侨城与香港光华电子公司合作成立的广东光明华侨电子工业公司，其后更名为深圳康佳集团。

早期电子制造业是靠外资发展起来的，有些通过"三来一补"的形式进行加工贸易，外国公司提供设备、技术和管理，以换取劳动力和土地。有些则是将工厂运营权和所有权在一定经营期限后转移给中方。

除此之外，深圳市政府鼓励大型外国制造公司与国内公司整合。例如，精工爱普生投资创建科技公司，生产和出口爱普生打印机。

1979 年，总参谋部通信部在深圳设立红岭电器加工厂，是深圳首批电子厂之一。退役基建工程兵任正非创办了华为公司，开始并不成功，但后来在获得香港电话交换机公司的代理权后，取得了商业上的巨大成功。20 世纪 90 年代，华为已有能力开发并且开始生产自己的程控电话交换机，最终与跨国公司西门子和阿尔卡特展开了角逐。

1987 年，中国计算机发展公司将其生产基地搬迁到深圳，成立了中国长城计算机开发公司，又设立了深圳市计算机行业协会。

到了 20 世纪 90 年代，华强北商圈一度汇集 700 多家商场，日客流量百万人次，年销售额 260 亿元以上，一米柜台就可以走出一个百万富翁，甚至千万富翁、亿万富翁，怀揣发财梦的鹏城淘金者纷纷涌入。

这批淘金者们回忆起当年来特区时的情形，不无感慨地说："这座高速发展的城市就像一个漩涡，如果能跟得上漩涡的节奏甚至超越它，就可能是漩涡上的弄潮儿，如若不然就会成为漩涡中被淘汰的一分子。"

"中国电子第一街"让这座城市最终成为全球 IT 产业链上不可或缺的重要一环。

著名学者、深圳市人大代表金心异说，"你无法想象，当年每天有 10 万辆货柜车轰隆隆地将货物通过深圳拉到香港，而整个城市的运作却几乎不受影响"。深圳利用香港建立起来的珠三角东岸商业网络，成为全国最早接触全球 10 万亿美元级产业的城市。凭借改革开放，放眼全球，深圳迅速跟全球的电子产业接轨，再次赢得发展先机，迸发出活力。

20 世纪 90 年代，全球消费电子制造业转移，欧美和日本公司电子制造业外包增长迅速，这些世界制造业将生产大量转移到泛太平洋周边的低成本地区，这使深圳迅速发展成为电子制造基地。深圳周边许多大型制造企业都经历了这种快速扩张过程，如台湾的鸿海精密集团及其子公司富士康。

1988 年，富士康在深圳兴建其首家大陆工厂，之后，获得思科、戴尔、苹果和惠普公司的订单，到 2005 年富士康已经成为世界上最大的制造业代工企业。

有大量的在电子制造业内有经验的劳动力，并且电子制造公司集群紧密，加之全球市场对电子产品的需求量不断增长，深圳一些小公司通过仿造，甚至完全复制就能快速掌握知识及专有技术。如华为及中兴公司就大量向发展中市场销售产品。

1990 年后，深圳政府进一步推动深圳市的电子产业，在五大战略产业（个人电脑和软件、通信、微电子、光机电一体化及新材料）内鼓励更多的外商投资。而且，公司有更多的机会获得资金，可以通过开放的资本市场及允许员工持股获得资金。深圳市也鼓励许多人才移居深圳，在电子行业高端领域进行创业。

到 21 世纪初期，深圳的电子行业不再以为跨国公司进行大型生产制造为基础，而是为发展中市场进行廉价消费电子产品的快速原型设计和生产。深圳当地公司开始对发展中经济体的新兴市场有吸引力，而深圳也开始借此机会成为这些公司新产品的开发中心。

"三来一补"造成的恶果是高能耗、高污染，无法可持续性发展，深圳的未来不能光依赖这些高耗能产业。有了一定经济基础之后，在时任深圳市委书记厉有为的主导下，开始了产业大转型。1993 年年底，深圳出台相关决议，新的"三来一补"企业一律停止登记注册，已注册的污染环境的企业，坚决清退。

1995 年 7 月，深圳召开全市科技大会，实施"科技兴市"战略，明确了信息产业、新材料、生物技术为未来特区发展的三大支柱产业。

这次会议为特区的发展方向指明了道路，逐渐建立起了高科技产业基础，开始了产业的第一次升级，让改革开放最前沿的深圳领先国内其他城市至少十年，深圳在内涵上求发展，以科技为杠杆扛起了特区经济的未来。

21 世纪的深圳再次迎来了产业升级，开始从轻工制造业转向高新技术产业发展。

1988 年 9 月 5 日，小平同志在会见捷克斯洛伐克总统胡萨克时说："马克思说过，科学技术是生产力，事实证明这话讲得很对。依我看，科学技术是第一生产力。"深圳一路走来，敢闯敢拼，基本的逻辑轨迹就是解放思想，以科学的精神看世界，以科学技术推进生产力发展。

改革开放是深圳得以发展的灵魂，科学技术是深圳得以强大的动力。

深圳基本上是从"0"走到了"1"，成为名副其实的"中国硅谷"。深圳"硅谷"和美国加利福尼亚州的硅谷有很多相似之处。罗马非一日建成，中国"硅谷"也历经 40 年的风风雨雨。深圳跟旧金山地理位置、气候环境相近，都处在海洋湾区内腹。在产业发展上，两地都是以"硅"为核心的半导体电子产业发轫，同时深圳还具备了更加完整而系统的产业链条。对于青年创业者来说，深圳确实是一个风水宝地、黄金福地。

深圳的"硅谷"之路，确实漫长而艰辛。成功的原因固然很多，"来了就是深圳人"彰显了这座城市的包容和大度，不排外，这是一个方面的原因。其实最根本的原因还是改革开放 40 年，深圳经济特区解放思想、正确地处理好政府与市场、民企与国企、自主创新与对外开放等一系列的制度创新问题，这是这座城市跟其他城市最大的不同。

一些专家学者普遍持有这种观点，认为深圳的成功就是人性解放的成功，人性解放意味着思想解放，思想解放意味着敢想敢做，敢为人先，敢于第一个吃螃蟹。

民企是深圳高科技发展的主力军，其作用不可替代。深圳上万家高科技企业中，几乎 95% 以上都是民营企业、外资企业，国有企业比重很小。华为便是民营企业的佼佼者。深圳的民企能成为主力是实践检验的最终结果。20 世纪 80 年代梁湘主政期间，深圳便与中国科学院合办国内最早的科技工业园，但并不成功；虽然 20 世纪深圳组建了引以为傲的赛格集团，但在高科技领域却无所建树；即便是 20 世纪 90 年代市属国有企业规模最大的特发集团，最后也是生存难以为继，不得已实行债转股，在艰难经营中度过危机。高科技国企在深圳这片土地上显得"水土不服"。

其实这也很好理解，深圳改革的破冰之旅是产权和所有制的改革。在改革开放的前沿，面对世界，市场是最终的决定者。国企内在的结构性，无法适应市场的瞬息万变，而民企则不同，其天生就具有"野蛮性"，越是竞争激烈，越是斗志昂扬，总是在不经意的地方异军突起，也就是在这样的大背景下，民营经济在深圳特区逐步发展壮大起来。

1987 年深圳市政府出台了全国首个《关于鼓励科技人员兴办民间科技企业的暂行规定》，鼓励高科技人员以技术专利、管理等要素入股，任正非正是因有了这个文件创办了华为公司。后来，厉有为更是从理论上破解了所有制难题，认为社会主义发展的目标要使无产者变成有产者，使大多数人占有大多数生产资料，达到共同富裕，消除两极分化。

一位叫陈五奎的科研技术人员也在这种政策指引下，走出了秦岭大山。

1992 年，陈五奎开始担任深圳彩虹电子有限公司总经理，他名字中有一个"奎"字，此后一生，他的"拓日新能"（SZ 002218）始终在"硅"这个稀有之物上淘金。他的非晶硅、单晶硅、多晶硅太阳能电池芯片卖向世界所有著名的高科技企业，而且，也跟华为任正非一样，左手是专利技术，右手是国际订单，进行海外"淘金"。

外界评价陈五奎是一个技术狂人，没错，跟任正非一样，他也属于军转民技术干部。幸运的是，陈五奎跟硅谷的思科一样，夫妻一起创业，妻子李粉莉放弃自己的事业，家里家外都成为丈夫的贤内助，2003 年拓日新能登上创业板，苦尽甘来，成为绿色生态能源高科技领域"深圳方阵"的一面旗帜。

对这些民营企业而言，他们并不要求政府提供资金，只需要政府提供公平竞争的营商环境，让他们可以安心地实现自己的梦想。在这一点上，深圳经济特区走在全国的前列，做好了这些民营企业的保姆，尽应尽的职责。经历了80年代起步、90年代成长，21世纪初随着中国加入WTO后，深圳民企活力爆发，快速崛起，进而成就了深圳高科技产业的辉煌。

在深圳几十年高科技产业的发展史中，产业结构不断升级，企业结构不断调整，可谓大浪淘沙，有生有死，有兴有衰，大起大落如同珠江之水，上演着商海的起伏、人生的无常。万马奔腾之后，深圳形成了现在的七大战略性新兴产业，包括了新一代信息技术、高端装备制造、绿色低碳、生物医药、数字经济、新材料、海洋生物等产业。

产业的变动、调整、转型、升级，政府当然在其中扮演着一定角色。

20世纪80、90年代，以国有企业为主体的、面向国内市场的电子视听产业的发展，主要是政府主导的行政手段的结果，对深圳当时的产业升级和产业基础的形成起了重要的积极作用。21世纪初以来，政府也希望一直扮演这样的角色。深圳一度把汽车产业作为重要的产业去扶持，由市领导亲自挂帅，引进内地国有汽车企业，划拨了大量的土地，借出了大量财政资金，给予了大量的优惠政策，结果也只生产了少数样车，以关门大吉而告终。事实证明，政府代替市场，市长插手市场，更多的时候是一厢情愿，很难达到极高的契合度。

从此政府与市场的角色逐渐摆正，尤其随着民营经济逐渐发展壮大，市场在资源配置中逐步发挥了决定性作用。政府主要提供良好的营商环境、法治环境，为企业公平竞争提供保障，同时增大服务力度，建立许多具有前瞻性的服务政策，这些政策包括：金融服务体系（如设立"高新投""创新投""深圳中小企业信用担保中心"），人才服务体系（如设立"人才交流服务中心"、成立深圳市人才大市场、将每年11月1日定为"深圳人才日"），交易市场体系（如举办"高交会"），区域服务体系（如建立高新园区）、产品配套市场服务体系（如建立以华强北为代表的高科技产业服务），等等。

通过市场主导与政府服务支持，大大地促进了深圳高科技产业的快速崛起和成长，形成了深圳最重要的主导产业和支柱产业，也使深圳成为全国最重要的高科技创新型城市的"标杆"。

特区所取得的一切成就都应归功于这场经济革命，归功于开放；向世界敞开国门，参与全球化经济分工、合作、竞争。

从20世纪80年代到90年代初，深圳主要依靠引进港资、台资，以"三来一补"来料加工为主要模式，诞生了"深圳加工"；千禧年到来之际，中国加入WTO，在"世界工厂"形成过程中也形成了"深圳制造"；再到本世纪一大批具有自主知识产权的民营高科技企业不断改革创新而崛起了"深圳创造"。每一个阶段、每一步发展都离不开良好的外部环境，尤其是加入WTO后，深圳高科技产业与世界经济基本接轨，从而让深圳实现了内涵式发展，增强了核心竞争力，这又不能不使人联想到美国硅谷当年起步创业及发展的环境和创造的奇迹。

从"深圳速度"到"深圳质量"

2010年，深圳步入而立之年，遭遇发展瓶颈。这既有金融危机的影响，以出口为主的深圳制造业，正徘徊在外迁与转型升级的十字路口；也因为深圳土地资源、能源、人口、水等四方面矛盾越发尖锐突出而难以化解。

例如，富士康到中西部省份设厂，很多工厂搬离深圳，一定程度上影响经济增长速度，但又不失为深圳发展的一次契机，深圳于是采取更为科学的措施倒逼产业升级。

深圳市市长许勤当时说，现在深圳有两种危险：一是受生产要素制约退化成一个消费型城市；二是穿旧鞋走老路，大规模增加传统产业投资，这可能赢得一时，但最终会"招致未来的骂声"。

面对挑战，深圳提出要用质量理念统领行动，即追求"有质量的稳定增长，可持续的全面发展"。

2010 年 10 月，《深圳市委市政府关于加快转变经济发展方式的决定》发布，要求从"深圳速度"向"深圳质量"转变，拒绝粗放型大项目，吸引高附加值企业落地。由此，"质量"成为深圳经济发展的关键词。

深圳接连制定了全国首部国家创新型城市总体规划和促进科技创新的地方性法规，出台自主创新"33 条"、创新驱动发展"1+10"文件、战略性新兴产业及未来产业规划等系列政策，形成战略性新兴产业、未来产业、现代服务业和优势传统产业"四路纵队"齐头并进。在战略性新兴产业方面，深圳从 2009 年开始先后出台实施生物、互联网、新能源、新材料、文化创意、新一代信息技术、节能环保等七大战略性新兴产业规划政策；在未来产业方面，自 2013 年开始，深圳在战略性新兴产业不断壮大的基础上，前瞻性地布局了生命健康、海洋经济、航空航天、智能装备、机器人、可穿戴设备等未来产业，打造未来可持续的产业竞争力。

"十二五"期间，深圳七大战略性新兴产业年均增长近 20%，约为同期 GDP 增速的两倍，成为促进经济稳定增长的主引擎。而未来产业规模，在 2015 年已超过 4 000 亿元，成为新的经济增长点。

从此，带动深圳产业链运转的动力不再是传统制造业，而是在供给侧转换为创新驱动。从 2013 年到 2016 年，深圳市着力从科学技术领域谋求结构性改革，投入财政资金超过 440 亿元，以建设科学基础设施为代表，累计建成各类服务创新企业的平台载体 1 283 家。一个全方位的创新生态链在深圳经济特区形成。

深圳一直瞄准国际一流水平，标准国际化水平持续提升，参与国际标准研制的数量居国内城市领先地位，且呈逐年上升趋势。深圳市研制国际国内标准累计已达 6 094 项，其中国际标准 1 636 项。深圳对标准的重视，同样带来了显著的效果。无论超材料，还是太赫兹技术，实现了技术、专利和标准的同步领先，彻底扭转行业标准受制于人的被动局面。

在知识产权保护方面，逐渐形成"1+1+5+n"的知识产权运营"深圳模式"：打造全国知识产权运营航母，建立南方知识产权运营中心；设立约 20 亿元规模的知识产权运营基金；培育 5 家国家级的知识产权运营机构；培育含交易、评估、咨询、投融资、保险、证券、"互联网+"、维权等在内的各类型知识产权运营服务新业态。尤其是南山知识产权保护中心的成立，形成了知识产权全方位保护防线，破解了创新创业的后顾之忧。

在与国际创新高地合作方面，2016年10月以来，深圳已先后组建5个诺贝尔科学家实验室，筹建了7家海外创新实验室，还与美国、日本、德国、以色列和英国等世界创新高地建立了超过20条全球创新创业直通车一级网络和二级网络，把深圳纳入世界创新高地网络，分享信息。这也同样适用于华为系、腾讯系，依托它们，深圳可以再度衍生、裂变出一批优秀的创新企业。

产学研融合新模式方面，将科学发现、技术发明和产业发展结合起来，将产、学、研、资、商融合，实现研发平台、投资孵化、科技金融、园区基地、人才培养和国际合作六大板块互动融合发展模式，探索出高等院校科研成果产业化新路。这种新型研发机构以华大基因研究院、深圳光启高等理工研究院、深圳市太赫兹创新研究院为代表，在引领源头创新和新兴产业发展方面显示了强大的创新能力。

在政府资金投入方面，深圳将财政科技资金的近70%投向企业，每年企业承担科技计划项目数量占立项总数的50%，70%以上创新载体布局在企业。深圳从引进创新人才团队、创建各级重点实验室、牵头国家重大项目、成立全国首个专注于超材料研发与产业化的企业博士后科研工作站等方面给予企业支持。

深圳的"6个90%"成为主要亮点：90%以上的创新型企业是本土企业，90%以上的研发机构设立在企业，90%以上的研发人员集中在企业，90%以上的研发资金来源于企业，90%以上的职务发明专利出自企业，90%以上的重大科技项目发明专利来源于龙头企业。

截至2017年，深圳国家级高科技企业有1.12万家，还有近19万家不同类型、不同规模的科技企业。全年高科技产业增加值7 359亿元，占GDP的32%。在高科技产业的每个行业，包括细分行业，深圳都涌现了一批领军企业，有些还成为著名的世界级企业，如华为、腾讯、比亚迪、大疆、研祥等。

"创新驱动发展，质量成就未来"已经成为深圳新的城市精神口号，表明深圳追求经济和社会发展的质量与速度有机统一、效益与结构同步优化。

第十届夏季达沃斯论坛上，世界经济论坛创始人兼执行主席克劳斯·施瓦布表示：深圳已经成为"中国硅谷"，是华南地区极具代表性的城市。克劳斯·施瓦布希望深圳有机会成为第三个举办夏季达沃斯论坛的中国城市，并赠书题词：祝福深圳——第四次工业革命中的领军力量。

从"模仿之都"到"创新之都"

长期以来深圳本地企业以"山寨"、仿制品而出名。这也是企业发展中的必然阶段，都要经历模仿、学习、消化，然后自主创新的过程。从 2013 年开始，深圳开始把重心从单纯模仿转向实实在在的创新。"中国正在产生快速、大量的创新。"上海纽约大学的教授克里斯蒂安·格雷威尔（Christian Grewell）说。

深圳相关部门高度注重这一点，一直在加大自主研发的投入。

2018 年的中兴事件，给中国人当头一棒，接着是中美贸易战、华为被封杀，让中国人突然冷静和清醒。

在高科技领域，一直流传着"缺芯少屏"的说法，意思就是缺少芯片、缺少屏幕，但屏幕的问题现在深圳已经解决了，操作系统这个问题我们现在还没有完全解决，最主要的还是芯片问题。

腾讯的马化腾在谈及中兴事件时表示，"移动支付再先进，没有手机终端，没有芯片和操作系统，竞争起来的话，你的实力也不够。中兴事件正在得到妥善的解决，但是深圳还是不能掉以轻心，现在这个时候，更加要关注基础学科的研究。"

资料显示，科技产品占中国进口的比重高达 21%，2018 年进口额高达 4 490 亿美元，同比增长 19%。在进口科技产品中，半导体产品进口是迄今为止占比最大的类别（约占 70%，达 3 110 亿美元），其中 2018 年半导体存储器进口额 1 220 亿美元（约占总体进口科技产品的 27%），其他半导体产品进口额 1 890 亿美元（约占总体进口科技产品的 42%）。

2018 年，《科技日报》推出"亟待攻克的核心技术"栏目，列出了 35 项"卡脖子"技术，并指出这只是冰山一角，举世哗然。中国虽然作为世界上第二大经济体，有几乎全世界最全的配套体系，但是在核心技术领域，中国与美国、日本、西欧国家的差距依然很大，这是不争的事实，是摆在中国人面前的客观存在。

深圳在中国扮演引领的作用，中美贸易战中被封杀的主要企业几乎都在深圳，一方面表明深圳的高科技企业自主创新能力大幅提升，另一方面也意味着在核心技术领域中国被卡了脖子。

对技术进口的严重依赖促使中国自 2000 年以来出台了多项政策举措，旨在维护国家安全、保障技术部件本土供应、持续提高中国在高附加值 / 知识产权领域的国力并扩大专业人才储备，从而促进国内科技产业的蓬勃发展。

瑞信中国科技研究部主管王晓琼表示：中国已在电信设备、硬件制造、显示器、多个关键组件方面取得了多项成功，并且在以手机和消费品领域为主的集成电路设计方面积累了一些成功经验。虽然中国在半导体生产和设计本土化方面投入了巨量资源，但迄今为止，除华为之外，其他成就相对较少。由于中国目前在先进技术工艺和半导体制造方面仍有较大差距，中期内或许难以摆脱对于进口设备和某些关键材料的依赖。

2018 年 11 月，深圳发布《深圳市人民政府印发关于进一步加快发展战略性新兴产业实施方案的通知》，其中值得注意的是，为实施创新驱动发展战略，大幅提升产业科技含量，建设世界级新一代信息技术产业基地，提出建设全球领先的电子信息产业基地，包括实施集成电路产业跨越发展工程，完善涵盖设计、封装测试、晶圆制造、产业配套等全产业链，打造集成电路集聚发展高地。

市政府非常重视深圳集成电路产业的发展，近年来在产业政策、发展空间、人才培养等方面都有新的举措：规划了面积达 10 万平方米的 IC 设计产业园，扩充产业空间，实现产业聚集发展；加强本地高校建设，增加本地人才培养能力；实施高端人才计划，吸引 IC 产业领军人才。

深圳这一次加大力度开始芯片的自主研发，摒弃简单的追赶，这是因为无论从专利还是工艺，乃至成本，中国都无法赶上目前高端芯片公司生产的芯片。这不是靠情怀与勇气就能解决问题的，而是要在几乎同步的尖端科技领域换道超车，在我国优势领域上开疆拓土。

5G 领域中国不但要保持现有优势，而且要在相关核心技术领域掌握话语权。深圳市市长陈如桂在参加 5G 发展工作座谈会时就曾谈到，科技创新和产业发展是深圳的"饭碗"。其中深圳电子信息产业规模 2018 年高达 2.1 万亿元，是深圳最核心和最具竞争力的行业之一。

5G 是未来信息产业的基础，产业链既长且宽，包括终端、基站系统、网络架构、应用场景等环节。就应用场景来说，涉及云 VR/AR、无人机、医疗健康、工业互联网、智能网联汽车等。5G 会带动大量的技术创新、产业创新、应用创新和服务创新，产业价值难以估量，并将催生出更多高科技公司。针对 5G 产业，深圳出台了《加快推进 5G 产业发展 2019 年工作要点》。2018 年 9 月，中国电信首个 5G 试验站在深圳部署，这也是中国电信部署的全国第一个 5G 试验站点。

不仅仅在 5G 领域，在太赫兹领域，深圳也将大有作为。太赫兹作为本世纪人类最后一个尚未完全开发的频谱资源，被世界发达国家列为抢占频谱的资源战略点和科技制高点。美国把它评为"改变未来世界的十大技术"之四，日本把它列为"国家支柱十大重点战略目标"之首，中国也把它列为改变世界格局的关键性技术。太赫兹通信技术是下一代通信技术的基础，是未来 6G 的底层技术与对应频段，是最可能与人工智能实现结合的最前沿技术，这也是为什么美国与中国都非常重视的原因。

美国联邦通信委员会 2019 年年初就决定开放太赫兹波频谱，为 6G 研发应用铺平道路。中国的科技部会同发改委、教育部、工信部、中科院、自然科学基金委于 2019 年 11 月 3 日在北京组织召开 6G 技术研发工作启动会。中美对太赫兹技术的重视，体现出两国在未来核心技术领域的激烈竞争，谁率先掌控这项核心技术，谁就在数字经济时代具有绝对的话语权。

目前，深圳太赫兹技术全国领先，与美国几乎同步，某些领域还略超美国。

2020年年初，深圳凭借高科技硬核技术应对全国肺炎疫情，给世界卫生组织留下深刻的印象，尤其是深圳市福田交通枢纽采用了华讯方舟研发的国内首个商用"太赫兹＋红外"一体化人体安检测温系统，做到了"无感测温、快速安检、无惧传染、精准预警"，适用地铁、高铁站、码头、海关、口岸、边检、政府机关等多个人流密集场所应用场景，大大提升了新冠肺炎防疫安检工作的效率和精准度。

事实上，太赫兹石墨烯芯片目前已经研发出来，但距离商用还有一段距离。中国没有必要什么都从头直追，而是在第四次工业革命中不缺席，作为一个参与者和引领者，以换道超车的思维实现生产力的变革，这是最根本的创新。

"创新已成为深圳经济发展的第一动力"，"创新只有第一、没有第二"，深圳市委书记王伟中表示，要始终把创新作为深圳城市发展主导战略，构建"基础研究＋技术攻关＋成果产业化＋科技金融"全过程创新生态链，依法实施最严格的知识产权保护，打造可持续发展的全球创新创意之都。

创新也可以说是美国硅谷的第一动力，和美国硅谷相比，深圳的发展模型参照了美国旧金山湾区，设有深圳高新技术产业开发区、"中国电子第一街"华强北商业区，而总部位于深圳的著名高科技公司包括华为、中兴、腾讯、比亚迪、大疆、研祥等。

美国硅谷也离不开其先进成熟的科技金融生态圈，激励机制鼓励开放式创新，硅谷顶尖大学及研究机构集聚、产学研有效合作推进技术创新。全球一流的研究型大学，包括斯坦福大学和加利福尼亚大学在科学和应用研究领域，持续推动硅谷地区创新。

而深圳拥有的著名科学研究和教育机构包括清华－伯克利深圳学院、南方科技大学、深圳先进技术研究院、香港中文大学（深圳）、深圳大学、国家超级计算深圳中心等，与之非常接近。但也要充分认识到，深圳在基础研发和教育上还有很大的上升空间。

基础研究和源头创新不足，成为深圳未来发展的"阿喀琉斯之踵"。2017年，为了加大基础研究布局，深圳将"十大行动计划"写进政府工作报告：布局十大重大科技基础设施；设立十大基础研究机构；组建十大诺贝尔奖科学家实验室；实施十大重大科技产业专项；打造十大海外创新中心；建设十大制造业创新中心；规划建设十大未来产业集聚区；搭建十大生产性服务业公共服务平台；打造十大"双创"示范基地；推进十大人才工程。

王伟中在深圳科学技术奖励大会上表示，科技创新不是"今天种瓜、明天得豆"。大家都想吃爆米花，如果不去播种、不种玉米，没玉米怎么有爆米花？深圳每年要拿出不低于30%的财政科技专项资金，投向基础研究和应用基础研究，就是为科技创新"种玉米"。

2018年12月12日，深圳市政府印发了《深圳市关于加强基础科学研究的实施办法》，在科研项目、科研组织、科技基础设施、科技人才和科研合作等五方面提出了23条举措，为深圳加强基础科学研究，实现引领性原创成果取得重大突破，加快建设竞争力、影响力卓著的创新引领型全球城市提供有力支撑。

2019年5月，《深圳市新一代人工智能发展行动计划（2019—2023年）》出台，目标是在5年内打造10个重点产业集群，全市人工智能核心产业规模突破300亿元，带动相关产业规模达到6 000亿元，将深圳发展成为中国人工智能技术创新策源地和全球领先的人工智能产业高地。

正是得益于各类信息化产业应用，在国家信息中心发布的《中国信息社会发展报告2017》中，深圳市信息社会指数（ISI）达到0.88，在全国地级以上城市中已连续4年位居第一，是国内率先进入信息社会发展中级阶段的城市。同时，中国社科院信息化研究中心最新发布的《第八届（2018）中国智慧城市发展水平评估报告》称，深圳智慧城市发展水平达76.3，位居全国第一。

2019年2月18日,中共中央、国务院印发《粤港澳大湾区发展规划纲要》。按照规划纲要,粤港澳大湾区不仅要建成充满活力的世界级城市群、国际科技创新中心、"一带一路"建设的重要支撑、内地与港澳深度合作示范区,还要打造成宜居宜业宜游的优质生活圈,成为高品质城市发展的典范区域。8月18日,《中共中央 国务院关于支持深圳建设中国特色社会主义先行示范区的意见》发布,提出到2025年,深圳要建成现代化、国际化创新型城市;到2035年,成为我国建设社会主义现代化强国的城市范例;到本世纪中叶,成为竞争力、创新力、影响力卓著的全球标杆城市。

2020年3月3日,科技部等国家五部委联合下发的最新文件《加强"从0到1"基础研究工作方案》中明确提出:北京、上海、粤港澳科技创新中心和北京怀柔、上海张江、合肥、深圳综合性国家科学中心应加大基础研究投入力度,加强基础研究能力建设。这意味着,继北京、上海、合肥之后,深圳作为第四个综合性国家科学中心,将迈入基础研究新阶段。

2020年,深圳经济特区成立40周年。虽然面对很多危机,但是深圳被升格为建设中国特色社会主义先行示范区,再加上有建设粤港澳大湾区的愿景,深圳的明天会更加美好。

2018年,日本众议长大岛理森访问中国期间坦言,他的中国之行除了北京之外特别选择了西安和深圳,访问西安是为了学习中国历史,而造访深圳则是学习未来。诚哉斯言!

2010年前海全貌

2018年前海全貌

2010 年、2018 年前海全景对比图（前海管理局香港事务处供图）

基建工程兵，隐匿特区的"神秘部队"

2012年2月，美国华盛顿国会山国会大厅正进行着一场特别的听证会。

一位戴偏光眼镜的美国议员突然向华为副董事长胡厚崑发难，提出一连串刁钻的问题：

"请问，任正非是不是中共党员？"

胡厚崑答："是的，贵国的企业家不也有加入民主党和共和党之别吗？"（台下一片唏嘘）

这位议员接下来又问："请问任正非是不是担任过贵国军队的高级军官？"

胡厚崑回答："没错，贵国的老板，年轻的时候不是个个也要服兵役吗……"（下面又迎来一片哄笑声）

议员耸耸肩，转过身表示没有什么问题了。

一向低调，从不接受媒体采访，三缄其口的华为创始人任正非基建工程兵身世被撩开了面纱。

然而，基建工程兵对大多数人来说，充满陌生和好奇，时空将这支神秘部队与一座神奇的城市紧紧联系在了一起。

常生荣少将在担任中国人民解放军总装备部政委期间，有次出访美国，美国军方一位接待人士，出于礼貌，更是出于好奇，曾问过常将军一个关于基建工程兵的问题。

"你们军队中是不是有一支基建工程兵系列，这个兵种到底是干什么的呢？我们早已经研究透了你们所有作战部队，当我们的视线转移到这个系列的时候，这支部队神秘地就消失了，不久之后，贵国南方突然崛起了一座新城，这座神奇的城市，据说有军方背景，跟这支部队有关……"

其实外方猜测的这座神奇的城市正是 1980 年成立的深圳经济特区，这支部队的全称是中国人民解放军基本建设工程兵部队（简称"基建工程兵"）。这支部队并没有完全"隐匿"，而是永远"落地生根"，驻扎在南海前哨这个当年的小渔村，屯守边防。

这支部队组建于 1966 年 8 月 1 日的建军节，中共中央、国务院、中央军委曾寄予厚望，周恩来总理更是希望他们"劳武结合，能工能战，以工为主"。全军 32 个支队（师），50 多万人。从千里冰封、万里雪飘的北国边疆到椰林婆娑、凉风习习的天涯海角，从东海之滨到天山深处、戈壁沼泽、高山峻岭、林海雪原，这支部队风餐露宿，南征北战，不畏艰难困苦，不怕流血牺牲，分布全国各地，承担冶炼、煤炭、石化、水电、交通、水文、通信以及首都地铁等经济和国防工业建设任务，先后服务过国家大中型建设项目 160 多个，为国民经济建设事业做出了卓越的贡献。

1979 年，随着国家经济工作重心的转移，党中央一声令下，这支部队迅速集结，紧急奔赴祖国四面八方。

《大军南下》。1981 年初冬，一个下着细雨的早晨，一趟满载着军人和各种施工设备的军列开进了深圳火车北站，他们来不及脱掉身上的冬装就背着背包、提着行李急匆匆地踏上了深圳这块热土。当时光线较暗，周顺斌仍然没有放弃这次绝佳的拍摄机会，举起相机按下快门，记录下两万基建工程兵奉命南下深圳的历史性场面（周顺斌摄，1981 年）

两万军人便服入深

按照国务院、中央军委的命令，1979 年 9 月，基建工程兵冶金系统调集五个建制连，共 1 041 人组成先遣团，从鞍山市开赴深圳，拉开了基建工程兵南下建设深圳经济特区的序幕，驻场指挥官正是后来指挥建设过中国第一高楼——深圳国贸大厦，并担任深圳市物业公司总经理的马成礼副参谋长，参与特区建设的基建工程兵后来增至 2 000 多名官兵。

从冰天雪地开拔的部队还穿着厚厚的棉衣裤，头戴绒帽，进入广东韶关后只能穿羽绒衣，一过韶关就只能换成单衣。到了深圳，阳光普照，骄阳似火，进行装卸的时候，大多数战士背心上身。

火热的年代，火热的城市，基建工程兵战士们迅即融入了这热火朝天的基建工地，成为深圳改革开放的"铺路石"和"先锋官"。

参加深圳经济特区经济建设的基建工程兵干部和战士在工地风餐露宿
（杨洪祥摄，1983 年）

1982 年 9 月～12 月，基建工程兵第 31 支队 302 团、303 团、304 团，2 支队 16 团、19 团，石化指挥部 802 团从上海、天津、唐山、沈阳、本溪、锦州、鞍山、汉中、西安、郑州浩浩荡荡"挥师"南下。

在中共中央、中央军委下达给广东省委派遣基建工程兵参与特区基础建设的红头文件中规定：为避免触动境外敏感的神经，两个整编师分批次进入深圳经济特区，一律轻装便服，不准携带任何武器。

当时深圳全镇只有不到两万人口，两万名身穿军装的基建工程兵悄然进入，加上家属共约4万人。突然就搬来了这么一座大"城"，甚至一座军营，不引起恐慌也都不正常，好在当年网络媒体没有今天发达，否则容易引起更多的猜测和联想。

中华人民共和国成立后，深圳这第一大经济特区成为转型过程中中国人民解放军基建工程兵的第一块"试验田""拓荒地"，在人民共和国兵史上涂下了浓墨重彩的一笔，功不可没。

虽没有"百万雄师过大江"的豪迈英雄气概，但1982年这个夏秋，两万人全无声息进抵长满蓬蒿、布满蚊虫的南海之滨，除了一身绿军装，没有帽徽和领章，王震副总理用一句最朴素的话说，这是基建工程兵的第一次"翻牌"，意义重大，不辱使命，表率当先。

这样一支"纪律严明、听党指挥、作风优良、敢打硬仗"的铁军入驻，使特区城市基础设施建设面貌焕然一新，南海边防前哨"固若金汤"。无需更多的思想政治工作，新中国成立以来屡治不止的"逃港潮"很快被遏制，边疆的生产建设迅速恢复。

但第一批基建工程兵"拓荒牛"的牺牲和奉献精神也永远铭刻史册。在一位老基建工程兵的回忆录上，记载下了当时最真实的情景。

几天之后，闷罐车开走了，俨然一次深情的告别。根据军部和地方的安排，我们的营房要整体搬迁至安托山南……搬迁那天，正逢一场暴雨，通往新营地的道路被淹没了，没有避雨的地方，战士们索性就在大雨里行进。水深过膝，泥泞不堪，有的战士深陷泥土里，抽出脚来鞋子却没入泥底，只得光着脚丫赶路。十几里土路，跌跌撞撞，硬是摸爬滚打了一整天。

接下来竹棚搭好了、在林中蛰伏的毒蛇常来造访，半夜醒来的战士，常能借着月光，看到叫不上名字的蛇，直溜溜吊挂在眼前，吐着长长的信子，嘶嘶有声。有时蛇会悄无声息钻进战友的被窝，甚至从他们的脊背上滑过，一股浸骨冰凉……北方来的战士，会因为蛇的出现受到惊吓，慌乱之间蹿出竹棚。一些南方山区出生的战友，从小就有徒手抓蛇的本领，伸手便能抓住蛇的七寸。抓住蛇后，他们会得意地把那些体长肉肥的家伙剥洗干净，放在铁盆里熬汤喝，虽说没有什么佐料，但熬出来的蛇汤味道鲜美……

比环境更为恶劣、艰苦的还有后面的生存问题，在特区艰难创业的华为创始人任正非，就是基建工程兵整个群体的佼佼者。

任正非选择了深圳

1979—1983 年，基建工程兵第 1 支队、第 31 支队主力南下鹏城，在这支南下的队伍中，有一个默默无闻的人后来成为闻名中外的企业家，那就是华为创始人任正非。特区火热的创业激情和人才环境成就了任正非。

任正非，这位时任基建工程兵第 22 支队科研所副所长，34 岁就参加过全国科技大会，38 岁作为军队代表又出席了党的第十二次全国代表大会的先进人物，当时如果按职位、在部队期间已获得的荣誉转业的话，应该说都会有一个相对不错的政治前途，有人说本来可以安排一个副县长的职务，深圳建市之初就是县级市。

当年有五六万基建工程兵，摘下领章、帽徽，在北京、深圳这一南一北两个城市就地转业安置。做出这项重大决策之前，任正非因转业地方，前途不明，曾彷徨苦闷了很长时间，后来有人建议他南下深圳，南方深圳会有一场大的动作、大的作为。任正非听从了这个建议，从 22 支队调到了水文地质 912 团。1983 年年底部队一声令下，驻守湖南怀化的 912 团成建制地转业地方，调入深圳经济特区。华丽转身的这支部队就是后来的深圳市工程地质勘察公司（1995 年更名为深圳市勘察研究院有限公司），成为深圳工程勘察事业的中流砥柱。

任正非没有直接转业到深圳市工程地质勘察公司，南下深圳特区后，任正非就直接进了跟 31 支队往来关系很密切的南海石油后勤服务基地工作。31 支队全称是中国人民解放军基建工程兵 31 支队（师），即 00319 部队（原建字 870 部队），组建于 1975 年 10 月 24 日，国务院、中央军委国发〔1975〕198 号文件决定，由空军和二炮各抽调两个团改编基建工程兵。31 支队除 301 团在南京等地就地转业，改编为江苏省第二建筑公司外，1982 年又补充了 802 团归 31 支队建制，在支队长王进禄率领下，全部南下深圳。遗憾的是，这位基建工程兵最年轻的师长因部队集体转业安置没日没夜操劳，沥尽心血，距部队脱军装还剩 27 天，终于倒在了工作岗位上，年仅 53 岁。

2018 年 5 月 20 日，王进禄同志雕像在广东惠州博罗县罗浮山基建工程兵纪念园揭幕，据悉，这也是深圳基建工程兵个人第一尊雕像，此后永远耸立在东江之滨。

当年因经营决策失误，任正非负责的南油电子公司被人坑骗走了 200 万元。当时的 200 万元，可是一个天文数字。据同在南油集团行政分公司的一位战友介绍：亏空还不止这么多。南油集团领导面对巨大的亏损，果断处置，将他开除。祸不单行，在南油机关任职的妻子在任正非被骗风波之后，也跟丈夫划清了界限，离了婚。一切都已经无法挽回，被事业与婚姻"双重放逐"的任正非只好痛苦地在离婚协议书上签下了自己的名字。

这一年，任正非 44 岁，一个人带着爸爸妈妈、弟弟妹妹 9 个，住在基建工程兵临时搭建的竹棚屋里面，上有老下有小，其艰难程度可以想象。

人到中年如此落魄，幼年的困苦生活场景在任正非面前一幕幕呈现。

"活下去！必须活下去！"任正非说，"因家里姊妹多，父母薪水微薄，我长到 19 岁，还不曾穿过一次新衣服，每到新学期，母亲就会为学费发愁，要经常靠向人借钱维持，有时外出好多天还借不到，因为别人也一样困难。"

"一直到十四五岁，我们家都是实行严格的分餐制，控制所有人的食量，保证人人有饭，都能活下去。我的母亲那么辛苦，四处奔波，却从来不多吃一口饭，如果不这样，当年就会有一个弟妹活不到今天。"

深圳转业，连遭挫折，生活困顿，人生路窄，面临生死存亡，吃饭都成问题。1987年，任正非别无选择，拿出了自己仅有的3 000元转业安置费，集资21 000元资金，创立华为技术有限公司。不得不说，这份勇气还得益于特区的一个红头文件，背水一战，断臂求生。

"是特区这方沃土，给我扬名立万、重新站立起来的机会！"

1995年，全国政协代表团到华为考察调研，时任深圳市委书记李灏陪同安子文、王相同、王珏等政协领导一起，听取任正非亲自汇报。在汇报过程中，任正非谈到："华为公司成立于1987年，至今已经8年了。1995年公司销售额40亿元人民币……"

一个政协委员当即发问："国家给华为投了多少钱？"

任正非回答说"没有。"

政协委员紧跟着又问："那么省里和市里呢？"

回答仍然是："没有。"

任正非的回答越发使人觉得好奇，其他的政协委员七嘴八舌，一起问道："那你们的发展怎么这么快呢？"

任正非坚定地回答说："就凭一个红头文件。"

这个红头文件就是1987年2月份深圳经济特区出台的全国第一个《关于鼓励科技人员兴办民间科技企业的暂行规定》。文件规定：高科技人员可以以技术专利、管理等要素入股，创办民间科技企业。

任正非正是根据这个红头文件的规定，注册了华为技术有限公司。一个中年男人开始"逆袭"，倒霉的复员军转人员的辉煌事业从南山开启。跟任正非同一个时期，由基建工程兵802团转业到南油集团市政分公司的老战友见证了这一过程。

曙光乍现的这份红头文件出台一年时间内，深圳经济特区共批准兴办民营企业104家，其中正式注册83家，而全国性的《中华人民共和国私营企业暂行条例》比深圳出台的这份红头文件整整晚了 16 个月。

任正非作为军转民、军地两用型人才，是特区政策一个直接受惠者，基建工程兵复员地方技术干部中创业有成的佼佼者，市场经济大潮中第一个敢于"吃螃蟹"的人。

是"逆境"加"磨难"成就了任正非，并成就了世界级通信企业华为集团。如果当年没有自主跨入深圳经济特区的第一步，就不会有跨出"艰难岁月"的第二步，更加不可能有愈挫愈勇、不屈不挠战胜"逆境"的第三步。伟大的城市，孕育并成长出伟大的企业和伟大的企业家。

特区，两万人的苦痛与尊严

与任正非这般"自找苦吃、成就伟业"不同，有些人不过让憧憬与现实打了一场"遭遇战"，在来到深圳经济特区之后，栽了一个大大的"跟头"。

曾与任正非有过近距离接触，面对面交流过的前海引绿科技（深圳）有限公司董事长杨洪祥，原是基建工程兵 31 支队政治部专职新闻报道员。新中国成立 70 周年之际，中央电视台和中央军委政治工作部推出大型纪录片《祖国在召唤》，曾将杨洪祥作为基建工程兵集体转业在深圳的典型人物，介绍了他伴随特区发展的成长经历。杨洪祥说，任总在谈到这段经历时，感受最深的是"精神"两个字。多少年过去了，早已时过境迁，但任总还是反复强调"艰苦奋斗"的精神，这种情怀本身就是一种不断催人奋进的精神。杨洪祥觉得如果说任总有什么过人之处，那就是他几十年如一日地保持坚忍不拔的精神。

曾几何时，段亚兵对深圳特区生活过分乐观的渲染和描述，差点遭到战友们误解和批判，事情的缘由还得从头说起。

基建工程兵集体转业深圳的政策一定，段亚兵便接到通知，前往兵种政治部特区调研组报到。1982 年 9 月，他和李训舟一起进入特区，10 多天调研考察后，形成一个成果，这就是两万多字的基建工程兵南下深圳的宣讲报告。

当年调入特区的所有基建工程兵部队，动员大会上都几乎使用了这份宣讲报告。深圳当年完全还是一个小渔村，战友们对深圳的粗浅认识均来源于这份报告，战友们后来对报告褒贬不一。有说好的，报告让战士们对深圳有了一个粗浅认识，提纲挈领，看了这份报告后，立即做出奔赴南疆的决定。还有的战友看后，对深圳的未来充满憧憬和希望，热血沸腾，恨不得插上一双翅膀马上飞到深圳。说材料差的人也有，说他段亚兵毁人子弟，误导人生。

部队进入特区后，驻扎在白石岭、竹子林，到处杂草丛生、偏僻荒凉，水电不通，道路不通，什么都没有。有认识段亚兵的战友当即眉头一皱、嘴一撇说道："宣讲报告把深圳说成一枝花，下了火车一看，荒凉落后，大失所望，有种上当受骗的感觉，赶紧去看看段亚兵这小子有没有来深圳，后来听说段亚兵也来了深圳，心里才开始踏实起来。"

基建工程兵出身的段亚兵在他的《选择深圳》回忆录中写道："尽管我第一次来时，深圳城镇既狭小又落后，但是给我留下的印象棒极了。火热的天气，沸腾的土地，繁忙的工地。路边小店的收录机里，播放着邓丽君软绵绵的歌曲《何日君再来》，还有深圳本地歌手周峰唱的《深圳》，说实话，我一下子喜欢上了这个地方。也许正是这一印象被带进了宣讲报告中，致使一些战友后来骂我忽悠他们。"

1983年9月15日，摘下帽徽、领章，着绿色军装的基建工程兵部队全体就地转型为深圳经济特区市属建筑企业，部队各团变身市建分公司，两个师的机关合并而成总公司领导机构。两万名基建工程兵一夜之间"变身"特区公民，这批"新鲜血液"极大地改变了特区的人口结构，也最终奠定了未来深圳经济特区一举能成为中国最大移民城市的基础。

华丽转身后，在部队体制下呆惯了的这群北方"旱鸭子"能克服恶劣的生活环境，也能适应芦苇席做墙、油毛毡盖顶、冬冷夏闷的"竹叶宾馆"，甚至北方少有的热带风暴和台风侵袭也难不倒他们，但就是不能忍受来到特区，长期揽不到工程业务，导致被"晾"在一边，空有报国的雄心壮志！"旱鸭子"没经过基本的训练，就被复员到地方，直接扔进了市场经济这片蔚蓝色汪洋大海之中，完全不识水性。小渔村有句俗语，不认水性的人去"逃港"，是要被淹死在海里的，部队很多人都是被段亚兵的报告"煽动"而来，现在进退两难。

转业地方五年后，段亚兵这支笔杆子被调入深圳市委宣传部，段亚兵周围的战友比较多，他急部队之所急，跟安徽作家吴启泰一起深入战友所在连队和整编后的企业，耐心聆听他们的倾诉，再次写出了一篇3万多字的报告文学《深圳，两万人的苦痛与尊严》，在《特区文学》1986年第5期上发表。文章刊发后，一时"洛阳纸贵"，即使一些生活困顿、温饱都成问题的战友，也都购买10本、20本这期杂志，寄给基建工程兵兵种领导机关、原来的老领导和内地的战友。

段亚兵说，写这篇文章的初衷，并非想抹黑当时热火朝天、万众瞩目的特区建设，而只是想通过一个维度反映一下超过城区人口一半的这个庞大群体跟特区经济不相融，彷徨、焦虑、苦闷的现状。解决问题，先得发现问题，提出问题。文章发表后，战友们一直在为段亚兵提心吊胆，生怕文章对他个人造成不良影响，带来不必要的麻烦，见面都爱打听一下他的近况。有不少战友电话直接就拨过来，嘘寒问暖。

风波一起，建筑总公司的领导主动检查自身缺点，调整干部，培训队伍，让长期不适应的战士迅速提高自身的竞争能力。

报告文学将复员基建工程兵的现状捅出来并公之于众后，引起了特区市委领导的高度重视。

时任深圳市委书记亲自部署，召集会议，研究解决问题的办法，断然采取措施，让部队有活干，有饭吃，并改变被动无望的局面。

战友们的话说出了大家的心声，"书记是真心实意关心这支部队。作出让部队来深圳支援建设，是他的决定，在部队最困难的时候，想方设法帮助解决问题的也是市委书记。为此我们感谢特区，感谢市领导，感恩这座城市。"

基建工程兵的娘家人

    基建工程兵 1966 年 8 月 1 日组建，1983 年 11 月撤销，只存在了 17 年。时任国务院副总理谷牧兼任政治委员，李人林任基建工程兵主任。基建工程兵作为解放军兵种属大军区级单位。一个已被证实的说法是：谷牧副总理之子刘历远转业前也是基建工程兵。2017 年 1 月 18 日大型文献纪录片《激情燃烧的记忆——我们是光荣的基建工程兵》正式开机，该片便是由基建工程兵老兵、原国务院副总理谷牧之子刘历远出任总顾问，深圳市委宣传部部长李小甘出任总策划，凤凰网原总编、著名纪录片撰稿人乔海燕担任总撰稿。其间，刘历远带队前往华为集团，拜访了基建工程兵老战友任正非。

1983 年 9 月 19 日，基建工程兵 31 支队政委王忠民（中）代表基建工程兵总部，在香蜜湖度假村向深圳市移交指战员的档案资料（杨洪祥摄，1983 年）

    1980 年 8 月 26 日，深圳被批准成为中国第一个也是第一批经济特区，但那时的深圳，论发展性，还是一张白纸，完全是一张可书写最新最美绚丽图画的白纸；论现实感，完全又像是一张还没完成设计的图纸，想要将其变为现实，还需要大量的能工巧匠，用无数的钢铁、水泥、砖瓦将其一步步堆砌成型。

俗话说，万事开头难，有人就不难。经济特区百废待兴，缺钱缺物，更缺人。人是万物之灵长，天地之精华。没有人，什么都是奢谈；有了人，才能创造奇迹。

基建工程兵集体转业深圳也波折不断。

刘历远曾讲述了这样一段往事："对于基建工程兵两万人集体转业深圳，当时广东省和深圳市的领导层有不同意见。1982年我父亲到了深圳，住在现在的迎宾馆（当时叫宝安县新园招待所）。一天中午父亲休息起床后，大约下午两点钟，秘书进来报告说李人林和王全国来了要见您，但两点半您要听深圳市委汇报。你看他俩先见谁。李人林是基建工程兵主任，王全国是广东省副省长，随我父亲率领的中国政府代表团到欧洲考察过，也是老朋友、老部下。

"父亲跟秘书说，李人林来是要谈基建工程兵的工作，先见李人林吧。哪知不一会，李人林和王全国两个人拉着手进来了。李人林边走边笑着说，'我俩是老熟人了，一块谈'。

"李人林跟父亲说，基建工程兵两万人进深圳遇到不少问题，需要协调广东省和国务院有关部委支持，这需要中央做工作。听完李人林的汇报，父亲对王全国说，正好你在这里，广东省这边你能不能解决？王全国一口答应，说没问题，我回广州向省委汇报，这个事我来负责解决。

"李人林在向谷牧作汇报之后，回到北京又向刚从广东回到中央工作的习仲勋作了汇报。正巧刘田夫（时任广东省省长）和梁湘（时任深圳市市长）利用在北京开会的机会去看望习仲勋。谈话间，习仲勋说了基建工程兵去深圳是件好事，你们应该支持这样一段话。习仲勋是广东的老领导，德高望重，此时又是中央书记处书记，有了他的话，梁湘腰杆子自然硬起来，回去后力排众议，一锤定音。谷牧回北京后又作了多方协调。最终部队与地方经过几个月拉锯式讨价还价，双方终于达成移交意向，并共同起草报告呈送中央。"

10月5日，国务院、中央军委下发〔1982〕30号关于调基建工程兵两万人到深圳执行任务的批复。

文件全文如下：

基建工程兵、广东省人民政府：

一九八二年八月十六日请示悉。为加强深圳市建筑施工力量，同意先调基建工程兵第三十一支队（率三〇二、三〇三、三〇四团），二支队十六团、十九团，石化指挥部八〇二团，共一个支队机关、六个团约一万二千人，到深圳市执行施工任务，以后根据基建工程兵撤改进展情况陆续调齐到二万人左右。这些部队，从今年四季度起至一九八三年二季度分期分批调入，在一九八三年底前就地集体转业，改编为深圳市建筑施工企业。每批部队调入时，必须事先征得广东省人民政府同意，为避免港澳产生影响，部队一律不准携带武器，改着便服进入。同意在原基建工程兵一支队深圳指挥所的基础上，组成"基建工程兵冶金指挥部深圳临时指挥所"，执行师级单位权限，对原驻深圳的一支队的部队及十六、十九团实行统一指挥。八〇二团调到深圳后，划归三十一支队建制。三十一支队及基建工程兵冶金指挥部深圳临时指挥所的地区性党政和军事行政工作，请广州军区代管。广东省要抓紧做好部队进入深圳市后的施工任务安排和生产、生活基地的规划、建设工作。基建工程兵要认真搞好部队移防和改编过程中的各项工作。

国务院　中央军委
一九八二年十月五日

2008 年的春天，在深圳吉田公墓的一个角落里，有人发现了一尊雕像。仔细辨认后，被确认为是当年经济特区第二任书记梁湘同志的雕像。谁也不知道这尊雕像的作者是谁？什么时候雕刻出来的？雕像版权属于谁？关键是谁也不知道梁湘雕像在凄苦的风雨之中，到底蹲守了多久？！

三十年如白驹过隙，弹指一挥间，岁月如烟。梁湘书记以及基建工程兵这门"招亲"的故事，也许会伴随着公墓角落这尊雕像被无情的岁月逐渐边缘化，遗弃，甚至彻底遗忘掉。

基建工程兵们不会背叛，更不会遗忘，他们会永远铭记这段历史。特区建设的前世今生留下了他们深深的烙印。没有梁湘，不可能有隐匿在特区的这支基建工程兵部队；没有基建工程兵的"大迁徙"，更不可能有夸父逐日般的这"一夜城"——深圳经济特区神奇般的"崛起"。

深圳市越众投资控股股份有限公司董事长应宪拍了部纪录片《梁湘回家》，梁湘的秘书邹旭东用当年50本日记，经过细心整理，书写了梁湘勇闯特区、锐意改革开放的长篇纪实《血路》。今天，我们在建设中国特色社会主义的道路上奋勇向前，更不能忘记"来时"的路。

习仲勋同志曾高度评价过梁湘同志，十分欣赏当年这个改革"闯将"。他说道，"梁湘敢闯敢杀，不怕死不怕丢官，是个人才"，"深圳发展得这么好，如果没有梁湘的实干，哪里有今天？他们那一代就是个真抓实干的班子，敢闯敢拼"。

智利大诗人聂鲁达写过这样一段诗句："如果我必须生一千次，我宁愿生在这个地方；如果必须死一千次，我也宁愿死在这个地方。"

1986年5月底，梁湘离开深圳，告别的演讲真挚而感人，他说："市长同志，请给我一个深圳户口吧，死后，我的骨灰要安放在梧桐山，我要面向世界，看到中国的未来……"

外来务工：一样的路，一样的鞋

2009 年 12 月 26 日，美国《时代》周刊年度人物榜揭晓，深圳莱依迪光电科技有限公司 4 名中国女工肖红霞、黄冬艳、彭春霞、邱小院作为"中国工人"的代表登上亚军宝座，成为榜单中唯一的群体年度人物，瞬间成为世界关注的焦点。

《时代》周刊刊出的 4 名女工的简介中，肖红霞被排在了第一位，这位来自湖南省邵阳市洞口县 31 岁的女车间一线主管告诉世界："我将来要把家安在深圳！"

《时代》周刊为什么会选择她们？这本有着 98 年创刊历史的世界著名期刊评价道：中国经济顺利实现保 8，在世界经济体中继续保持最快的发展速度，并带领世界走向复苏，这些功劳应该归功于这些千千万万辛勤而坚韧不拔的普通劳工，他们在中国的定义是"外来务工人员"。

《时代》周刊是站在 2008 年全球经济危机的历史大背景下看待中国普通产业工人对全球经济复苏产生的影响的，回顾改革开放 40 年，外来务工人员（简称"劳务工"），才是真正推动特区经济发展的中坚力量，如何看待他们的历史地位？对于这样庞大的一个群体，过去的关注远远不够，数以百万计在深圳这个经济特区留下身影和汗水的劳务工，绝大多数都没有留下来姓名。但今天这座城市不能，未来也永远不能够忘记这个群体曾经真实存在过，还有他们的价值，世界目光都在聚焦，他们实在不应该是一个被遗忘的群体！

无独有偶，2008 年 8 月，一位叫"markm49uk"的英国网民打开刚买回的苹果 iPhone 手机，突然发现手机里有一个中国女孩的亲切照片，这位被称作"中国最美打工妹"的无名女孩也许到现在还一直不知道，网络"传书"，她灿烂的笑容、她的明眸皓齿只用了不到 6 天的时间就劲爆全球，传递到了世界每一个角落，世界各地的网友还专门为她建了英文网站，任何关于"中国最美打工妹"或者说"iPhonegirl"（苹果女孩）的消息都会第一时间出现在这些英文网站上。

　　"中国最美打工妹"消息"出口转内销"，中国网友们也压抑不住好奇心，发动了近年来最厉害的"人肉"搜索，幻想让这位"iPhonegirl"一露"真身"！苹果产品爱好者论坛上，网民"markm49uk"发布的原帖是这样的："我不知道这是否正常，我在英国的家里收到一部崭新的 iPhone 手机，刚把它激活，就看见已经有人设定了图片作为壁纸……"随后，他贴出了 3 张刚刚提到的壁纸照片，画面上是一位脸蛋圆润、笑容可爱的亚洲女孩，她身穿工作服、头戴工作帽——工作服上的粉红色条纹似乎更衬托出她的活泼可爱。

苹果女孩（iPhonegirl 摄，2008 年）

　　后来据中国网友调查，这组照片拍摄于苹果在中国的代工厂深圳富士康，照片上的漂亮小妹是负责质检的打工妹。而据英国媒体也同样证实，苹果 iPhone 和 iPod 主要由位于中国深圳的代工厂商富士康的女工生产，生产流水线上的工人大多为女性。进一步报道指出，富士康深圳龙华工厂拥有20 多万名女工，比英国纽卡斯尔的城市人口还要多……

这位"iPhonegirl"神龙见首不见尾，一直到 12 年后的今天，也没现"真身"，更没有留下来真实的名字，这就是中国的"外来妹"，一个庞大得让世界都吃惊的外来务工人员群体。

他们就是深圳"劳务工"！

外来妹的"天空"

我不想说，我很亲切，

我不想说，我很纯洁，

可是我不能拒绝

心中的感觉。

看看可爱的天，摸摸真实的脸，

你的心情我能理解。

许多的爱，我能拒绝，

许多的梦，可以省略，

可是我不能忘记你的笑脸。

想想长长的路，擦擦脚下的鞋，

不管明天什么季节。

一样的天，一样的脸，

一样的我就在你的面前，

一样的路，一样的鞋，

我不能没有你的世界。

一部热播的电视剧《外来妹》，主题歌唱遍大江南北，唱响神州，"外来妹"一时成为特区经济最鲜明的标记，乃至是广东改革开放一个时代的整体记忆，一刻也不曾被遗忘。

王馨，一个"70后"的苦命女孩，13岁那年，父亲开拖拉机去田里耕种，遭遇车祸离世，母亲带着王馨和两个弟弟苦度时光。1989年，年仅16岁的王馨为了给家里减轻负担，南下广东到一家玩具厂打工。当地人习惯称她们为"捞妹"，意思是"捞钱的打工妹"。

2013年，年满40岁的打工妹王馨当选第十二届全国人民代表大会代表，走进了铺着红地毯的北京人民大会堂。当年为生活压力所迫，从河南新野农村走出来的这位爱唱歌的小女孩怎么也想不到，24年后，她会成为打工妹中第一个全国人大代表。

30年后，王馨再次踏上红地毯，跟自己心仪的歌手杨钰莹，一起唱起这首《我不想说》——《外来妹》主题歌，回首打工岁月，泪流满脸，百感交集。

因《我不想说》这首歌一炮而红的杨钰莹，特区成立40周年之际，她也将迎来49岁生日。和母亲定居深圳20年，杨钰莹有时在深圳书城闲逛，即使口罩遮面也难掩她的那份优雅和知性美。

当年唱这首歌时，南下广东的杨钰莹还是一个未满20岁的青春甜女，当时江西外来务工人员遍布珠江三角洲。岁月催人老，第一批外来妹务工人员早已年过半百，有些都已做奶奶，含饴弄孙了。

全国人大代表王馨与杨钰莹深情合唱《我不想说》（电视截屏）

这首旋律总能勾起她们这批人的怀旧心理，她们之中除了王馨这样的全国人大代表之外，甚至还出了一位中国上市企业榜单女首富——周群飞。

2015年10月19日，《2015胡润女富豪榜》发布，周群飞以500亿元的财富，成为新一届内地"女首富"，2018年10月24日又荣登"改革开放40年百名杰出民营企业家"名录。

1970年，周群飞出生在湖南省湘乡市壶天镇一个偏僻的小山村，20世纪80年代末期，父亲领着全家南下广东谋生。周群飞来到深圳，在深圳大学旁找了份工作，白天在手表玻璃加工厂打工，晚上去读夜校。

这两位外来妹的榜样只用30年时间就完全彻底改变了自己的人生，跟她们一起过来的外来工，也许没有和她们一样的机遇。

一样的路，最后却只能穿不一样的鞋！

中国第一代"外来妹"，比周群飞还早，可追溯到1982年。

这一年，深圳蛇口工业区第一家外资企业香港凯达实业有限公司蛇口玩具厂正式投产，公司需要大量劳动力，便从粤北招募了上千名年轻姑娘。蛇口凯达打工妹群体，后来被公认为是中国第一代外来工——打工妹的"经典样本"，她们中的佼佼者是多年之后获得法学硕士学位的蛇口工业区工会原女工部长郑艳萍。

出生在粤北山区的这群中国第一代打工妹不像后来20世纪90年代初从河南新野农村南下的王馨这批"捞妹"，南下100个人，可以跑回去70个。北方人受不得这种苦，平时家里吃面食，南下米饭总是吃不饱。粤北的女孩子都有一个独特的习惯，每天都必须"冲凉"，结果，小气而狠心的老板在宿舍里不给这些打工妹提供热水，郑艳萍和小姐妹们不得不大冬天里吞下感冒片，一起唱着《国际歌》，用冷水冲凉。同厂的男工友们一大乐子就是听女工们在冲凉房里每天发出的尖叫声，这是当年最艰难的打工岁月。

岁月如犁，将人生刻上一道道深深的痕迹，永远无法抹去。此后，无数内地青年怀揣着梦想和激情，告别家乡，踏上南下的列车，他们的目标就是去特区这块热土上去体验激情燃烧的年华。

外面的世界很精彩，也很无奈

每一个南下深圳的外来工都有一把辛酸泪、一段辛酸史：投奔亲友、城中村居住、暂住证被查、在樟木头被收容……

特别是一线的劳务工一般都有过被漠视、被伤害乃至被遗弃的经历，他们的权益经常受到损害。

作为执业律师，谭泽先曾与这些劳务工有过最近距离的接触，代理过不少这样的外来工劳务纠纷案件。他印象中最深刻、处理最多的案件大致有两大类，一类是欠薪的纠纷，一类是工伤纠纷。

为保护外来工的权益，2000 年，谭泽先在自己的律师事务所发起，并成立了深圳经济特区首家外来工法律事务部。

两个活生生的案例道不尽来深外来务工人员的辛酸苦辣和无奈。

故事一：欠薪纠纷案。

酒楼债台高筑，被欠薪员工申请酒楼破产，这是刚成立的特区首家外来工法律事务部遭遇的外来工劳务纠纷第一案。

坐落在深南大道上海宾馆对面的王朝渔村，位置优越，车水马龙，鼎盛期十分辉煌，王朝渔村酒楼员工曾以能在这间酒楼工作而自豪。但欠薪员工后来告诉谭泽先律师，2000 年 1 月份起，酒楼的实际控制人盲目对外投资，任意挪用酒店营业款，无法交纳酒楼租金，甚至交不起煤气费，最终导致王朝渔村被福田区人民法院查封。4 个月没发工资，137 名员工心急如焚，迫于无奈，决定推选代表委托律师维权。

那天，王朝渔村 20 多名员工代表全部来到律师事务所，将谭泽先律师团团围住，一脸茫然无助的神情，反复询问谭律师能不能追回工资，打官司需要多长时间，有的孩子还等钱交学费，有的母亲还在住院等医药费，怎么办，谭律师只能一一解释，并给予安慰。

经过谭律师的艰苦努力，裁决书出来了。法庭裁决酒楼支付工资及经济补偿金。官司虽然赢了，但什么时候才能够追回工资，却变得遥遥无期。

谭泽先律师和 3 位员工代表深入沟通，了解到酒楼目前的经营情况，以及导致酒楼经营难以为继的原因，主要症结出在酒楼管理混乱，公私不分，酒楼实际控制人将资金挪作他用，投资到了其他项目上去了，大家心知肚明，但又苦于找不到证据，无法起诉实际控制人。思考再三，谭泽先提出了一个大胆的构想：申请王朝酒楼破产还债。这有两个好处：第一，王朝渔村酒楼进入破产程序，就需要公布债权债务，相关资金的来龙去脉，就很容易水落石出；第二，根据《民事诉讼法》第204条规定，破产财产除拨付破产费用外，应优先支付破产企业所欠的职工工资和劳动保险费用。

2000年12月30日，谭泽先律师代表137名王朝渔村的员工起草了企业破产还债申请书，并向深圳市中级人民法院递交了相关法律文书，同时申报了债权189万元。

20年前王朝渔村酒楼破产案轰动一时，《深圳法制报》连续跟踪报道。深圳市中级人民法院破产庭的法官说，每年申请破产的案件真不少，但由员工集体申请企业破产还债的，这可是"年初一吃酒饭——头一遭（糟）"。

果不其然，王朝渔村在政府和法院多重的压力下，指派代表要求协商解决。经过多轮谈判，王朝渔村以实际经营困难为由，同意支付员工50%的工资，137名维权员工认为太少，坚决不答应，又据理力争，渔村酒楼后来同意支付工资的70%，但说资金紧张，工资只能由第三方环庆公司垫付。考虑到涉及员工众多，不少人都已分散全国各地，破产程序走完会长达数年，经过与3名员工代表商议，决定同意酒楼承诺的赔偿方案，双方签订了和解协议。至此，王朝渔村酒楼破产劳务欠款纠纷案在当时的环境下，可以说得到还算圆满的解决。

特区建设初期，因制度的不完善，往往临近年关，外来劳务工欠薪案件居高不下，欠薪纠纷频频"爆雷"，一些不良老板拖欠工资、携款藏匿，员工工资迟迟不能按时发放已是家常便饭，通过法律手段去维权是唯一出路。

深圳经济特区的劳动关系、劳资纠纷近年来已经得到了很大的改善，保护力度越来越大，特区政府层面成立了打击欠薪办公室。外来打工者一般都处于弱势地位，其合法权益一旦受到侵犯，维权成本极其高昂。劳动是有价值的，有付出就应该有回报，所以规范企业行为，营造和谐的劳动关系，督促企业签订劳动合同，购买保险，杜绝欠薪的现象发生，应该成为一个成熟的社会矢志不渝追求的目标。

故事二：韦俊希工伤案。

2000年5月，谭泽先在律师事务所接待了来深打工仔韦俊希，这是一位来自广西贫困山区的苦孩子。韦俊希刚进门，给人的印象就特别深，矮小身材，脸色发黑，四肢黑漆漆的，一看就知道患过严重的疾病。

谭律师询问后，才知道韦俊希一直在深圳沙头角一家来料加工厂，专门从事金属表面喷漆工作。该厂除了提供简单的口罩外，没有其他任何劳动防护措施。韦俊希得了严重肺结核和左胸膜炎等疾病，现在正在住院治疗。

韦俊希要求厂方支付医疗费用及一定的经济补偿，但厂方只同意赔偿几千块钱医药费了事，并想要将他辞退，这无疑是雪上加霜。于是韦俊希想到了法律援助。

对韦俊希个人的不幸遭遇，律师事务所同仁十分同情，对这样的不良厂家大家十分愤慨，一起商议，决定不收一分钱，即使冒再大的风险，也要代理这起工伤维权案。

韦俊希患肺结核与其工作环境恶劣有直接的联系，应当被认定为工伤。谭泽先律师为其申请职业病的鉴定，一方面准备好材料，在深圳市盐田区劳动仲裁委申请仲裁；另一方面，向厂方发出了措辞严厉的律师函，希望厂家认识到问题的严重性，积极配合，通过协商赔偿的方式解决问题。经过多次协商，厂方最终同意赔偿4万港币进行调解结案，韦俊希在拿到了赔偿款后非常激动，非要拿2 000元以示感谢。最终，这起工伤案件得到了妥善解决。

但还有许多外来工甚至付出了沉重的工伤致残的代价，也未获得圆满的解决，类似案件历经一审、二审，长达数年，往往一些基本诉求都最终难以得到支持，石沉大海，不了了之。

1997年1月1日起，深圳市就开始实施《深圳经济特区企业欠薪保障条例》，建立了"欠薪保障基金"。这笔基金由市政府向企业收取。该《条例》明确规定：每年每户企业应缴纳一次欠薪保障费，标准为上年度市政府公布的最低月工资的 70%，在企业成本中列支。在企业生产经营遇到严重困难、破产或濒临破产、资不抵债，无力支付员工工资的情况下，政府用欠薪保障基金垫付员工工资。

在依法应对欠薪突发事件的同时，深圳市还推行劳资关系预警制。在这座城市里的企业，如果拖欠员工工资 2 个月以上，或者 1 个月内累计被员工有效举报 3 次，或者擅自延长工作时间每天超过 3 个小时，就要被挂上红色预警信号。这类企业将被列入"黑名单"，提交工商等部门，企业不能通过工商年审，只有补发了员工工资后，才能继续经营。

2005 年年底，深圳市劳动和社会保障局出人意料地提出了"零欠薪"这一口号，采取了一系列措施，使欠薪问题终于有了新的突破。在保障劳务工能顺利拿到工资的同时，深圳市还加大了对他们的权益保障力度。

2006 年 5 月，深圳市推出了《深圳市劳务工医疗保险暂行办法》。每个劳务工每月只需交 4 元钱，就可以保门诊又保住院；根据具体情况，门诊看病医药费报销比例可达 80%，住院费报销比例达 70%。

可以肯定地说：深圳经济特区欠薪权益保障工作是全国做得最好的。

三个外来工和四个影响性事件

人都是"记忆的动物"，之所以每个人都还记得某一个地方，原因往往是这个地方发生过的事。

回首深圳外来务工人员的心酸史和成长史，三个标志性的人物和四个影响性事件也将永久为后来者所记忆。

首先说三个特区外来劳务工。

安子，本名安丽娇，1984 年，17 岁的安子随表姐从广东梅州来到深圳。安子只有初中文化，第一份工作是流水线上的插件工。当大批打工者下班之后漫无目的在街上闲逛的时候，她却在工作之余拼命补习。为了读书，安子先后换了 7 份工作。凭着"深圳不会拒绝努力追梦的人"的信念，安子

1988 年开始了半工半读的生活，并于 1991 年拿到深圳大学大专毕业证书。同时安子将身边的打工故事写下来向报社投稿，这些作品于 1991 年汇编成《青春驿站——深圳打工妹写真》一书出版。这是当时全国第一部由打工妹写出来的"打工文学"作品，影响了数以百万计的打工者。

"安子旋风"迅速从深圳席卷全国，她几乎在一夜之间成为了特区外来务工人员心目中的偶像，被誉为"深圳最著名的打工妹，都市寻梦人的知音和代言人"。此后安子还成为 4 家公司的女老板，激励了无数的打工仔和打工妹。

丛飞，毕业于沈阳音乐学院，1997 年加入深圳市义工联，担任艺术团团长。丛飞多次在募捐现场放声高歌，还曾多次去市劳教所、戒毒所等进行帮教演出，为误入歧途的人们带去生活的希望，帮助他们迷途知返。丛飞作为一名普通的歌手，也是一名外来深圳打工者，长期致力于社会公益事业，义演 300 多场，将主要收入捐给很多贫困的失学儿童和残疾儿童，义工服务超过 6 000 小时，先后资助贵州、湖南、四川等贫困山区的贫困儿童 183 名，无私捐助失学儿童和残疾人超过 150 人，认养孤儿 37 人，捐助金额超过 300 万元。他先后被授予"中国百名优秀青年志愿者""深圳市爱心市民""深圳市爱心大使"等称号，2005 年，获得共青团中央"中国青年志愿服务金奖"奖章；2005 年 7 月，获得共青团广东省委"广东省杰出青年志愿者"称号；同年，获得"全国十大公益明星"称号；2005 年 11 月 20 日，获得首届"中华慈善大会"中华慈善奖。

2006 年 4 月 20 日，丛飞因胃癌在深圳逝世，年仅 37 岁。

2009 年，丛飞获得由中共中央宣传部等 11 个部委联合组织评选的"100 位新中国成立以来感动中国人物"。

周立太律师，1996 年 5 月 1 日前往深圳办理工伤赔偿案件，先后受理了珠江三角洲 700 余件工伤赔偿案件，还受理了来自全国各类工伤赔偿及劳动争议案件达 2 000 余件。

通过一系列诉讼，周立太律师创造了中国工伤赔偿假肢更换费的先例，并推进了广东及深圳市的立法。曾代理过全国最大工伤赔偿案件——刘涛诉深圳金龙毛绒布织造有限公司工伤赔偿案件，获得 158 万元的赔偿，最大限度地维护了受害者的权益。

2001 年周立太律师办理吴雪等 56 名女工状告深圳市龙岗区坑梓宝洋产业制品厂非法搜身案，使女工们获得了赔偿，引起了国内外的广泛关注。周立太律师多年来所代理的一系列中国弱势群体的案件，在国内外产生了巨大的影响，中央电视台、中央人民广播电台、人民日报、新华社、南方周末、华盛顿邮报、纽约时报、美联社、华新社、路透社、凤凰卫视等国内外 200 余家新闻媒体做过大量报道，并被国内外多家媒体评为 2000 年、2001 年"十大新闻人物"及"十大风云人物"。

再说特区四大影响性事件。

第一件事是 1999 年内参事件。

1999 年，两篇内参先后从深圳特区发往北京，分别题为《深圳屡屡发生工人被打死、累死的恶性事件》《深圳外来工生存状况恶劣，每年有一万只手臂被机器吞噬》。

内参披露了以下数据：1998 年 5 月至年底，深圳先后有 5 名外来工被打死或累死。1998 年，深圳 7 个医院法医室鉴定的工伤为 12 189 例，其中 90% 以上都是断指、断掌和断臂。1998 年，深圳每天有 31 人工伤致残，每 4 天有 1 个人因工伤死亡。内参调查发现，工伤事故多发生在台资、港资等"三来一补"的企业或个体经营的企业，原因包括机器设备陈旧落后，没有或不落实安全防护，强令工人加班加点超负荷工作，工人营养不良，健康状况不好，工人缺少岗前培训，政府监管不力等。

第二件事是"孙志刚事件"。

孙志刚毕业于武汉科技学院，之后在深圳一家公司工作，随后跳槽到广州达奇服装公司任平面设计师。2003 年 3 月 17 日晚上，孙志刚在前往网吧的路上，因缺少暂住证，被警察送至广州市"三无"人员（即无身份证、无暂居证、无用工证明的外来人员）收容遣送中转站收容。次日，孙志刚被收容站送往一家收容人员救治站。在这里，孙志刚受到工作人员以及其他收容人员的野蛮殴打，并于 3 月 20 日莫名其妙在这家救治站宣告死亡。

2003 年 5 月 14 日，3 名法学博士俞江（华中科技大学法学院）、腾彪（中国政法大学法学院）、许志永（北京邮电大学文法学院）向全国人大常委会递交审查《城市流浪乞讨人员收容遣送办法》的建议书，认为收容遣送办法中限制公民人身自由的规定，与中国宪法和有关法律相抵触，应予以撤销。2003年5月23日，几位著名法学家以中国公民的名义，联合上书全国人大常委会，就孙志刚案及收容遣送制度实施状况提请启动特别调查程序。同年6月22日，经国务院第12次常务会议通过的《城市生活无着的流浪乞讨人员救助管理办法》正式公布，并于2003年8月1日起施行。1982年5月12日国务院发布的《城市流浪乞讨人员收容遣送办法》同时废止。

第三件事是《劳动合同法》颁布。

2007年6月29日，《中华人民共和国劳动合同法》由第十届全国人大常委会第二十八次会议审议通过，并由中华人民共和国主席颁布，自2008年1月1日起施行。这是自《劳动法》颁布实施以来，我国劳动和社会保障法制建设中的又一个里程碑，有效维护了劳动者的合法权益。这一年，由这部新法引起的事件不断地在全国各地上演，争议声此起彼伏，尤其企业群体反对声量最大。此番争论的焦点集中在《劳动合同法》对劳动者的保护是否过度，《劳动合同法》是不是企业利润下滑、经济衰退的主要原因之一，签订无固定期限合同对大、中、小企业采取一刀切的做法是否合适等。

在此，我们向一大批为推动中国司法进程做出过努力，甚至付出生命代价的仁人志士们致敬！

第四件事是深圳宝安劳务工博物馆开馆。

深圳宝安劳务工博物馆（唐潮摄，2020年）

2008 年 4 月，深圳石岩街道的深圳宝安劳务工博物馆正式开馆，成为特区劳务工史料与文物标本的收藏展示基地、劳务工历史与劳务工问题的研究基地、劳务工文化与劳务工事迹的宣传教育基地。据悉，这也是全国首家以劳务工历史为题材的专题性博物馆。

深圳特区 40 年，宝安区（以前的宝安县）自始至终一直是外来劳务工的主要聚集地，常住人口几乎占深圳市人口一半。福田区、南山区建区后，工厂迁走，现在这里已是高楼林立，而宝安，一直是遍地工厂的宝安。深圳劳务工博物馆就位于宝安区石岩街道上屋社区，在特区最早一家"三来一补"工厂——上屋怡高电业厂的原厂址上改造而成。

走进博物馆大院，迎面是一座展示外来劳务工风采的大型雕塑《南风》。在雕塑的旁边是一座矮小的两层厂房。在一楼展厅，3 条面貌截然不同的电器装配生产线分别排开。据说，这些生产线都是完全按照当年"上屋怡高电业厂"的原貌复原的。车间外面，还展示了 1988 年前后怡高厂劳务工们的餐厅、电视娱乐厅。

信步走上二楼，劳务工幽暗窄小却充满生活情趣的宿舍，原汁原味地展现在眼前。一件件凝聚着丰富历史信息的藏品，让劳务工们当年火热的打工生活历历在目。站在这些藏品前，你感觉自己仿佛回到了那个激情四溢的年代。

40 年的风风雨雨，深圳经济特区今天的美好生活，是在曾经的岁月匆匆而行的劳务工为之流过血汗获得的，同样，这座城市也归属于在这座移民的城市曾洒下过青春和热血的外来人员。来了就是深圳人，他们曾属于深圳，大部分未来还将属于这座伟大的城市。

有章可循的劳务工派遣制度

深圳经济特区是中国最早引入外来劳务派遣用工制度的城市之一。

"深圳最早做劳务派遣业务的，是深圳市对外劳动服务有限公司，这家公司 1985 年成立，最早做的业务主要是为外企常驻深圳代表机构提供中方雇员管理服务。" 中国劳动学会劳务经济与境内劳务派遣专委会理事、深圳市人才交流服务中心有限公司李忠友介绍道。

1998 年，深圳市劳动局局长前往深圳赛格三星调研，赛格三星提出了劳务派遣的用工需求。赛格三星是中韩合资企业，韩国早就执行劳务派遣这种用工模式，这家合资企业提出："特区是否也能提供这种派遣工？"

1998 年 5 月，深圳鹏劳人力资源管理有限公司成立，开展劳务派遣业务。1998 年 7 月，第一批 28 名劳务工被派遣到赛格三星，主要从事电子产品包装等工作，这标志着深圳市劳务派遣市场化运行逐步撩开了神秘的面纱。

劳务派遣制度最早源于 20 世纪 20 年代的美国，也就是第一次世界大战之后。到 20 世纪 80 年代，随着全球化经济的发展，西方发达国家出现了劳动关系多样化和非典型化的发展趋势，劳务派遣、临时工等新兴工作形态逐渐兴起。在这种背景下，应各国提高劳动者就业弹性的要求，第 85 届国际劳工大会通过了《1997 年私营就业机构公约》，首次承认劳务派遣机构的合法地位，以及必要性。

2008 年《劳动合同法》实施以来，劳务派遣迅速发展，劳务派遣制度成主流用工方式，不仅企业，就连医院、学校、机关事业单位都普遍使用劳务派遣工。连医生都能派遣，百万劳务派遣工挤爆深圳经济特区。

虽然劳务派遣制度是一种国际惯例，但深圳在实际执行过程中也遇到了一些瓶颈和矛盾。

政府行政部门示范，企事业单位跟风。2008 年《劳动合同法》实施后，深圳市政府办公厅下发《关于规范机关事业单位用人管理的若干意见》，提出以事定费改革，探索购买服务、劳务派遣等多种用人形式。随即劳务派遣在深圳市、区机关事业单位中大规模地应用。龙岗区在深圳市率先推广大规模派遣人才进驻机关的政府部门，2009 年 7 月 2 日，第一批 8 名派遣工被安排进入龙岗区编办、交警大队、消防大队等单位工作。

2010 年，为适应机关事业单位人事制度改革，福田区政府"试水"行政事业单位临聘岗位管理新模式，通过招标方式引进深圳市深劳人力资源开发有限公司等 6 家劳务派遣机构，对分布在各区局、街道和社区工作站，担负着文化、安全、计生等基层服务工作的 5 000 名协管员进行劳务派遣管理。这些协管员有的一直干了 8 年以上。

鉴于"深圳市政府已明确将人才派遣作为今后机关事业单位临聘人员的一种重要用工形式"，龙岗区人事局还特地成立了人才派遣机构，将全区临聘人员派遣管理纳入统一规范体系，深圳龙岗区人事局预估，机关事业单位临聘人员有近 3 万人。无论是体力还是脑力劳动者，在先行先试的深圳经济特区，劳务派遣模式可谓是一网打尽。

劳务派遣制度在泛滥中也乱象丛生：同工不同酬、异地购买社保规避风险、节省成本、劳务纠纷不断，维权艰难……

一些民间劳动公益组织大声疾呼取消劳务派遣制度，避免让派遣工遭受派遣单位和用人单位的双重剥削。深圳经济特区劳务派遣制度立法确认还不到 5 年时间，就陷入了存废之争。

2020 年 3 月 17 日，因为世界各地新冠肺炎疫情的影响，全球奢侈品古驰（Gucci）在意大利托斯卡纳和马尔凯地区的工厂宣布关闭。随即，古驰在意大利的所有工厂也陷于一关了之的命运。

古驰是意大利品牌，1921 年由古驰奥·古驰在意大利佛罗伦萨创办，产品包括时装、皮具、皮鞋、手表、领带、香水及宠物用品等。古驰品牌一向以高档、豪华、性感而闻名于世，以"身份与财富之象征"的品牌形象成为上流社会的消费宠儿，被商界人士垂青，时尚又不失高雅。

9 年前，古驰在深圳因涉及加班黑幕及虐待员工，最后使用劳务派遣来做"挡箭牌"的陈年旧事因此也浮出水面。

深圳市罗湖区人力资源局劳动监察中队队长王丽君说："这是一起前所未有的案件。"如果所有的劳资纠纷案件都和这家"古驰案"一样办的话，"办案人员增加 10 倍都还不够"。

古驰深圳品牌店建立了一套复杂的劳动用工制度。古驰深圳店铺员工虽然归属古驰中国区上海总部管理，但与这些古驰员工签订工作合同的，却又是深圳市南山区一家"南油外服人力资源有限公司"，他们全部签署的都是劳务派遣合同。

签约后，这些员工先是被"派遣"到古驰上海总部，然后再"派遣"回深圳。当深圳监察方需要就发生在深圳的劳资纠纷进行调查取证时，所有的调查就变成了需要前往上海异地调查，不仅耗人费时费力，而且在调查取证时遇到了前所未有的阻力。

投诉的古驰员工指责古驰管理方做法违反相关劳动法律法规，引发社会广泛关注。随着深圳市劳动部门深度介入事件调查，后续新华社、中央电视台等全国主流媒体追踪调查报道，2011年10月11日晚间，古驰上海中国总部公开发表声明称：已撤换相关管理人员及店铺主管，古驰深圳门店继续进行整顿。

永远的蓝天，湛蓝的星空

岁月如一条小船从深圳河划过，河水清了又浑，浑了又清……

改革开放40年，因为有千千万万外来劳务工的奉献，深圳经济特区发展成为举世瞩目的一座新城，未来发展不可限量，大湾区建设如火如荼，高素质的劳务工早已"升级换代"。

据统计：深圳常住和流动人口已达2 500多万，户籍人口仅495万，剩余的2 000万人口绝大多数是外来务工和流动人口。这么庞大的一个群体，这些人的悲欢离合、喜怒哀乐的人生故事，每天都在上演，他们在想什么？做什么？他们的未来将会怎样？用什么来宽慰他们？他们来到深圳，短则一两年，长则一二十年，甚至整个青春岁月都奉献给了特区的发展和建设。

未来30年深圳建设中国特色社会主义先行示范区，这座城市有义务有责任去善待他们，建立欠薪、工伤赔付保障机制，这是最基本的底线。

特区应该去关注他们，让他们的孩子接受平等的教育，让他们老有所养，让他们感受到深圳的温暖和温情，分享深圳特区建设和发展的成果；还应关注他们在文化上的需求，可以在工业区附近建设更多文化体育设施让他们去体验，可以拍一些跟他们生活息息相关的电影和电视剧，让他们也能刷下存在感，可以作为建设中国特色社会主义示范区的建设者而倍感自豪；可以在这个城市一些最重要的公共场所建几座永久性的雕塑纪念他们，可以让深圳宝安劳务工博物馆的展品更全面、更丰富一些，不仅反映他们的工作和生活，不仅展示他们的成就，也要展示他们无助和辛酸的一面。这座城市应该更宽容地去对待民间公益组织。民间公益组织符合时代的潮流，这个组织可以更贴近外来工，协助去解决政府解决不了或者不便去做的事情。政府的工会工作可以做得更好、更细致些，应该推动民营企业工会组织的成立，让它们有自己的组织，发出自己的声音，保障自己的权益。还应该在人大、政协适当安排席位，让外来劳务工一起参与特区政治生活中来，一起来推动深圳的发展和建设。

希望未来天空更蓝，鸟更欢快，和谐发展，树立典范，让世界充满更多的温情和温暖，让深圳成为建设中国特色社会主义先行示范区的典范。

用著名诗人艾青的《我爱这土地》结束本节：

"为什么我的眼里常含泪水？因为我对这土地爱得深沉……"

《我们的家园真美丽》（马树华摄）
2005 年 6 月站在笔架山顶拍摄的深圳市罗湖区景色，该照片荣获 2006 年首届"南粤建设竞风采"摄影大赛二等奖

华强"名片"

————

40 年，特区"人到中年"，这个时间段在人类历史的长河中，也就是流星划过的一瞬间，但对那些亲历过华强岁月的人来说，40 年，14 600 个昼夜晨昏，却是十分漫长，许多陈年的过往已随风散去……

罗湖深圳镇开埠早，坊间曾流传的一段话是这样说的：深圳最毒的地方——蛇口；深圳最狠的地方——沙头角；深圳最咸的地方——盐田；深圳当官的最不能住的地方——上埗区，下埗庙。

上埗区，下埗庙，后来带"埗"的地名都换掉了，"上埗"由"上步"替换，新移民已不知道有"上埗"之名。福田区政府成立后，就直接替代了上埗管理区的职能，华强北迎来了大发展的机遇，20 世纪 90 年代至 2008 年，是华强的黄金 20 年，是特区人梦想成真的岁月。

到过上埗区的人都知道，当年这里是农村，比内地还内地，比农村还农村，田埂上四处摆放着装先人遗骨的瓦罐，是"拓荒牛"改变了这里的面貌。

新移民心里一直会有一个质疑：这么大面积的电子工业区，为什么当年会规划在中心区呢？怪就怪深圳经济特区建设速度太快，特区中心城区当年就只指蔡屋围以东的罗湖一带，上埗工业区当年属远郊。深圳经济特区成立 10 周年之际，深圳还只有罗湖区巴掌那么大一块地方，当年的罗湖区就等于当时的深圳经济特区，因为周围到处都是未开垦的荒凉河谷或山地。

华强北的发展，用 20 年作为一个周期来划分，2000 年为一个界线，分为上半场和下半场；也可以用 1 个 10 年，2 个 15 年来划分为三个时期。两种分法，1990 年都是一个最重要、最关键的时间窗口。

最早一批"拓荒牛"踏上这片土地的时间是1979年，这是华强北的上半场。

央企八大金刚奔赴南疆

1979年3月15日，广东省华侨农场管理局与香港港华电子企业公司在北京签约，组建由归国华侨人员组成的光明华侨电子厂，12月25日经国务院外国投资委员会批准，光明华侨电子厂更名为"广东省光明华侨电子工业公司"，这是康佳集团股份有限公司的前身。康佳集团是深圳特区首家、也是国内第一家中外合资的电子工业企业，以生产彩电出名。

中国航空技术进出口总公司深圳办事处（下文简称"中航技"）是第一家到深圳特区投资办厂的国内电子企业，组建于1979年11月，直属第三机械工业部（后更名为"航空工业部"，即"航空工业总公司"）。这家国防工办企业进入时间早，获得了行政划拨的华强北路西面至华富路所有地块10万多平方米搞开发建设，先后建起了南航电子厂、航空精密模具厂、深圳航空铝型材厂。另一家享受同等待遇的企业是华强集团（下文简称"华强"）。

12月底，王震率国防工业办公室主任洪学智及国防工办系统的航空工业部、七机部、八机部、电子工业部、兵器工业部等20多位部级领导到深圳实地考察，希望在特区开辟一块新的战场，既能加快国防工业发展，同时利用国防工业技术优势，支援特区经济建设。考察结束后，"央企八大金刚"纷纷南下，拉开了抢滩特区建设的大序幕。

上埗工业区首先规划了南北930米、东西1 560米、总面积1.45平方公里的面积，建设厂房40栋。选择电子工业，当时考虑的就是这个产业不占地、无严重环境污染的特点，更看中了台湾、香港蓬勃发展的电子工业，可迅速抢占国际分工协作的机会。深圳经济特区一成立，国家有关部委就将电子产业确定为特区优先发展的战略新兴产业，上埗工业区就有了"三来一补"这么一个定位，大力发展以生产电子、通信、电器为主打方向的工业。华强之名的由来，跟早期进入的一家大企业有关，这家企业就是今天的华强集团。"华强"寓意"中华民族富裕强大"。

华强集团的前身叫"深圳华强电子工业公司"，早期是粤北韶关市连县、连南和连山的三家军工厂的总称，三家军工厂分别叫红权厂、东方红厂和先锋机械厂，番号为 8500 厂、8532 厂、8571 厂。

中华人民共和国成立初期，考虑到国防安全，如果将核心军事单位布局沿海，怕遭美帝国主义先进武器打击和摧毁。中共中央和国务院决定将沿海许多技术先进的工厂，尤其是军工厂迁往内地，俗称"大三线"地区。"大三线"包括西南、西北和中原的广大地区，与"大三线"概念对应，广东粤北地区被称作"小三线"地区，同样迁入了一些军工厂，韶关这三家工厂就属于后面这种情况。

1979 年，中央和国务院鼓励"军改民"，动员三线军工企业过剩的产能，自己走出大山去开拓市场，寻找出路。

既然"军改民"，军工企业可以生产民用产品，军事保密不再是问题，军工厂思忖着怎么从偏远的大山深处走出来。随着改革开放，南方传来深圳经济特区成立的消息，瞌睡碰到枕头，企业和特区政府一拍即合。

红权厂厂长叫殷登辰，十一届三中全会召开这一年他 37 岁。殷登辰当年压力山大，每天都要为工厂的生计发愁。红权厂地处偏远而交通不便的山区，产品生产成本大，为解决这个问题，国家有关部门曾规定军工厂生产产品，销售单价可以略高于市场 40%。在计划经济时代，国家用行政指令一刀切的办法解决了低价问题。但到了改革开放时期，这种做法行不通了。军工厂享受的税收特殊政策被逐步取消，生计问题影响到全厂职工的饭碗，军费大幅压缩，军方订单减少，经常面临停工停产，有时工人工资也毫无着落。举步维艰之时，作为厂长的殷登辰寝食难安，一夜愁白少年头。

考虑到三家军工企业的这种实际困境，代管的主管单位广东省电子工业局很早就有将这三家企业迁往广州市或韶关市中心城区的计划。

1979 年，广东省电子工业局特意组织三家企业前往深圳经济特区考察，带队领导介绍说，深圳兴办经济特区，会实行很多特别优惠的招商政策和税收政策。特区毗邻香港，接近国际市场，几个厂的领导是否有意呢？

军工厂不是军队，但也是准军事组织，按照军队条例管理，组织原则是服从命令听指挥。既然省局有这层意思，就没有什么好说的。那时流行的一句话是："愿做革命一块砖，东西南北由党搬。"殷登辰厂长回去跟其他两个厂长一合计，都同意南迁，广东省会广州和韶关的原计划就这样被深圳经济特区半路拦截。

军工厂军人作风，雷厉风行，回去不久，三家工厂各自抽调了"精兵强将"组成了一支先头部队，奔赴深圳。深圳经济特区是土财主，特别大方，大笔一挥，15万平方米荒地尽归"华强"，华强集团跟"中航技"平分秋色，瓜分了今天华强北最大最好的一块地盘，这里成为创造深圳奇迹的一方沃土。

经营就是一场马拉松

1984年，东京国际马拉松邀请赛上，一位名不见经传的日本选手一举夺得了十分耀眼的大赛冠军，记者当即询问他取得如此佳绩的秘诀，他告诉记者："靠智慧！"

当时记者还没完全回过神来。

马拉松赛是体力和耐力的比拼，跟智慧怎么扯得上关系，他认为是山田本一故弄玄虚。

两年后，国际马拉松邀请赛在意大利米兰市举办，山田本一又一次获得大赛冠军。有记者继续追问他，他还是那句老话："靠智慧！我是靠智慧才最终战胜对手的。"

10年后，山田本一在他的一本自传体书籍中终于揭开了这个秘密。

"每次比赛之前，我都要乘车把比赛的线路仔细地看一遍，把沿途比较醒目的标志画下来。比如第一个标志是一家银行，第二个标志是一棵大树，第三个标志是一座红房子，等等，一直画到赛程的终点。

"比赛开始后，我以百米冲刺的速度冲向第一个目标；到达后，我又以同样的速度冲向第二个目标……40多公里的赛程，被一个个的具体目标分解成一段段的赛程，这样跑起来就轻松多了。在不知道这个窍门之前，我跑步时老想着40多公里外终点线上的那面旗帜，感到赛程是如此的漫长，结果跑不到十几公里我就疲惫不堪了，是被前面遥远的路程吓倒的……"

山田本一的这段话，不光用在马拉松长跑中有效，对每一个人、每一家企业的经营也特别有启发：咬定青山不放松，有规律地掌握前进中的目标，才能获取最后的成功。

华强集团40年事业蒸蒸日上，有人不解：为什么这家最早进入深圳的，一个当时濒临倒闭破产的三线军工企业，能基业长青、稳健发展、欣欣向荣呢？应该说集团的接班人脚踏实地，不急不躁，知彼知己，抓住了变幻莫测的市场每一个瞬息万变的机会，掌握、用好了每一次企业转型升级的机遇，在企业经营管理的马拉松长跑中，活学活用了日本长跑健将山田本一的长跑经验。

步"华强"后尘，军队所属的洪岭电器加工厂、750厂下辖深圳电子装配厂——深圳爱华电子有限公司、中国电子技术进出口公司深圳分部——深圳中电投资股份有限公司纷纷南迁深圳，到特区来的军工企业，转产市场急需的收音机、电视机等家电产品，迅速满血复活，成为特区电子工业的支柱。

1983年9月15日是一个特别的日子，深圳特区上埗管理区在这一天挂牌成立，已投入特区经济建设的两万基建工程兵"军转民"，也在这一天转换身份，全体成为深圳最早、规模最大的一批新市民。

先有上埗工业区，后有上埗管理区，再有华强北。边开发、边建设贯穿了40年经济特区建设始终。特区第一高楼——深圳电子大厦（1981年1月开建，1982年8月竣工，楼高20层，69.9米高），还有"深圳速度"的标志性建筑"国贸大厦"，都是这些"开荒牛"——转业复员军人的功劳，基建工程兵队伍为特区发展打下了最靓丽的底色。

回首往事，华强电子工业的迅速崛起，有有形的规划之"手"，也有无形的市场之"手"，这些都起到了关键性的作用。电子产业集群迅速聚集，在这片蛮荒之地风起云涌。

特区建立之初就将大力发展电子信息产业视为己任，各项优惠的政策导向，都将吸引大批以港资为主的外资作为突破口，这些政策也利于吸引内地电子企业前来特区建功立业。

外资，包括港资企业，都先后参与了深圳特区电子产业的发展。根据深圳市革命委员会（深革发〔1980〕23 号）文件的精神，第一家深港合资工厂——新华电子厂破茧而出，由深圳市工业局出地，香港新友贸易公司出资金和设备，新华电子厂的名优产品"新华牌"收录机是一个时代的记忆和符号。

赛格诞生

电子产业紧跟国家发展战略部署，相关部委当年那些做规划、做产业蓝图布局的人纷纷"孔雀东南飞"，南下深圳，理论联系实际，将蓝图变为现实。集结号吹响，"精兵强将"在一个小小的渔村集结、扎堆，希望整出一些大动作来。

深圳电子产业的"铺路石"、赛格集团创始人马福元就是第一个敢吃螃蟹的领头人，从国家部委直接空降到特区的"南飞雁"。

1984 年 12 月 24 日，国家电子工业部特区工作会议在深圳召开，国家电子工业部部长江泽民主持了这次会议，亲自为特区未来产业发展"把脉"，并明确特区在国家电子信息产业发展蓝图中的定位，这就是：既要支持深圳电子工业建设实现发展规划目标，又要为发展内地电子工业服务；深圳电子工业的未来要引进新技术，开拓国际市场，设立服务窗口；最后通过一项决议，明确国家电子工业部要在深圳经济特区设立办事处，决定马福元以电子工业部在任党组成员、电子工业部深圳办事处主任的身份，前往特区任职，协助解决成立不久的经济特区在电子信息产业发展过程中所存在的一些深层次问题，协调解决好国家和地方的关系。

已过不惑之年的马福元不负众望，怀揣国家电子工业部党组信函，携带一些简单的行李，轻装上阵，飞赴深圳。

新官上任三把火。马福元南下深圳"第一招"就迅速解决了特区电子产业的散、乱、差的问题，将上埗工业区过去已存在的 100 多家小规模企业纵横联合，组建了一个联合舰队——深圳电子集团公司，在特区完成注册登记，2003 年完成"债转股"，最终发展成为中国 500 强企业、中国制造业 500 强企业。这都是后话。

深圳电子集团公司成立初始，顺风顺水，京派干部马福元懂规划、懂技术，正逢年富力强，浑身都有使不完的劲。但在发展过程中也遇到过一些瓶颈，出现过十分棘手的问题。当时上埗工业区内电子企业都不在电子工业部国家计划之内，内资及外资企业都急需装配收音机、电子表的电子元器件，这些元器件必须要向国家计委申报，还有些高精密集成仪器必须到国外订货，这一系列"麻烦事"阻碍了刚起步的特区电子产业的发展，逼得马福元开动脑筋，要花精力去解决这些"拦路虎"。

马福元最初打算成立一家电子元器件的配套公司，但元器件配套终归还是一个公司，进口元器件还得层层上报，这还是费力不讨好的事。有一次，马福元从日本考察回来，脑洞大开，灵光一现，突发奇思：为啥我们不仿照东京秋叶原电器市场的方式，在上埗工业区也搞个深圳"秋叶原"——赛格电子元器件集散市场呢？这既可用来吸引国内外元器件厂商入驻，又方便厂商直接到市场来洽谈合作拿货，这不是两全其美吗？

有了这种想法，真要迈出这坚实的一步，还是难上加难。在计划经济体制下，这都是要"冒天下之大不韪"的，弄得不好就会丢官罢职，因为当时如果这样做的话，会跟国家现行政策背道而驰，会跟计划经济体制产生抵触，甚至产生严重的冲突。

但历史上所有有突破的地方，哪一次不是从禁锢最深最严的地方开始的呢？马福元既然毅然南下深圳，就早已揣摩准了意识形态的发展方向，特事特办，突破条条框框，摸着石子过河，冒险一跃，才能绝处逢生。

深圳"秋叶原"最后开办成功，为深圳经济特区电子事业跨越式发展和转型彻底撕开了一个口子，为市场经济在特区的孕育做出了一次有益更是最成功的尝试，马福元本人因首开风气之先，特事特办，而成为深圳经济特区电子产业的开山鼻祖和勇于改革开拓的标杆。

1988年1月，马福元创办的深圳电子集团公司正式更名为赛格电子集团。马福元对"赛格"寓意的阐述是："深圳电子集团，生在中国，长在深圳，更名赛格，就是要赛出国格，我是中国人，我有国格。其次赛人格，赛风格，无论今后走到哪里，赛格人就是要用'国格、人格、风格'严格要求自己。"

1988年3月28日，在华强北路赛格工业区厂房一楼，万商瞩目的中国第一家电子专业市场——赛格电子配套市场在这里诞生，成功填补了中国电子配套市场从无到有的空白，成为深圳经济特区锐意改革、敢于先行先试的典型。

深圳赛格电子市场设元器件交易市场和配套市场两个部分，内部增设保税仓、普通仓、洽谈室、会议室和由170个铝合金玻璃柜组成的展厅，经营面积达800平方米。开市首日，160家内地厂商和10多家香港厂商将铺位"一抢而空"。这个看似很不起眼的电子市场，无意之间扮演了国家计划经济向市场经济彻底转型过程中中国第一个电子工业产业链市场化服务平台的角色。内地和香港厂商闻风而动，华强电子商贸从此在这个厂房林立的上埗工业区、未来的华强北落地生根。开市大吉，深圳市场经济疆域从此在华强北开始了现代化的漫漫征程。

赛格集团后来的接班人是王殿甫，有意思并十分巧合的是，赛格集团前后两任掌舵人曾都先后是国家电子工业部办公厅主任的成功转型，机关干部成为遨游市场经济商业海洋的"急先锋"，当年有一个十分时髦的词汇，叫"下海"。深圳经济特区临近祖国的南海，北京的后海不够大，而跃马南疆，这里确实有一片蔚蓝色的海洋，海阔凭鱼跃，天高任鸟飞。

王殿甫上任伊始，就把赛格集团员工统统都叫过去开大会，第一件事情就是"搬家"，将赛格工业大厦办公楼从2楼至7楼的办公室全部搬空，将只有800平方米的赛格电子配套市场直接"升"级到8 000平方米面积，扩大了10倍，主管工业的深圳市副市长李德成见了，喜不自禁，大会小会上表扬："赛格集团王殿甫断臂求生，拓展市场一套一套的。"

市场胃口初开，欲壑难填，膨胀起来的市场需求让这些国家部委的规划者、蓝图设计者，时下又是市场建设掌舵人"大跌眼镜"，配套的电子市场增大了 10 倍，却还无法满足市场需求，满足不了日益膨胀的"狮子大口"，一铺难求极为普遍，每天早上到王殿甫办公室门口排队敲门"攀关系"、想走后门的人络绎不绝，为租个紧俏的市场档口，踏破铁鞋都无觅处。

既然 10 倍不够，那就扩大 100 倍！

"华强北的下半场，从 2000 年开始，从元器件到电脑，再到手机生产，华强北形成了完整的全产业链，是生产资料集中、生产要素集中的综合性电子市场。"时任深圳电子商会秘书长的程一木说。

全产业链，是将华强北与北京中关村、上海徐家汇、南京珠江路和成都科技街等全国各地的电子科技一条街区分开来的最显著的标志。一方面，华强北市场不再是孤立的市场，它周边一小时的商圈内，有全中国最大的电子制造业基地。无论是深圳周边的东莞还是惠州，都有着每年上万亿的电子产业生产规模，这个制造基地提供了巨大的市场需求和供销渠道。另一方面，华强北满足了中小型制造企业的采购需求，它们的产品也需要从这里走出去。换言之，进货要从这里进，出货也要从这里出，一个亚洲最大的电子产业链在这里形成、壮大。

在没有电商的时代，华强北依托深圳经济特区，成为中国电子零售商的"拿货"圣地，当年流传一条十分经典的语录："华强北感冒了，全国电子市场都要打个喷嚏。"

华强北"地王"

车水马龙、异常火爆的深圳华强电子市场，让赛格集团的继任者王殿甫信心满怀。上任不到三年，王殿甫做出了一个更加大胆的决定：推平老赛格工业大楼，在原址上重建一栋能跟亚洲第一高楼——地王大厦媲美的赛格广场，使之成为深圳，乃至亚洲第一高楼，宛如宝剑般插立在华强北。

2000 年之后，深圳赛格广场矗立在深南中路与华强路人流如织的交会处，成为华强商圈天际线上最靓丽的一道风景，20 年来再也没有人打破这一标杆的高度纪录。用 2000 年来界定华强历史的上、下半场，深圳赛格广场的"横空出世"无疑是一个最为显著的标志，这是赛格集团继任者王殿甫为深圳这座电子信息产业城市、这座商圈树立起来的一座精神丰碑。

"推倒重来"，在只有 9 600 平方米的赛格工业大楼原址上兴建赛格广场，这种"神来之笔"却无意中给老对手"华强集团"留了"后门"，拱让了一个天赐良机，一个发展、壮大的绝佳机会。

赛格忙着拆楼，街正对面的华强集团三洋的几家工厂恰巧搬空，空出来的厂房，顺理成章就被改造成了五光十色的华强电子世界。

华强北电子产业高速增长，产业规模急速扩张，在赛格电子配套市场"马福元－王殿甫时代"规模化扩张效应示范下，深圳电子专业市场这一新型商业业态开始沿着华强北路、深南中路攻城拔寨，遍地开花。华强北的生存模式简单粗暴，谁能抢到好位置，谁能抢到档口，谁就能坐地赚钱分钱。商业档口价格最高被爆炒至 30 万元 / 平方米，楼上一张商铺申请登记表下楼便可倒卖到 5 万元，不起眼的玻璃档口背后，是无数个身价不菲的千万、亿万富翁。

这些敢为人先的特区人用敏锐的商业嗅觉和拼搏奋斗精神，同样创造出了电子信息产业领域最为瞩目的"深圳速度"，让华强北以日新月异的速度交替更换，成就了"中国电子第一街"的美名。

华强商圈走出来 50 多个亿万富翁和数不清的千万富翁，其中有神舟电脑创始人吴海军、TP-LINK 路由器创始人赵建军、华强北在线的王老豹。在华强北这小小的不足 1.45 平方公里的土地上还孕育出了腾讯、神舟电脑、同洲电子、金证、洪恩软件等一大批国内响当当的知名企业，深圳大学毕业的马化腾原来也是从华强北群星广场楼下开始起步的，他跟华强集团如今的当家人梁光伟是校友，前后脚的师兄弟。

军工基因决定了华强进入深圳后，参与特区建设的上半场，会以实业立市。创业之初，华强集团跟日本三洋集团真诚合作，先后成立了 6 家合资企业。

起初日本三洋对华强集团这个土老帽"不屑一顾"，但这家军工企业在特区和银行的大力支持下，在特区大干快上的精神力量感召下，超常规地在上埗工业区的荒土地上，一溜排开，"种"下了十几栋标准厂房，才俘获了这家鼎鼎大名世界级企业的"芳心"。

1984年7月，华强集团和日本三洋顺利成立了华强三洋电子有限公司；1993年4月，华强三洋激光电子有限公司成立，以激光头及其系列应用产品生产为主，激光头产量在全球市场占有率一度突破25%，生产量达1亿只以上，成为当时世界上最大的激光头生产基地；1995年6月，三洋华强能源有限公司成立，以电池、电池应用产品和电池充电器生产经营为主；1995年9月，华强三洋技术设计有限公司成立，以引进先进设计技术，进行AV商品等工业产品设计业务为主业；1996年3月，广东华强三洋集团有限公司成立，统管三洋集团在广东珠江三角洲的合资企业；1996年9月，东莞华强三洋马达有限公司成立，以生产录音机机芯、录像机机芯、BP机微型马达为主。这些中日合资企业让华强集团"土枪换炮"，从游击队正式发展并成长为特区本土培养出来的王牌正规军，并顺利跨入世界500强企业的最强方阵。

实业是市场的酵母，市场是实业的催化剂。在整个发展过程中，华强这家前军工企业并非没有感到过困惑和彷徨。随着市场竞争白热化，以实业立本、持续和日本三洋集团保持合作的华强集团，再一次遇到了事业发展的瓶颈和天花板，华强产业链一直处于电子产业的末端环节，利润大头归合资一方的三洋所有，华强集团自身赚取的只是劳动密集型生产成本外的一点薄利。

90年代中期，深圳市政府力主调整产业结构，腾笼换鸟，大力倡导发展高科技，华强也迎来了自身产业结构调整的"春天"。上文提及，赛格集团正在"拆庙"之际，华强集团主动收缩跟三洋集团实业合作的战线，将原三洋合资工业厂房全部腾空，连成一片，打造出了一个经营面积10万多平方米，专营电子、安防、电脑、通信、数码、LED等产品、年交易额达400亿的亚洲最大的电子元器件专业交易市场——华强电子世界，华强电子世界可是华强当年电子交易市场的"超级航母"，纪录一直保持到赛格广场"横空出世"之前。

华强集团要十分感恩，庆幸自己跟中航技一道第一批进入深圳，在特区尚未成立之前提前布局。华强集团和中航技两家国企在上埗工业区都拿到了15万平方米以上的工业用地，如今可是寸土寸金。凭借这一土地资源和空出来的闲置厂房这两大稀缺型资源优势，华强集团新一轮产业升级，彻底将"山大王"的历史改写，从劳动密集型产业抽身而出，在后来的集团业务板块上布局电子元器件市场和农业种植，从而有了跟赛格集团再次瓜分华强北市场份额的短兵相接、互争机会、共赢共享的机会。

华强集团也得提及几个代表性人物，他们是殷登辰、梁光伟和程一木，华强集团的第一代领导人殷登辰完成了迁"都"之举，成立深圳华强电子工业公司，华强电子工业公司后来更名为"深圳华强电子工业总公司"，1995年4月，升格为"深圳华强集团有限公司"，始有"华强集团"。

有一个版本说：正因为有了从韶关迁出的这家军工厂落户华强，才有了深圳华强电子工业公司，上埗工业区才有了一条叫华强的路，而有了这条路，才有了今天的华强北，才有了中国电子信息产业的样本和标杆。如果当年没有这家军工企业的入驻，当然还会有这个商圈，但就不一定就叫"华强"，就像没有最初的深圳镇，怎么会有一个叫"深圳"的城市呢？今天和昨天不可割裂，都有一段或紧或松、或近或远的历史渊源和故事。

华强产业帝国

伟大的事业都是人创造出来的，当年他们都是十分平凡的人，做着十分平凡的事情。梁光伟就是平凡岗位上最普通的一兵，来自一支被裁撤的基建工程兵部队，见证了深圳的不易，也见证了特区脚踏实地一步步崛起、从而成就了深圳伟大的产业帝国。

华强集团董事会主席梁光伟初到特区时，才是18岁的娃娃兵，隶属基建工程兵第1支队第1团。跟任正非人生经历相似之处是：两人都在辽宁白山黑水的地方战斗过，梁光伟在鞍山，任正非在辽阳，两地相距不到百里。梁光伟小任正非 20 岁，作为一个新兵蛋子，他却比任正非先南下深圳。1981 年 3 月，梁光伟坐着密不透风的闷罐车长途跋涉四五天才到深圳，直到他这批娃娃兵把深圳市委大楼的基建干完，副团文职干部任正非才绕了一个大弯，曲线复员到了特区。

梁光伟初来乍到，做过木工活，深圳市委大院 1 楼到 6 楼所有的门窗都是他和战友们并肩作战的"杰作"。当年单身的他，闲暇之余精力过剩，便头悬梁，锥刺股，凿壁偷光，自学完了数理化课程。三年当兵、两年特区建设后，1985 年梁光伟顺利考上深圳大学，跟同在电子技术与计算机系的马化腾成了师兄弟，但马化腾比他晚入学 4 年，他们是否曾在校园里碰过面不得而知，但他还是跟马化腾、史玉柱一样，成为深圳大学一张耀眼的名片。

从普通一兵，到大学生，再回到军工企业从头开始，这需要一定的勇气和远识！

梁光伟大致在华强电子发展的第一阶段的末尾，也就是 1990 年，重新回到福田这块激情燃烧、外来工满街的上埗工业区，被分配进华强三洋注塑涂装厂车间，这种基层一线的工作经验让梁光伟迅速掌握了电子企业最基本的工业流程。年轻人活力四射，整天爱捣鼓，梁光伟和工人师傅们并肩作战，逐渐将大学里的计算机专业知识，直接应用到改善工艺流程中，还编写出注塑厂统计管理软件，让华强三洋注塑厂在集团内部率先跨入计算机技术管理应用领域，大大提高了生产效益。

梁光伟进入华强的第一个十年——1990—2000 年，是华强集团完成工业化原始积累的转型升级期，并紧跟特区政府的产业指导，将原有的厂房统统迁出上埗工业区，致力打造出一个华强电子元器件交易市场。后期迅速进入农业，兼并收购广西贵糖集团、凤糖集团，介入制糖与造纸产业，在广西壮族自治区建成了以制糖、造纸及相关生物工程产品为主，上下承接的产业链基地。

但华强集团产业版图拓展的步伐并没有因此止步。恰在这时，有一个消息传来，解放军总装备部在深圳的一家高科技公司想出售，因为部队要执行军队与所办企业脱钩的政策。集团当即派已出任集团副总裁的梁光伟去实地考察。经过深入细致的调研，梁光伟向集团提交了将这家高科技企业收购过来的计划书，认为收购这家企业，对集团未来的产业转型利大于弊。梁光伟尤其对小他两岁的这家军队企业负责人李明十分欣赏，认为这位武汉大学计算机专业的"天之骄子"身上有一种非同凡响的潜质，是华强集团未来发展的"福兆"。

收购举措被集团内不同的意见给搁置了，集团高层领导举棋不定，出差在外的梁光伟一回深圳，得知情况，赶紧向集团高层负责人再次进言，并重启项目论证，还建议派集团最持反对意见的副职领导带队，前往这一家部队企业做进一步的调研。

结果皆大欢喜。华强集团斥资 2 100 万元果断收购该企业，53 名现役军人一并迁入，进行身份置换，进入华强集团。

被收购的企业就是目前在国际上比肩迪士尼，跟华侨城集团不分伯仲的深圳华强方特文化科技集团股份有限公司，华强下属的这家二级文化旅游集团企业的掌舵人就是被梁光伟当年相中的"千里马"——李明。

李明 1988 年从武汉大学计算机专业毕业，通过国家科委考试，前往美国新泽西州斯蒂芬理工学院做了两年访问学者，不久到美国 S.B GLOBAL 公司做了一段时间计算机软件开发工作；后在加拿大多伦多 COMCHEQ 公司专业从事计算机操作系统及网络开发，具备良好的国际视野，2020 年，李明已经成为华强集团的执行总裁。

华强集团有三次转型，最后一次一头闯进了文化旅游产业，向"文化 + 科技"寻找新的机会。跨度这么大的产业大转移，整个华强商圈可以说没有第二家。华强方特文化科技集团股份有限公司当初一头闯进旅游文化产业，就像一头公牛闯进了瓷器店，瞎打瞎中，失败和挫折、苦闷和彷徨、选择和放弃、经验和教训都曾有过，好在大股东华强集团财大气粗，将这家曾经的军工高科技企业扶上马，又送了一程，才有了华强集团五彩斑斓的多元化发展中最重要的一翼，给华强集团的未来带来了更多无法想象和预测的发展空间。

梁光伟、李明既是书生，又都是军人出身。有良好的专业知识打底，有军人以服从为天职的雷厉风行的霹雳手段，两位华强内部培养出来的土洋结合的干部，深受前几任"领头羊"，带头人安山、张锦墙、殷登辰的倚重和信任。

深圳拓荒史研究会首届理事会上，同为基建工程兵出身的会长梁光伟（左），副会长杨洪祥（右）聘请深圳电子产业开山人——赛格集团创始人马福元（中）为拓荒史研究会顾问（陈远忠摄，2014年）

梁光伟在华强北商圈缔造了电子信息产业的帝国，在前任的基础上，增加了"农业＋文化＋旅游＋科技"的多元化产业链条，在国内外控股、参股70多家企业，拥有5家上市公司、6家高新技术企业、3个国家级的技术开发中心。

华强集团位列中国最大500家企业集团中第130位、中国最具竞争力500强企业集团中第58位、中国制造业500强中第97位、中国电子信息百强中第13位、中国电子信息百强纳税中第9位、广东省最大50家企业中第32位、深圳市百强企业中第10位，公司连续多年被评为全国质量效益型先进企业、全国高出口创汇企业。

马福元解决了电子元器件在华强北的配套问题，继任者王殿甫解决了市场空间拓展问题，深圳电子商会执行秘书长程一木解决了深圳电子行业资源整合、华强北价格指数等一系列问题。有趣的是，他们3人均来自电子工业部，也就是后来的机械电子工业部，先后都参与过深圳电子产业发展国家层面的前期产业制定和规划布局。国家电子工业部1982年成立，1998年撤销，前后历时17年，部分职能由新成立的国家信息产业部承接。程一木在3个人中来得最晚，是赛格大厦的奠基人王殿甫邀约过来的。1990年赛格集团就向程一木伸出了橄榄枝，他直到1991年才南下赴深。

有一个细节十分感人。程一木南下前要去北京的派出所迁移户口，户籍民警提醒他，你这可是北京户口，一旦迁出，想要再迁回来可就难了，你可要想清楚。程一木沉思片刻，对户籍民警说："迁出吧！"公章"啪"一声落下，程一木国家机关工作人员的身份就成为"过去式"，特区增添了一位电子行业的"民工"。

程一木先到赛格集团，开始做的是媒体经营，参与主编《赛格报》，后调至赛格人事部门，每年要从全国各地往深圳、往赛格集团调干部。当时他深深体会到，华强北就是一个最大的孵化器，不少企业从华强北起步，这里是人才和企业扎堆的地方，国内很多大的国企都在华强北有点，华强北人才多，自然创业的人也更多。

2001年，中国加入世界贸易组织。WTO谈判中，中国政府经常出面直接跟外国行业组织进行对话，这就导致了一旦面临冲突，就没有任何回旋的余地和退路。造成这种局面的原因，是当时国家行业协会职能缺失，大多数行业协会只是一个虚名，办不成实事。

这么一种尴尬的局面频频出现，已卸任赛格董事长一职的王殿甫有意改变，商量共同发起，把深圳市电子商会成立起来。2002年12月，深圳市电子商会筹备会正式召开了第一次会员大会。2003年1月，深圳市电子商会正式成立，赛格集团王殿甫任会长，程一木担任秘书长。

程一木成为南漂一族，也是唯一有华强、赛格，还有深圳市电子商会工作经历的老华强人，华强北指数的推出跟他也不无关系，他是华强历史的一部活着的"百科辞典"，偏巧在他担任深圳市电子商会秘书长，同时主编《深圳电子信息产业年鉴》期间，笔者跟他有过交集，此后一晃就过去了16年，没有机会再次相逢。

深圳市电子商会成立后，做了两件带有里程碑意义的事情：第一件事就是加速了华强北电子市场价格指数的推出，第二件事就是推动了华强北"中国电子第一街"的授牌。

深圳市电子商会组建了一个电子市场专业委员会，把各个电子专业市场组织起来，互相交流；参与了全国电子专业市场第一个行业标准《电子信息产品交易市场资质规范》的制定及后期的应用推广。

2006年，以程一木为主完成的福田区政府课题《打造华强北"中国电子第一街"策略研究报告》，系统地提出了关于华强北转型升级的十大策略。2008年10月12日，第10届深圳高交会华强北分会场开幕仪式上，中国电子商会会长曲维枝代表中国电子商会向华强北商业街正式授牌"中国电子第一街"，华强北江湖地位正式得到确立。

2008年1月，程一木离开深圳市电子商会，加盟华强，负责对外投资项目。2013年深圳电子产业规模已达到12 400多亿，全国领先。

常言道：一山难容二虎，但在华强北这"一亩三分地"上却没有得到应验，相反的是，竞争带来了效益和活力。赛格、华强双雄竞争，市场蛋糕越做越大，华强北西侧形成了以华强电子世界为龙头，都会电子城、新亚洲电子商城为左右臂的电子元器件交易市场，市场经营面积达10万平方米以上。华强北东侧，赛格集团疯狂扩张，赛格电子配套市场延展到相邻的宝华大厦，营业面积扩大到5万平方米。竞争使市场的份额越来越大：2001年，远望数码商场开业；2003年，太平洋安防通信市场、赛格宏大数码广场开业，中电数码商城相继开业；2005年，明通数码通信市场相继开业。加上此前的赛格通信市场、万商电脑城等，华强北路东面一侧形成了以电脑、手机、各类数码产品以及相关配套产品为主的数码产品交易中心和"数码港"，以华强北电子市场为代表的市场体系建设已十分完善，拥有了28个电子专业市场、上千亿规模的电子产品交易量。不同于北京中关村完全是终端产品交易市场，当年，华强北商圈是一个全产业链的综合电子市场，从元器件到应用电子产品，各门类应有尽有，发展成为了世界上最大的元器件集散地。据说，在美国需要花 3 个月才能够找齐的电子元器件，到了华强北商圈只需要一天就可以全部配齐。

华强商业江湖

华强飞越式发展，带动了与华强商圈相匹配的零售商业的繁荣。

1994 年 7 月 17 日，4 000 平方米超大体量面积的仓储式自选超市万佳百货在华强北顺利开业，日营业额达 24 万元，创下历史上深圳零售业最高纪录。人如潮涌，门庭若市，商超购物车根本无法行进，市民们只好像朝鲜老大妈一样将购物篮举过头顶。

万佳百货是中国首家仓储式平价超市，"一站式"购物商业业态改写了深圳本土零售业，成为深圳零售商业里程碑式的创举。万佳百货是华润万家的前身，深圳本土零售商业巨头"新一佳"创始人李彬兰正是从万佳百货开始起步练手，赚得盆满钵满。数年后李彬兰转身创办了深圳新一佳连锁商超，时光荏苒，这些当年响当当的商业连锁品牌已成明日黄花，或折戟沉沙，或凋零枯萎。

2001 年，广东青年才俊陈智（后被誉为"中国摩尔之父"）在华强北寻得一块地盘，不失时机地推出 Shopping Mall（译为"摩尔"）概念的华强北铜锣湾广场，集购物、休闲、餐饮、娱乐新的商业模式为一体。

中国首家 Shopping Mall 开店不到 3 年时间，"摩尔之父"陈智在全国攻城掠地，一口气开了 48 家铜锣湾购物中心。遗憾的是，发展迅猛的铜锣湾 Shopping Mall，遭遇资金链断裂、供血不足等问题，失去了很多发展的最好机遇。

华强北铜锣湾广场旗舰店被深圳"地主"京基集团全盘收购，摩尔模式最终遇冷。但作为华强商圈一个全新商业业态模式的开创者、奠基人，陈智在华强北商业上的创新功不可没，值得大书特书。时至今日，新模式创始人陈智率领铜锣湾运营团队仍在国内三、四线城市开疆拓土、攻城拔寨。

随着女人世界、顺电、曼哈商城、铜锣湾广场等各类专业市场、主题商业纷至沓来、落地生根，租赁过来的华强北工业厂房全部被改造成了商业物业，这个昔日的"上埗工业区"开始真正呈现出五光十色繁华商业都市风光，一到春节购物，万佳百货曾火爆得连万科地产董事长王石都要亲自"站台"收银。万佳百货是万科地产王石一手创办的商业，后出售给了华润集团，这都是后话。华强北从一文不名的荒野之丘，经 20 年"芳华"，到 2000 年迅速"擢升"为遍地黄金的商业帝国和城市商业综合体，成长为深圳的商业标签和城市新地标。

20 世纪 90 年代初那部 10 集电视连续剧《外来妹》非常准确地反映了深圳发展初期，外来务工人员的人生悲喜剧。其实，这类故事几乎每天都会在华强北，那个已逝去的"上埗工业区"上演，只是每一个人的人生剧本已不同，充满各自的悲欢和喜悦。

山寨之殇

每一个个体的命运和华强商业的腾飞都是唇齿相依、难解难分的，华强北在经历了超常规"群雄争霸"的高速发展期后，迅速跌入一个山谷，一个被后人诟病的"山寨时代"。华强人的命运又在后一个时期跟着这个时代潮涨潮落、奔流不息。

华强的盛极而衰，始于山寨，当然还有一些其他因素的影响。山寨之殇对华强北蓬勃兴旺的整个电子产业链的打击和伤害无比巨大，后患无穷。但反过来，从历史大背景下来重新审读，从华强整个产业链升级换代的大背景上来看，这一过程好像无法避免；山寨虽然制造了无序，但也鼓励了"试错"和创新；制造了劣币、假货，但也繁荣了市场。混乱的山寨市场，通过市场的力量，又铲除了大量山寨再"制造"。

山寨出现并非偶然，有其时代背景和历史原因。深圳市作家斯培森在

《我们深圳四十年》一书中记载：1987年，广东省率先建设模拟移动电话网，1991年"大哥大"开始出现在深圳街头，不久"大哥大"升级为数字移动电话，当年那些深圳老板室内接打电话，经常要爬高爬低地凑信号格，现在回想起来都觉得狼狈不堪，可是当时没有人会大惊小怪。

手机是那个时代的高档奢侈品，作家斯培森在书中描述的那种"狼狈"不是每个人都容易获得的。华强北还是"上埗工业区"时，几万元一部大哥大司空见惯，是暴发户的标配、炫耀身份的资本，不是大老板真还沾不上边，即使一个BP机当年都不是一个打工族能消费得起的。

华强北上半场结束后，到了2000年，作为电子信息终端产品的手机开始已经非常平民化，人手一部，甚至人手多部，把座机、BP机、插卡电话都请下了神坛，手机这个稀有之物飞入了寻常百姓家。

2003年，台湾联发科公司（MTK）突破诺基亚、摩托罗拉等品牌持有的芯片技术，推出了第一款单芯片手机解决方案，大大地降低了手机出货的生产门槛——手机厂商只需加上一块电池、一个外壳，以及一些定制零部件，就能生产一台个性化方案的手机，可以"贴牌"，也可以不贴，很随意就取一个名字，后者这种定制化手机就是通常意义上的山寨手机。

背靠华强北这一丰富的电子元器件配套市场，赚钱的"马太效应"引发了大量的厂商成批量地转战山寨市场，一般情况下，用联发科（MTK）芯片技术组装出一款新手机只需几周，甚至只要几天的时间。不仅如此，山寨手机还能随意增添手机上原来没有的许多新功能——四卡四待、多系统切换、自带点烟器等新花样，甚至还有语音对讲功能，这种手机的售价仅为品牌手机的零头。5 000多家手机商家逐鹿华强北，华强北迎来了山寨手机的爆发时期。手机新款"爆棚"，设计的山寨机只要出货速度快，没有不赚得盆满钵满，一夜暴富的神话天天在上演，跟山寨手机相关联的市场也开始滑向翻新造假的深渊，包装、印标、封装、检测全部印上各大知名品牌标签，山寨产业链一应俱全，这种自杀式的造假，让刚获得"中国电子第一街"美誉的华强北蒙羞。

2011年，山寨手机市场规模突破了2.55亿部。这一年，深圳市场监管部门联合执法，祭出了史上最为严厉、为期时间最长的一次"双打"行动。警方、市场监管部门质检人员两面突袭，商业街手机商家手忙脚乱，大门紧锁，急忙销毁物证，上千部山寨手机甚至从天而降，从赛格大厦18层楼顶直接砸下，一地鸡毛，满目狼藉。

山寨是相对于有正常手续、有中国信息产业部正规备案、受法律保护的行货品牌手机而言的。手续齐全的行货基本上以诺基亚、爱立信、摩托罗拉、三星、LG为主，国产手机鲜有证照齐全的，耳熟其详的金立、波导手机都是先山寨后"转正"的国产手机，模仿并超越，这是一个国家民族工业必由之路。华强北早期的发展不可避免这种"军阀混战"的原始过程，但这也不是一个国家产业化的终极目标和方向，只是必须经历的苦难和过程。

混乱的市场状态可以以一个配件——手机电池来举例说明。手机就有原装电池、二手原装电池、品牌电池、国产组装电池、代用电池等五六个品种之别。无利不起早，除了品牌手机售后服务部，整个华强北电子交易市场完全都是二手电池、替代电池的天下，只要花上原装电池五分之一甚至更少的价钱，就能配到一块山寨或者二手原装旧电池，当时有些知名商超，如国美、苏宁电器的售后服务部，手机维修人员甚至偷偷把维修点的原装配件带回家，"狸猫换太子"，再拿出去高价售卖，赚黑心钱。由此推及整部手机，情况就好不到哪里去。由规范到混乱，到混沌，再由混沌到治理，治理到规范，大乱用重典，随着消费者品牌意识的增强，电子消费品由卖方市场向买方市场的转换，山寨的"春天"，没有经过"夏秋"的交替，直接走向寒冬。

当然，"互联网+"、苹果（手机）时代的到来，成为终结华强北商圈"山寨"之风的一场噩梦。2011年，以诺基亚为代表的功能型手机退出历史舞台，苹果手机一路攻城拔寨，华为、中兴、酷派等手机异军突起，小米和魅族这种带有互联网基因的手机上市，"用户至上、体验为王"理念深入人心，山寨之风走到了历史的尽头。山寨手机一落千丈，市场哀鸿遍野。第一代山寨起家的手机人纷纷铩羽而归。根据国家工信部《2013年手机行业发展情况回顾与展望》的数据：2013年全国手机产量14.6亿部，深圳占比达50%，产量夺魁的同时，深圳终于摆脱了手机"山寨"之风，开始专注技术创新。

自主创新走天下

深圳自主品牌异军突起，南山高新技术产业园区汇集了中兴、华为、宇龙酷派、康佳、创维、TCL、万利达等20余家知名手机品牌企业，全球众多手机品牌厂家纷纷将总部基地、研发中心和检测中心搬迁到深圳，使深圳经济特区迅速成为国家手机产业最具自主创新能力的核心地带和真正意义上的手机之都。

一波未平，一波又起。2013年，华强北商圈以"世界手机之都""亚洲最大的电子市场"示人之际，却迎来了史上最大的一次"伤筋动骨"——封街改造，这次"大手术"一封就是四年。华强北市场迎来了短暂的"休克"。从特区经济发展的全局着眼，这次商业中心城市更新升级是十分必要的。其实即使没有这种大规模的更新改造动作，到了华强北发展的下半场，也已经无法演绎上半场那种疯狂和冒进，城市要升级，商业要升级，市场要升级，产品和销售更要升级、上台阶。

2003年随着互联网的到来，原有的赛格市场、华强电子世界，还有周边的商业零售每天都在发生着细微的变化。毋庸讳言，华强北下半场的前十年，即2000—2010年，仍延续了马福元、王殿甫时代市场的辉煌，真正创造财富也是在这黄金十年。但如果不在下半场最后10年思索转型升级、跨界打劫（例如华强集团在2000年后积极进入跟实业毫不相干的文化科技旅游和商业地产），不与时俱进，不搭乘"互联网+"的快车，不在"非典"期间没落，也会失落在2020年新冠肺炎疫情的前夜。华强北真正的"产品为王""市场为王"时代在2010年早已经画上了完美的句号，随之而来的是工匠精神、"内容为王"、"智能为王"、"互联为王"、"文化为王"的时代，你不能适应时代，就会被时代彻底抛弃。

不少老华强商家还一直在埋怨这次城市更新工程，砸了他们赖以生存的饭碗。客观地说，对少数的生意人确实产生了巨大的影响，但对中国的电子工业发展，对产品的转型升级，不但没有丝毫影响，还有促进。通观华强北40年的发展历程，市场的力量是巨大的，这都是国家电子产业蓝图的设计人、规划者，以及实施者都难以预计的，赛格大厦奠基人王殿甫有次跟笔者开了一个玩笑说：我要知道这些商铺那时这么值钱，当时我留两个，这辈子也不用做其他什么事情了。

玩笑归玩笑，但仔细分析起来：那些在华强北商海中摸爬滚打的商界精英，如果没把握机会，转型不成功，最后亏得一塌糊涂的也大有人在。在商言商，只有遵循市场的规律，顺应市场的力量，才会有华强北的今天和未来。

前路漫漫，任重而道远，华强名片会越擦越亮。

华为崛起

笔者回深圳已 6 年，一年中跟华为、中兴的老员工聚会及各类活动一年中不下 30 次。每年的最后一天，新年的第一天，笔者铁定会跟他们一起徒步 10 公里，一次都不落下……

我手机上有一个华为人的微信号，一直不忍心删掉，实际上，她早已不在人世间……

6 年前，我跟她在云南省丽江束河洪山客栈第一次见面，也是跟她此生最后一次见面。飞回深圳不久，她就跟这个世界永别，跟她奉献一生的华为永别，还有他的先生永别，同为华为人的先生陪伴她走完了人生最后一段路程，她的年龄甚至还没有长过深圳经济特区。

城市还在生长，而她的生命在那个春寒料峭的早春定格，再也望不见 2015 年深圳火红的簕杜鹃怒放的春天。

2019 年 1 月 1 日，刚过天命之年的华为前高级副总裁、任总早期的秘书吴育化三进香格里拉，遽然倒在了前往贫困山区迪庆州德钦县雨崩村的路上……

像他们这样为民族工业的发展抛洒青春和热血，在前进路上倒下的华为人绝不会是最后一个。

在深圳，有一个世界上已十分出名的伟大企业，只用了 33 年，让世界对深圳刮目相看，它就是华为投资控股有限公司（曾用名：华为技术有限公司，简称"华为"）。

"中华"起步，巨龙随后

据财富中文网 2017 年、2018 年、2019 年连续三年发布的"财富世界 500 强排行榜"，华为投资控股有限公司在世界 500 强中分别位列第 83 位、第 72 位、第 61 位（而 2016 年的榜单排名是第 129 名，三年累计前进了 68 位）。曾是电信设备行业巨头，并与华为有过"世纪诉讼"的思科公司 2019 年排名是第 225 位（2016 年排名是第 183 名，下降了 42 位）。中国互联网巨头腾讯集团，2017 年首次正式进入榜单，位列第 478 位。在净资产收益率（ROE）榜上，中国公司中排位最高的是华为，其次是美的、腾讯、吉利和万科，其中华为、腾讯、万科都是"深圳制造"。

1987 年，一个倒霉的中年男子在走投无路、百般无奈的情况下，找到了 5 个志同道合者，6 个人平分股份，每人集资 3 500 元，共计 2.1 万元，在深圳南油新村杂草丛生的一个居民楼里成立了华为技术有限公司。

当年租写字楼一个月据说要好几千块钱，而居民楼则最多 300～400 元。功成名就后，华为在深圳龙岗区坂田建成了可与国外著名企业相媲美的豪华办公楼，不少年轻人参观后，误以为做事业就该像华为这样有气魄、大手笔。初创的华为其实是在一所破旧的民房开始起步的；美国惠普和苹果公司初创时期为了节省资金，也是从一间车库开始的。

任正非在访谈时证实了这种困境："所有转业费加起来只有 3 000 多元，不得不找人集资。其实有些人集资只是出了一个名，没有出钱，真正资本不到 2 万元，1.6 万元左右就开始了创业，被逼上梁山。

创业之初，任正非所面临的现实问题是：公司如何生存？华为现在是他的孩子，必须让它生存下去，把它养大！华为虽名为技术公司，但最初做的都是贸易，没有什么方向，什么赚钱做什么，一开始甚至还卖过减肥药。

一次听说特区卖墓碑的生意很火，赚钱快，任正非还专门派人去调研过。但卖减肥药、墓碑都不是长久之计，为了使华为这个"孩子"生存下去，任正非尝试百术，绞尽脑汁。

张利华是第一个冒着离职的危险，敢于向任正非提议做华为 3G 手机的女将。张利华先后在华为担任交换产品部副总工程师、业务与软件产品线总工程师、手机公司筹划组负责人，是提出华为手机概念的第一人。

正因为有这个特殊的身份，在一次任正非召集的无线产品线讨论会上，任正非让大家畅所欲言，张利华忍不住就站起来"放了一炮"，她说：华为的 3G 设备只能卖一次，但是消费者一年会换好几部 3G 手机。中国有好几亿手机消费者，华为应该尽快立项 3G 手机！否则会失去稍纵即逝的市场机会。

任正非一听，"啪"地把桌子拍得山响：华为不做手机这件事，早已有了定论，谁又在胡说八道！谁再胡说，谁下岗！

张利华还清楚地记得当时凝固的空气，任正非的声音洪亮，他的话一出来，立即就没人敢吱声了。

3G 手机这件事就卡在那里了，成为公司内部忌讳的话题。不过，张利华的内心还是十分强大，"当时也想还是先把手机立项的材料做好再离职也不迟"。

内心更加强大的人非任正非莫属。"华为的冬天后（注：2001 年 3 月，正当华为发展势头良好的时候，任正非在企业内刊上发表了《华为的冬天》一文，这篇力透纸背的文章不仅是对华为的警醒，还适合于整个行业。接下来的互联网泡沫破裂让这篇文章广为流传，'冬天'自此超越季节，成为危机的代名词），任正非带头开展自我批评，及时地纠正错误，不再固执己见。让老板为说过的每一句不妥的话主动道歉是很困难的事，但任正非是人情味很浓的老板，会在其他场合用微笑的方式缓和。"

到了 2002 年年底，受任正非委托，徐直军召集华为手机立项讨论会，当张利华面向高层从容汇报完 3G 手机项目之后，任正非情绪缓和地说了一句话："纪平，拿出十个亿来做手机吧！"（注：纪平当年负责华为财务。）

创业艰难百战多。华为当年没有核心技术，没有拳头产品，人拉肩扛的业务都做了很长一段时间，44 岁的任正非都亲自做过装卸工，搬运过货物。"公司一开始就这么一两个人，货物要运回来，不可能租车，只有人拉肩扛，一包包的货物往公共汽车上搬。货物装卸时，我搬 20 米就放下来歇息一下，再去搬另外一包，20米、20米……一包包搬到马路边，再扛到公共汽车上。"回首往事，任正非凄凉地一笑而过，这位10年前参加过全国科技大会的军队代表，5年前做过党的十二大代表的华为创始人，为了华为事业，什么苦头没有吃过呢？代理销售是一种主要凭关系、价格、服务而没有自身技术差异化可讲的行当，很多人真正做上代理，"卑躬屈膝"地讨好客户、争取订单就是做不到。我们很难想象，不惑之年的任正非当年如何扛着交换机，虎虎生风地走在乡村的小路上，跟干农活的农村兄弟们牛饮豪喝。

华为的成功并非偶然，除了"拼命三郎"的劲头外，华为基本法则"市场为先，客户为大"在发展过程中起到了至关重要的作用。

华为人回忆说：老板在客户面前的屈伸能力超强。2001年，华为已经成为跨国大公司，任正非也被业内人士称为"企业家教父"。一次，在公司客户见面会上，任正非一进门，各省市电信局局长、副局长一行人齐刷刷站起来鼓掌，任正非很不习惯地摆摆手，憨厚地说："你们是客户，我应该向你们起立、给你们鼓掌才对呀！"

1980年8月26日设立深圳经济特区后，中国通信设备企业发轫之时，"巨大中华"（注："巨大中华"是巨龙通信、大唐电信、中兴通讯、华为技术的简称）四大家族中，成立的第一家企业并不是华为，而是中兴通讯。

20世纪80年代初，按照国家航天部副部长钱学森的要求，尚在西北黄土高坡的航天691厂，为跟进研究国际上领先的芯片，即半导体技术，派出得力的技术骨干前往美国学习，已近不惑之年的侯为贵成为不二人选。被派到美国后，侯为贵像到了另一个星球，震惊之余，感觉到了中美之间科技巨大的差距。回国后，侯为贵义无反顾，决定南下深圳一门心思投入创业。在691厂支持下，1985年侯为贵创办了深圳分公司，简陋的厂房里，侯为贵领导38个工人加工电子表、电风扇和电话机等电子产品，第一年挣了35万元，这是实打实的辛苦钱，一分一厘赚回来的。来料加工，技术含量低，利润薄。以电话机为例，每台赚几毛钱，200多号人干上一天还创造不出来200元的纯利润，人均收益还不如一个修鞋匠。

因为有这种"三来一补"完全靠"血汗"拼搏的薄利之痛，技术出身的侯为贵通过加工电话机，接触到程控交换机，敏锐地捕捉到一个全新的商机：特区未来的通信业肯定会"井喷"，通信业的快速发展对交换机会有巨大的需求。

华为早期通过代理香港鸿年公司的产品起家，这辈子任正非都会十分感谢梁琨吾，一位十分儒雅的港商。回想起来，尽管当初梁琨吾坚持要对公司和个人做尽职调查，令任正非十分难受，但经过多方调查，梁琨吾一次性给华为授信一个亿额度，使华为开局十分顺畅，掘到了第一桶金。那个时候，香港鸿年公司在广州的仓库有价值一亿元的货物，华为随时可以去提取，货物卖完后，华为还可以占用这笔资金周转一下。30多年前，这种代理方式简直是"天上掉馅饼"，华为经常把交换机卖得断货，早期这种代理经历让任正非培养起一支能打硬仗的销售"铁军"，这是他日后问鼎世界通信制造业老大的关键。

上面既然提到任正非跟下属张利华的3G手机之争，就很有必要回顾一下中国和世界通信行业发展的历史背景。2020年年底正好是华为成立33年、深圳经济特区建区40周年。

2018年7月1日，华为员工内部微信截图显示：华为动用了40辆8吨载量的货车，共60车次，大规模搬家前往东莞松山湖。随后，将有2 700名员工从深圳到东莞松山湖溪流背坡村上班，有人担心华为跑了，会离开创业的深圳。

任正非对深圳市人民政府郑重承诺：华为的成功得益于特区创新创业的一大片天空，过去，现在，未来30年，华为国际总部一定都会放在深圳，别无选择。

电话交换机百年沧桑

1876年2月，一位名叫亚历山大·格拉汉姆·贝尔（Alexander Graham Bell）的29岁年轻人，向美国专利局提交了一项发明专利申请，并获得了批准，这项专利技术，就是影响了整个人类社会进程的通信神器——电话。

电话、手机的创造发明都属于西方世界，因此改变了人类传统的生活、沟通和交流方式。可以说，从 1876 年到 1976 年这 100 年，这些昂贵的通信终端产品都不是老百姓能够用得上的，加之成本高企的连接方式、线路铺设成本，让世界上 98% 地区的人民望而却步。

1878 年，亚历山大·格拉汉姆·贝尔创办了贝尔电话公司（也就是美国 AT&T 公司和朗讯公司的前身），并开始了电话商业化运营进程。

电话早期的直连模式，也就是一对一模式，通过人工转接。1891 年，一个名叫史端乔的殡仪馆老板，吃了这种人工交换机的大亏。他发现打到自己店里的生意电话，总会被话务员转接到另一家殡仪馆去，调查后才知道，这个话务员原来是那家殡仪馆老板的堂弟。史端乔十分生气，发誓一定要发明一种不需要人工转接的交换机。

有志者事竟成，结果史端乔还真的做到了，他在自己的车库里制作了世界上第一台步进制电话交换机，这种步进制电话交换机沿用了近百年。为了纪念这位殡仪馆的老板，这种交换机就以史端乔的名字命名，史称"史端乔交换机"。

1980 年特区成立，特区内电话交换方式落后发达国家至少 20 ~ 30 年，据说，内地一些地区用的都还是纵横制、步进制交换机，甚至人工交换机。

光阴荏苒，日月穿梭，世界通信制造业发展了 100 年，到 1990 年，任正非一手创办的华为公司，还是在靠代理销售交换机度日，一度还代理过跟史端乔殡仪馆有点瓜葛的墓地。百年历史绕了一个小弯，在华为这里又发生了链接，世界真是奇妙无穷。

20 世纪 80 年代中期，通信设备制造企业在经济特区风起云涌，如雨后春笋般生长，主要研发的目标就是这种电话交换机，尤其是技术含量比较低的小门数用户交换机，通信行业的"巨大中华"四大家族无一不是在这种神奇的交换机技术上领先对手一步，中兴通讯因早期代工过电话机，在交换机技术上"春江水暖鸭先知"，独步群芳，领先一步。

中国通信设备制造业中，有一个重要的人物绕不过去，他就是中国工程院院士邬江兴。父亲是开国少将邬兰亭，邬兰亭从放牛娃成长为共和国将军。将门出虎子，一家两代3人传承了红色基因，都是少将军衔。

邬江兴也是工程兵出身，从小就在军队里摸爬滚打。1991年，他主持研制成功HJD04（简称"04机"）万门数字程控交换机，机器通过邮电部专家组审定，具备完整的中国自主知识产权。这款交换机的出现首次填补了国内万门程控交换机的空白，大长中国人的志气。

简直难以置信，中国人能研发成功"万门"数字程控机？！

1992年，贝尔公司外方总经理专程赶往河南武陟县实验局去看个究竟。对了，这次去考察的公司，就是那个100年前发明了电话的百年老店——美国贝尔电话公司。04机成了名副其实的"中华民族的争气机"，听到这个消息后，时任国务院副总理兼国务院生产办公室主任的朱镕基也难掩激动，并批示道："在国有企业纷纷与外资合营或慢慢被收买兼并的今天，04机送来了一股清风。"

万门数字程控交换机诞生在巨龙和大唐，不是没有原因的。那个时候南方的华为和中兴，谁知道是做什么的，就更别提人才引进了。为解决好这一难题，任正非遍地撒网，广邀各地高校教授带队来华为公司参观、合作，再通过师生、同门师兄弟妹的关系建立起了早期的研发队伍。华中科技大学的青年教师郭平就是跟着老师来参观，被任正非的激情感染留下来的。郭平后来拉来了校友郑宝用，郑宝用后来又叫来了师弟李一男。

华为、中兴两家电信设备制造商交换机研发水平还处于百门级水准的时候，北方传来了佳音。

中兴、华为诞生在改革开放前沿的深圳经济特区，巨龙通信、大唐电信则成长在政治资源雄厚、技术力量也十分强大的帝都北京。两南两北，代表着几种不同公司治理结构和通信产品市场化道路的未来方向，最终结果大相径庭，令人大跌眼镜。技术领先的巨无霸"巨龙"和"大唐"，最后均被市场化程度极高的南方"小舢板"反超，并衬托出市场化对世界通信行业资源整合的能力，也进一步印证了当年走上改革开放道路，党中央、国务院设立深圳经济特区的正确性、必要性。

当年04机确实风光无限，凭借内部先发和技术优势，外借政府、军队双重背书，04机很快进入了国内大中型城市，一时间大江南北刮起了04机热，到1995年，04机全国已经部署了1 300万线（门）之多，销售额超过了100亿元。

正是有了04机的大突破，才有了巨龙信息技术有限责任（集团）公司（简称"巨龙"）的"出生"，巨龙由04机技术持有方中国人民解放军信息工程学院与另外8家04机生产制造企业出资，1995年3月份在北京注册成立。已过不惑之年的邬江兴少将任公司董事长兼总裁，跟中国通信产业"四大家族"成员企业中兴比，巨龙的成立整整晚了10年，但巨龙来势不输中兴通讯。

对深圳经济特区通信制造业的发展路径，国务院发展研究中心研究员吴敬琏有这样一个评述：

> 在信息和通信制造业领域，华为和中兴从一开始就面向市场进行大规模的研究开发投入，因而得以实现20年的持续增长，且其技术能力迅速提高，进入全球电信设备领先企业的行列。
>
> 相比而言，国内一些企业却沉湎于组装环节，其生存环境日渐恶劣，华为和中兴等企业的努力值得鼓励，它们的经验也值得具有相同条件的企业学习。

吴敬琏先生是2010年说这番话的，10年时间过去了，自主创新研发的信息、通信制造业结出硕果，"中华"（指中兴、华为）腾飞世界，只用了30多年时间就走完了世界其他发达国家电信业发展100多年的艰辛历程，何其伟哉，何其壮哉！中华强盛，文明重放异彩，为时不远。

"九八"之殇

1998年春晚，扎着丸子头的王菲牵着十分接地气的那英，完成了华语女歌手对唱的经典之作《相约九八》，这一年是这两位歌后职业生涯的巅峰，强强联手，成就一番甜美的相约。

打开心灵　剥去春的羞涩　舞步飞旋
踏破冬的沉默　融融的暖意带着深情的问候
绵绵细雨沐浴那昨天　昨天　昨天激动的时刻
你用温暖的目光迎接我
迎接我从昨天带来的欢乐　欢乐
来吧　来吧　相约九八　来吧　来吧　相约九八
相约在银色的月光下
相约在温暖的情意中
来吧　来吧　相约九八　来吧　来吧　相约一九九八
相约在甜美的春风里
相约那永远的青春年华
心相约　心相约
相约一年又一年
无论咫尺天涯
心相约　心相约
无论咫尺天涯
歌声悠悠　穿透春的绿色　披上新装
当明天到来的时刻
悄悄无语聆听那轻柔的呼吸
那么快让我们拥抱　拥抱
拥抱彼此的梦想
你用温暖的目光迎接我
迎接我从昨天带来的欢乐　欢乐
来吧　来吧，
相约九八　来吧　来吧　相约九八……

"来吧，来吧，相约一九九八"，歌后牵手成功，铸造了辉煌。电信制造业虽然也赶上了中国电信业爆发式发展的增长周期，但强强联手，也会沉沙折戟。

大唐电信是国内电信"四大家族"最晚成立的一家企业。1998 年大唐电信上市，大唐电信全称是"大唐电信科技股份有限公司"（简称"大唐电信"），系电信科学技术研究院控股的高科技企业，而电信科学技术研究院系国务院国资委所属大型企业，其旗下的电信科学技术第一研究所（原名"邮电部第一研究所"），自建所起，就成功研制出中国第一套中大容量程控数字交换机、第一套 GSM 数字移动通信系统、第一套六米天线卫星通信地球站、第一套 150 MHz 移动电话系统、第一个公安 110 指挥系统，获得过 120 多项重大科技成果，为中国通信事业的发展做出了杰出贡献。

大唐电信比他的大哥、二哥、三哥中兴、华为、巨龙当年更为人们看好，有部委背景和技术资源作为最强有力的支撑。经历国内程控交换机领域这几年的攻城掠地、野蛮生长，2000 年到来之际，这"四大家族"俨然已成为中国通信设备产业领域的标杆和巨无霸。据统计，1998 年华为销售额为 89 亿元，紧随其后的中兴通讯有 41 亿元，巨龙通信接近 30 亿元，就连成立刚 1 年的大唐电信也有 9 亿元，利润过亿。因为有这样可观的业绩，当时国家信息产业部吴基传部长欣慰之余分别取巨龙、大唐、中兴、华为这四家企业名字的第一个字，叫响了中国信息和通信设备制造业"巨大中华"的名号。

技术领先、军方背景的巨龙通信，也正是从 1998 年起，走上了自己的没落和不归之途。

表面风风光光、红红火火的巨龙从 1998 年开始，其实内部早已千疮百孔，1.5 万人的企业，根本无人操心管理、研发和市场，每天都是东家长西家短：又有哪家企业占上风，谁会出任总经理？

屋漏偏逢连夜雨，船迟又遇打头风。不久中央又出台政策，严禁军队经商，巨龙军方技术骨干悉数退出。1999 年 6 月，巨龙通信灵魂人物邬江兴不得不辞去董事长职务，重回大学，这成为压死巨龙通信这只骆驼的最后一根稻草。

巨龙成立之初，有许多先天不足，自身管理制度、现代企业制度、法人治理结构、先行政策等，不一而足。婆婆太多，意见难以统一。巨龙1996年实施了第一次资产重组，调整了内部股权比例，调整了经营层。但当时十分向好的市场氛围，彻底掩盖住了内部日益突出的矛盾以及深层次制度安排的缺陷。1999年，巨龙实施了第二次重组。

跟大唐电信一样，有邮电部背景的中国普天集团以资产注入方式直接持有了巨龙通信81%的股权。回过头来看，第二次重组最后成为巨龙走向毁灭的达摩克利斯之剑，回天无力。

2000年，普天集团启动重组，希望通过引进外部战略投资方来彻底解决巨龙债、权、利的问题。次年10月，普天代表巨龙全体股东与战略投资者北京邦盛投资公司签订了《投资协议》。10月31日，邦盛首期出资1亿元到位。随后改选董事会，邬江兴任名誉董事长职务，进而退出经营层。

2006年，普天集团掌门人邢炜以4 500元的价格拍卖普天持有的巨龙通信的95%股份，开价中除了4 500元这样低廉的转让价格之外，受让方要代巨龙通信偿还欠付员工的薪酬和社保基金77万元，从此巨龙再也没有回归中国通信设备制造业的第一阵营。这一结果曾令朱镕基感慨不已，握有电信自主技术知识产权优势、"巨大中华"四大家族中的一条"巨龙"永远消失在北方浩瀚的星空之中……

企业竞争不是败在了技术和产品上，不是败在了对手的阴谋上，而是输给了时间，败给了自己，这是中国电信制造业"巨无霸"巨龙通信落败的凄凉故事。但这也给南方的"中华"两大家族留出了更多的市场空间。

成败论英雄

在华为的词典里有三个词汇最重要：人才、产品、市场。

华为的奇迹，其实从成立那一刻就已经开始了。在"四大家族"中，唯有华为是没爹妈的孩子，纯正的民营出身，如果不是创始人、发起人任正非有科技人才的"帽子"和光环罩着，估计"出生证"还会晚领几年。

第一款打着华为品牌的产品叫BH01，这是一个只有24口的用户交换机，当时邮电部下面好几个国营单位都已经生产34口和48口的单位小交换机，华为这款属于低端机，市场很有限，只能用在小型医院、矿山。内地还是计划经济体制，根本谈不上市场，实用是第一要求，做市场，关系是硬通币，这是丛林生存法则。

华为BH01小交换机实际上是一款从国营单位购买散件自行组装的产品，做了一个包装、说明书，贴了一个牌。

1990年年初，由于华为服务好，小机器销售单价低，BH01在市场上供不应求，但此时散件供应商却断了华为散件的货源，真是越担心什么就越来什么，华为收了客户的钱，出现了无货可发的"困"境。从那时起，华为就被"逼上梁山"，开始挖"角"去研发自己的小型用户交换机替代产品。

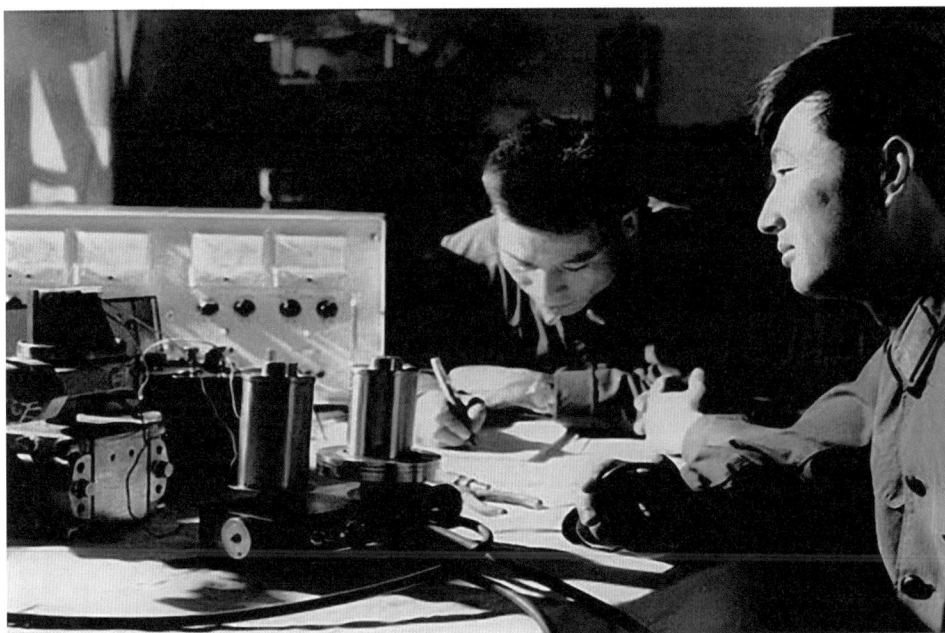

基建工程兵的优秀代表——任正非（右一），在基建工程兵部队时就是科研的尖兵，脱下军装转业深圳后，组建华为，成为世界级企业家（杨洪祥摄）

电话交换机分为人工交换机、纵横交换机、步进交换机、程控交换机等；程控交换机是程序控制交换机，又分为模拟程控交换机和数字程控交换机，交换机的容量用门或线作为计量单位，多少门就是通过交换机可接入的电话机数量。

经济特区建立早期，一个地区的经济发展水平可以用电话交换机的门数作为参照坐标，而一个通信设备企业的实力同样可以用掌握了研发交换机技术的高低作为参照系。华为、中兴还在进行百门、千门用户交换机研发时，1991年11月，邬江兴的团队早已研发出具有完全自主知识产权的万门级数字程控交换机HJD04，"四大家族"最早的产品以交换机为主。由此也可见，20世纪80年代，华为交换机研发一直在中兴通讯之后，根本无法跟巨龙通信对抗。90年代后，任正非的幸运降临，挖人有术，驭人有术，管理有方。

任正非能从创业初期艰难困苦的环境中生存下来，带领一群具有"狼性"文化的团队，攻克一个又一个电话程控交换机升级的技术壁垒，与华为长期形成的企业文化有关，也与其贫寒出身和艰苦的军旅生涯赋予的坚韧性格有关。

任正非挖人之道非他人所及。当年华为只有租来的办公室，研发、办公甚至生活都集于一室，但公司成立还不到一年就挖来了211、985的华中工学院（后更名"华中科技大学"）的高材生郭平。

郭平负责的第一个项目是HJD 48，运气不错，为公司挣了些钱。但随后的交换机局用机项目就没那么幸运，亏了。再后来的C&C08交换机和EAST 8000，又重复了和前两个项目同样的故事：C&C08非常成功，同期的EAST 8000却被归罪于名字取得不好，成了"易死的8000"。这就是1999年之前华为产品研发的真实状况，产品获得成功具有一定的偶然性。可以说，那个时代华为研发依靠的是"个人英雄"。

最近华为上下都传颂一句话："我们的管理方式要从定性走向定量，从'语文'走向'数学'，实现基于数据、事实和理性分析的实时管理。"有人考证这也许就源自任正非，但也在华为管理层达成了共识。

初期在没有人才的情况下，谈数字、数据、数学都是一种奢侈，任正非更多谈的是理想和远景，还有未来。这样，郭平把自己的同班同学，也是未来华为的"二号人物"郑宝用,也忽悠上了"贼船",已经考上清华大学博士的奇才,博士也不读了,心甘情愿南下创业。跟在后面的师弟胡厚崑、李一男,前后脚都加盟了华为。华为初期的人才以华工系为主力,除了半路出走的少年奇才李一男,前三位后来都成为华为的核心,先后都担任过华为轮值董事长,三十年风云,见证了华为快速成长的历程。

任正非成功说服郑宝用,这样一位已考取清华大学的博士生,心甘情愿地跟他一起蜗居南山区蚝业村工业大厦三层,一起去践行华为的"床垫文化",吃喝拉撒睡全在公司,耗时一年开发出华为第一代 HJD48 交换机,而且还心甘情愿四处给自己的师弟师妹们去宣传说:"华为公司是没有任何背景的,一切靠自己奋斗。在这里工作,不需要拍马屁、拉关系,只要你好好干,公司就会给你回报。"这让郑宝用的师弟师妹们像顶礼膜拜"红色圣地"一样,纷纷投奔华为,为华为初期技术干部的储备奠定了坚实的基础,在华为初创期,华工系是华为技术力量的基石。

不仅人才不需要拍领导的马屁,任正非还经常拍人才的马屁。任正非经常在大会小会说:"阿宝(指郑宝用)是一千年才出一个的天才。"

有一位新聘用的工程师第一次见任正非就是在食堂里。当时大家都正在排队打饭,突然就见一个微胖中年男子站在队伍边上,一边看着大家打饭,一边大声地叫着:"我看谁打肉多,谁打肉多就是新来的。"这位新聘员工看那个人头发乱乱的,脸上胡子拉碴,不修边幅,衣服也皱巴巴的,以为这个人是食堂做饭的师傅,所以也没怎么去搭理他。过了几天开会,才知道这个人正是任正非,华为的"一哥"。

华为内部有许多专业术语,不能用一般词典的词义去解读,譬如:我司、拉通、对齐、回归、基线、落地、痛点、闭环、回溯、跟踪、一线、胶片、维度、诉求、灰度、声音、亮点、当责、责任人、端到端、点对点、一指禅、解决方案、澄清、知会、预警、风险、夯实、输出、赋能、审视、挖掘、潜力、支撑、保障、运作、动作、兄弟、老大、推动、牵引、复制、召集、协调、思路、聚焦、灯塔、立项、突破、山头、组织客户关系、局点、炮火、友商、片联、地总、任命。会不会运用这些词汇,一句话就能证明你是不是地道的华为人。

华为内部有两项非常重要的职业技能，一个叫拉通对齐，一个叫胶片。因为华为很大，部门很多，甚至在天南地北，当一个问题出现分歧的时候，你怎么能说服各路兄弟都按你的意思来？这个技能就叫拉通对齐。

领导每天都很忙，你怎么能展现出你的工作价值？这个就叫作胶片。这两种技能甚至已经上升为华为的企业文化。华为有一些社招进来的员工，尤其是互联网招聘进来的，他们可能是满怀憧憬想来实现抱负的，但是进来后，却发现人一天天忙个半死，但却没有干多少实事，或是做多少技术方面的事，成天就是跟人吵架扯皮，跟人拉通对齐。如果你是应届生，进来一年以后，你也一定会有这方面的感慨。胶片文化有争议，不再详述。

中国企业与国外竞争对手的竞争，基本上当年都不在一个量级上。全面改革开放是 20 世纪 80 年代初才开始，而国外的技术型公司 90 年代就已经稳稳地垄断了全球市场，铁板一块。为了撬动外国在华企业在中国电信市场这块奶酪，华为在局域交换机、ISDN 终端项目上都吃过大亏，吸取了血的教训，所以，任正非在对技术人才的引进上毫不吝啬。

每次到北京出差，任正非都一定会去华为北京研究所（简称"北研所"）看一下，因为这里是华为数据通信产品研发中心。有一次，任正非视察完北研所，对北研所所长刘平说："你这里怎么才这么一点人呢？"刘平小心翼翼地回答说："老板，数据通信做什么产品还没确定下来，招这么多人来没有事做。"任正非十分生气地说："刘平，我叫你招你就招。没有事做，招人来洗沙子也行！"此后，刘平的北研所一项最重要的工作就是通过各种手段大量去社会上四处招人。

到 2005 年，随着海外市场的爆发式增长，华为出现了签了合同但交付不了的问题。巴西 Vivo、埃及三牌、巴基斯坦 Ufone 这些让人耳熟能详的项目，不时勾起一些华为老兵那段天天"夜总会"、日日"救火队"的艰苦岁月的回忆。有人曾经戏谑道："即便从月球上找一个项目经理，也无法交付华为的项目。"

到这个时候，这些华为老兵才深悟当年任正非求才若渴的先见之明。军人从不打无准备之战，任正非首先是一个军人，他早已将电信和通信设备制造行业的"世纪之战""世界之战"谋划在胸，成竹在胸！

十年磨一剑

华为的自主研发和创新之路，也是在一次次失败和挫折中一步一步走过来的。任正非说过一句十分经典的名言："为什么我的能力比你强？因为我经历过的挫折比你多，我善于从挫折中学习，因为我经历的挫折越多，我学到的东西就越多，我的能力肯定就比你强了！"其实，还有一点更为重要，就是要向对手学习，在一次次搏杀中提升自己！

华为全球的两大竞争对手都比他起步要早，国际上的主要竞争对手是美国思科公司，国内的主要竞争对手就是中兴通讯。1984 年 12 月，美国斯坦福大学的两位计算机科学家莱昂纳德·波萨克（Leonard Bosack）和桑蒂·勒纳（Sandy Lerner）创建了思科系统公司（Cisco Systems，Inc.）。实际上，两位科学家是一对特立独行的教师夫妇：一个是斯坦福大学计算机系计算机中心主任，一个是斯坦福大学商学院的计算机中心主任。思科公司的名称源自旧金山，也是鼎鼎有名的"硅谷"所在地，思科取"旧金山"（San Francisco）最后五个英文字母，思科公司的标志来自有名的旧金山大桥。夫妻俩设计了一个叫作多协议路由器的联网设备，尝试连接彼此分立的网络，在斯坦福大学校园内两个不同的建筑物之间铺设了网线,并用网桥——后来则是用路由器将校园内不兼容的计算机局域网整合在一起，形成一个统一的网络，这个联网设备被认为是互联网时代真正到来的标志。1991 年，约翰·钱伯斯加入思科，1996 年，钱伯斯执掌思科帅印，这位世界上最出色的企业经理人把思科带上了辉煌顶点。在西方，思科几乎成为互联网、网络应用、生产力的同义词。在跟后起之秀中国华为的搏杀过程中，前 10 年，华为根本不算对手，千禧年之后，近 20 年恩怨不断。2003 年，思科对华为提出起诉，称华为窃取了思科的代码。当时的思科，号称是"永远也不会倒下"

的世界通信设备制造商，而那时的华为，不过是一个以"低端"形象示人的中国电信设备厂商。这单官司，在当时被业界视为一个具有象征意义的事件。

2004 年 7 月，思科和华为握手言和，官司最终以和解告终，个中蹊跷难以言传。但欢喜冤家的对抗远未到结束的时候，华为被爆料禁止参与澳大利亚 NBN 项目投标时，思科钱伯斯意味深长地说了一句："华为有信任问题。"

华为的国内竞争对手中兴通讯的竞争更多地体现在市场、人才和技术的竞争上。

中兴通讯的前身实际上叫中兴维先通，成立于 1985 年年初，按时间跨度来算，几乎跟美国思科同时起步，比华为公司早成立了 3 年。前面提及当时航天系统的 691 厂技术科长侯为贵从美国回来后，自主创业，创办了深圳市中兴维先通设备有限公司，这是一个私人性质的企业。1986 年 6 月，在中兴扩展来料加工业务的同时，为寻求自身产品和市场，摆脱来料加工的被动地位，公司决定成立 8 人研制开发小组，研制 68 门模拟空分小交换机。华为在 6 年之后也尝试开发局域 JK1000 空分交换机但栽了跟头，可见中兴在时间上、技术上，起步就一直领先华为好几年。

1993 年 4 月，由中国航天工业总公司所属深圳航天广宇工业公司、深圳市中兴维先通设备有限公司合资设立中兴新公司之后，侯为贵任中兴新公司的总裁。中兴通讯公司一成立，侯为贵又任中兴通讯总裁。中兴通讯是中国重点高新技术企业、技术创新试点企业和国家 863 高技术成果转化基地，承担了近 30 项国家"863"重大课题，一直是通信设备领域承担国家"863"课题最多的企业之一，公司每年投入的科研经费占销售收入的 10% 左右，并在美国、印度、瑞典及中国等地设立了 18 个研究中心。

中兴通讯被认为是国有企业，因为国有股处于控股地位。1997 年，中兴通讯在 A 股主板挂牌上市，成为中国股市的最大蓝筹股之一，全球第四大手机生产制造商，是中国最大的通信设备上市公司。2019 年，中兴通讯集团实现营业收入 907.37 亿元人民币，归属于上市公司普通股股东的净利为 51.48 亿元人民币，与 2018 年全年相比，扭亏为盈。

中兴在国内通信设备交换机研发领域一步一个脚印。1987 年，中兴第一款产品 ZX-60 模拟空分用户小交换机，获得国家邮电部入网许可，此时，它的竞争对手任正非正在为华为成立的开办费集资而绞尽脑汁。

1992 年 1 月，中兴通讯 ZX500A 农话端局交换机的试验局顺利开局，到 1993 年，中兴 2000 门局用数字交换机的装机量已占全国农话年新增容量的 18%。1995 年 11 月，中兴通讯自行研制的 ZXJ10 大容量局用数字程控交换机，获原国家邮电部电信总局颁发的入网许可证，该机终局容量可达 17 万线，中兴通讯用了正好 10 年之力。

其实当年最牛的技术应数巨龙通信，最具政治资源、行业资源，又最有实力的通信设备企业当年实际上都在北京。

抚今追昔，40 年再回眸，根植于深圳经济特区的华为和中兴，很难说谁成就了谁，但正因为有两家势均力敌的欢喜冤家互掐互斗，互相成就了彼此，一起挤进了 2019 年四大全球电信设备供应商榜单，华为名列第一名，中兴通讯排名第四。中兴通讯虽在 2019 年 "财富世界 500 强排行榜" 榜单上 "名落孙山"，但也有幸入围 2019 年 "财富中国 500 强排行榜" 榜单上第 107 位。

深圳，华为不会跑

如果把深圳的高科技企业比作一片星河，华为无疑是最耀眼的一颗。

2018 年 4 月 4 日下午，深圳市人民政府与华为技术有限公司签署 "扎根深圳，展望未来" 合作协议。协议签署后，华为技术公司总裁任正非罕见地接受了媒体的采访，并和深圳卫视记者进行了面对面的交流。其主要内容是回顾华为和深圳共同成长的历程，任正非有何感慨，未来又将如何扎根深圳，与这座城市一起奋斗。

刚过而立之年的深圳华为，1987 年还只是一家香港公司的交换机销售代理公司，30 年后已经成长为全球领先的信息与通信技术解决方案供应商，拥有超过 18 万名员工，业务遍及全球 170 多个国家和地区。任正非在致辞中非常深情地说道："华为的成长，得益于深圳这方创新创业的热土。"

华为在深圳坂田的占地面积是 2 400 亩，如果按这个面积来计算，华为在这片热土上每一亩地、每一年给深圳市创造的税收是一千多万元。

任正非最后肯定地说，深圳的地理空间虽然是有限的，但是思想的空间却是无限的，未来 30 年，华为将继续扎根深圳，建设华为国际化总部。

"当年是大裁军，我们无路可走就走到深圳来了。我们当时崇拜深圳的改革开放，我们就是看了电视纪录片，看到袁庚的一些讲话，感到人心振奋，我们当年还是小青年（任正非南下深圳时 38 岁），而今天已经垂垂老矣。"

华为得益于特区这个改革开放的大环境，也得益于深圳率先走在全国的最前列，才有今天走向世界的机会。深圳这方热土有着良好的创新土壤和创业机会。

当年任正非有上万个理由，有上千个可能，可以不来这个边防前哨、南海小渔村。但特区燃烧的岁月在指引，袁庚的精神在召唤，关键还有基建工程兵首长李人林开国少将对他的殷切期望和鼓励。李人林十分器重任正非，据说基建工程兵部队设立副团职级别的技术干部，就是从任正非开始的。

深圳是华为，更是华为创始人任正非的福地，任正非选择了深圳，华为选择了在这里扎根，深圳因诞生了华为这家世界级的伟大企业而骄傲。

华为从 2010 年首次杀入"财富世界 500 强排行榜"榜单，名列全球 500 强企业中第 397 位。到 2020 年，以 2019 年全年营收 8 500 亿元的骄人业绩，上升到全球 500 强企业第 61 位，平均每年以上升 34 位的速度"高歌猛进"。

当年有一个十分流行的笑话：深圳的姑娘都愿意找华为人做老公，一则，找华为的理工男，他们只会赚钱，不会花钱，只是没时间做护花使者；二则，工作压力那么大，家庭会很牢固稳定，理工男不会"花心"。

今天华为全球员工有 18 万名之多，其实，另外 18 万前华为人（简称"华友"）也生活在以深圳为中心的世界各地，近百万的华为人及其家属跟深圳这方热土有着千丝万缕的联系。华为公司之外还活跃着一支跟华为相同价值观的群体，华为离职或退休的群体——华友会和华退会，他们中有人甚至离开华为长达 20 年以上了，但他们心系华为，华为精神已经深入骨髓，伴其一生。

华友会定期茶茗（华友会供图，2018 年）

华为产业高速发展的时期，更多的技术骨干后期均来自西安电子科技大学（简称"西电"）。浙江出生，西安长大，深圳再创业的俞渭华目前是全球华友会会长，西电深圳校友会副会长，"不拼爹、不拼娘，就拼背后十万狼"正是华友会企业精神的真实写照，跟华为精神一脉相承。

但很少有人知道西电的光辉历程。这所211、双一流高等院校的前身是1931年诞生于江西瑞金的中央军委无线电学校，1931年2月10日，红一方面军第一期无线电训练班，在江西省宁都县小布镇开学。1931年，中央军委无线电学校于江西瑞金洋溪组建，是毛泽东同志等老一辈革命家亲手创建了这所工程技术学校。这所红军学校曾先后多次迁址更名，1958年迁址西安，1988年定名为西安电子科技大学。

大家都知道任正非是学"毛选"标兵，在33年的企业征程上，任正非活学活用毛泽东思想，用军队铁一般的组织纪律性，带领一支"狼性"的企业军队，问鼎了世界信息和电信设备制造业的高地，而这一切光辉成绩的取得，离不开深圳经济特区这个"革命"根据地。

所以任正非才会感激地说：感恩深圳，感恩改革开放这个伟大的时代！

楚河汉界：一条路的选择

南德街有近千年的历史，是南头古城一条贯穿东西向的主街道名，穿越历史的烟云，南德街的路牌仍在，但根据深圳市行政地图，这里现在叫"中山西街"。

南头古城城楼门下是海，当年由入海河道冲刷而成的大沙滩，叫"沙头"，一望无际的荔枝林，荔枝林拥簇的大南山之外，就是南海。"南头"也就由"南山"和"沙头"地名各出一个字，组成合并而来，这里是早已被人遗忘的祖国南海前哨、东南边陲。1978年，小渔村改革开放的故事从这里开始，象征改革开放的第一声炮响也在这里炸响。

被千年的潮汐冲刷，沧海桑田，九街一城，南头古城俯瞰港澳，地势和格局一直没有变化，尽管古城门外荒草萋萋，但婆娑椰林却早已萌发出生机。

南头古城"唯我独尊"的势头在20世纪70年代中期发生了一些变化，雄踞县治所中心地位千年不动的新安县政府突然东迁，迁到了"深圳镇"，就是今天罗湖一带。不久，宝安县名一度取消，改名"深圳市"。

南德街不再被人提起，老宝安县人甚至故意将它遗忘，迈入新世纪，甚至赋予这条街道一个新名称，但这里仍是深圳悠远历史的起点，这里是深圳精神的图腾，打开深圳，可以从这里找到源头……

博物馆里的香港地图

招商局集团历史博物馆里平铺着一张地图，完整但陈旧，上面就有两道铅笔重重圈画的痕迹。

1979年1月3日，招商局集团代交通部和广东省革委会起草了致国务院的《关于我驻香港招商局在广东宝安建立工业区的报告》。荒蛮而贫瘠的荒滩——南头蛇口，在中华人民共和国行政区划地图上，甚至连一个标识都没有，1978年版中国地图上根本就还没有这桀骜不驯的"蛇口"两个字的栖身之所。为了开发南头半岛上这个偏僻的小渔村，袁庚只好找来了一张标注有"蛇口"名字的香港版地图，北上向中央汇报。

1979年1月31日上午，李先念与谷牧在北京接见了前来汇报工作的交通部副部长彭德清、招商局常务副董事长袁庚，听取他们关于建立蛇口工业区、改革开放先行一步的计划。

李先念摊开袁庚递过去的香港版地图，用铅笔重重地画上两条杠，大笔一挥，要把整个南头半岛都"圈"给袁庚。但袁庚接手招商局集团前，招商局集团还是一个烂摊子，流动资金不足，囊中羞涩，不敢狮子大张口，李先念最后圈定了临港2.14平方公里的蛇口荒滩。

每当晚年追忆往事，谈及当时的想法，袁庚总爱唠叨道：他只敢要一小块地盘，那个时候搞"面向海外"的工业区是史无前例，试验一旦有闪失，势必会对随之而来的改革开放造成不利影响，责任重大，难辞其咎。

他对中央表示，他只想要一小块地方，搞点试验，探索一下中国改革开放的走向，万一试错了，就再回秦城监狱一次。

蛇口的地名最早出现在1954年，它是南头半岛延伸到南海的一个角，曲曲弯弯，如奋勇张开的蛇口，向大海展示自己的威猛和不羁。

有了蛇口这巴掌大一块地方，袁庚才敢去做试验，后来才有了改革开放"蛇口改革试管"一说，中国改革开放就从这个桀骜不驯的地方开始，先有蛇口，后有深圳特区。

城市如森林般生长，遗憾永留在记忆深处，蛇口改革开放的历史风云还有印痕被深深地锁进了招商局集团历史博物馆，收藏在蛇口沿山路21号那浓荫的树丛之中。但留下来的历史还需要延续，这些故事被浓缩成"一个区，两栋楼，一条路"，这就是关于南头的故事、南油的故事和南山的故事。

蛇口早期骑自行车上下班的日本三洋合资公司打工妹（陈宗浩摄，1986年）

南油春秋

"一条路"叫东滨路，匆忙间就将南德街的昔日光辉"掩盖"。东滨路还算不上城市标签，最早还是一条毫不起眼的土路，被蛇口工业区的人唤成工业十路，但就是这条路，把两个世界生生地"切开"，一边是国企，一边是遵循现代企业制度的央企；一边盲目扩张，一边锐意改革；最后殊途同归，合并同类项，一起成长，这条路深藏了一代老蛇口人的集体记忆。

"一条路"不到30年，也演绎了蛇（指蛇口工业区）吞大象（指南油开发区）的神奇。

"两栋楼"，一栋是南油大厦，一栋是南油酒店，均属当年曾十分荣耀的南油集团，弹指之间，这两栋大楼在深圳经济特区40年后，都不复存在，遁迹无形。

1984年8月8日，南油集团成立，全称为"深圳南油（集团）有限公司"，由深圳市投资管理公司、中国南油石油联合服务总公司及中国光大集团共同投资成立，负责对深圳经济特区西23.01平方公里区域（南油开发区）进行综合开发建设和统筹经营管理。南油大厦就位于南海大道、登良路交会处，是南油集团总部，这栋大楼当年是蛇口地标性建筑，十分风光。

袁庚领导的蛇口工业区跟南油集团相比，当年就是小巫见大巫。袁庚的保守谨慎，让他失掉了本该就属于他的南油开发区这地块，也就是中央有关领导打算划拨给招商局集团的整个南头半岛，从而，正好多出了一个强有力的竞争对手。"南油集团"正是任正非工作过的地方，是早年在南头半岛拓荒的国有巨无霸控股企业。

1983年11月2日，广东省常务副省长李建安主持召开了关于开发深圳特区南头片区的工作会议。根据粤办函〔1983〕2811号文件的精神，并依据深圳市总体规划和为南海石油勘探开发提供后勤服务保障的需要，决定由深圳经济特区建设公司（以下简称"特区建发集团"）、中国南海石油联合服务总公司（以下简称"南服总"）一起合作成立南海石油深圳开发服务总公司（以下简称"南深总"）。12月7日，深圳市政府深府函〔1983〕478号文件批复同意成立，并明确了南海石油深圳开发服务总公司为正厅级企业，这是特定历史条件下政企不分的产物。1984年5月8日，香港光大实业公司（以下简称"光大集团"）参股南深总，南深总由内联公司变为中外合资企业，并成立了南深总新的董事会。

1984年8月7日，深圳经济特区发展公司（以下简称"特发公司"）、光大集团、南服总在深圳雅园宾馆签订合作协议书，并明确南深总注册资本为400万港币，合作期限25年。深圳特发公司（甲方）提供土地，光大集团（乙方）和南服总（丙方）各投入200万港币，利润分配比例确定为特发公司35%、光大集团32.5%、南服总32.5%。8月8日，南海石油深圳开发服务总公司举行开业庆典，这联合组建的南海石油深圳开发服务总公司就是后来鼎鼎有名的南油集团，并负责对深圳经济特区西部，以东滨路为界限，约23.01平方公里区域（即"南油开发区"）进行综合开发建设和管理。东滨路两侧的荒凉渔村全都被南油集团和蛇口工业区承包完毕，激情燃烧的改革大潮就从这条东滨路上开始。

比袁庚开发的蛇口工业区土地面积还要大18倍的南油开发区，"南油"两字，现在只能在地铁、公交站名上去触摸一下它昔日的风华。

1985年7月，南油行政办公大楼南油大厦破土动工，13个月后正式投入使用，南油集团总部及下属公司搬迁到新址办公。南油大厦从后海拔地而起，周边当时黄土、砂石一片，此后 15 年，这栋 8 层的高层建筑在黄土砂石之上金鸡独立，傲视群雄。南油开发区在特区建区 20 年，一直处在工业区和特区"乡下"这么一个不尴不尬、不显不著的位置，始终处于特区边缘一个偏僻的所在。

搬迁到新址办公，南油大厦的命运从此一直跟南油集团休戚相关、紧密相连，成为南油集团兴衰浮沉的历史注脚和参照坐标。

1984 年刚建立南油开发区时，除了一个容纳不下 200 人的后海村，南头后海一片荒芜。南油集团的成立，客观上来说对加大加快南油片区的开发起到了积极促进作用，1984—1994 年，南油开发区在南头区荒滩野岭上建立起来 4 个工业区，还有集学校、医院、酒店、娱乐、体育、商业休闲等为一体的综合配套功能区；吸引外资 8 亿多元，兴办 426 家各类中外合资企业。1993 年年底，南油开发区工业总产值超过 27 亿元，占深圳市工业总产值当年的 1/8 还多。1992 年、1993 年，南油集团连续两年被评为深圳特区综合实力最强的 50 家大型企业集团第一名，风头十足，气势如虹，波动南海。

2001 年 6 月，深圳市投资管理公司收购南油集团股份，南油集团成为深圳市属独资企业。

日盛必衰，月盈必亏，天地的盈虚，随着时间的推移而不停地变幻。道家这种朴素的辩证法，同样适用于商战。当一个行业刚刚兴起时，意味着有很大的发展机会，同时也潜伏着危机，往往意味着下一个艰苦难熬的岁月即将来临，南油后来的命运，完全印证了这句话。

阔步跃进 20 年之后，南油开发区开始走下坡路，围绕南油大厦周边的光环也逐渐"褪去"，睹物思人，人去茶凉，南油集团的辉煌瞬间不复存在，只能被载进历史。

2004 年 12 月 17 日，招商局集团与深圳市投资控股公司（几经嬗变，南油集团股权转移到深圳市投资控股公司）在深圳市五洲宾馆正式签署《南油集团增资和重组协议》。

按照协议，招商局集团及其关联实体通过对南油集团注册资本增资的方式对深圳市南油集团进行全面重组，招商局集团因获得南油集团76%的股权，成功入驻南油集团。12月20日，招商局集团托管南油集团。南油集团重组办公室地址设在南油大厦内，一直到2007年全部撤出。

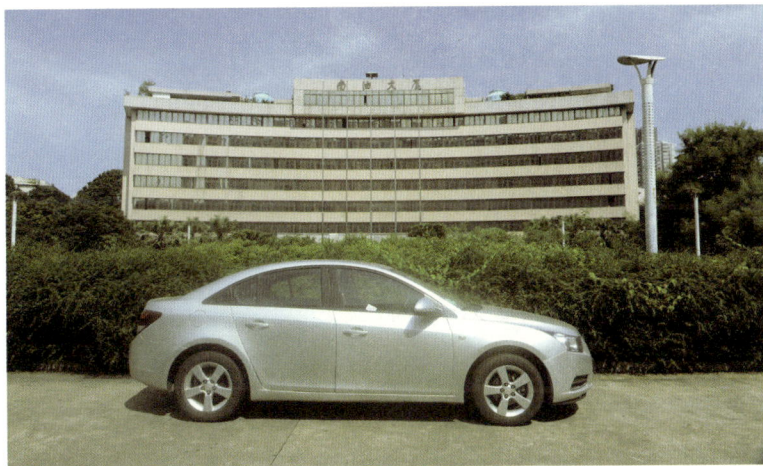

改革开放初期的南油大厦，曾经是特区一张名片（陈宗浩摄，2004年）

2014年10月，南海大道上随着一声巨响，南油大厦被成功爆破，同时宣告了特区混合制超级航母——南油集团一个光辉时代的重新又起步。南海大道上至今保留有"南油大厦"的公交站牌名，未来只能存在于记忆中。

南油酒店在东滨路的另一侧，建筑物不算高，当年就是南头的"深圳国贸大厦"，这栋原名"东滨酒店"的南山第一楼，占地面积4 587平方米，建筑面积11 512平方米，酒店主体工程1986年竣工，1987年3月试营业，比南油大厦开工以及竣工时间正好晚了整整一年，是南油最知名的涉外酒店，曾与南油大厦一起并称为"南山地标式建筑"、南油"双子星"。

岁月荏苒，时光不再，南油酒店也没逃脱南油大厦的命运，从神坛跌落，走到了终点。2005年，这家南山"第一酒店"的生命周期也进入了拐点。

深港西部大通道隧道开建，东滨路被要求全线封闭施工，沿线商家陷于万劫不复的经营困境，南油酒店恰巧地处东滨路中段，首当其冲。南油酒店业主原计划深港西部通道通车之后，重新装修一次，伺机再开业。但由于种种原因，计划一直再难启动，一搁浅就是11年，被彻底打入了冷宫。风吹日晒、海风和碱盐蚕食，酒店主体建筑构件锈蚀严重，大楼摇摇欲坠，墙体开裂，建筑物断层、变形、破落，隐患不断，南油酒店最终成了一栋彻头彻尾的危楼。

2005年1月19日，南油酒店厨房发生一起小型火灾，被消防人员及时扑救，没有造成重大损失。但此后这栋庞然大物似乎气数已尽，再也没能翻过身来。

传言也自此不断。

南油酒店早已经被转卖了3至4次，这一直属于坊间的一种说法。2005年火灾后，酒店的业主终于打算重新装修，但在装修过程中，施工队破坏了主体结构，影响了酒店安全。随后，业主与施工队发生旷日持久的纠纷，对簿公堂，导致这次大规模装修无法重启。

深圳西部大通道的开工，影响南油酒店生意，政府曾对其进行过赔偿。事情的真相是南油酒店业主将酒店大楼1～2层铺面租赁给了顺电经营，由于商家生意受损，深圳市政府为此对顺电进行了一次性补偿，而这次补偿金额并非是给南油酒店业主的，也造成业主和租赁户之间的摩擦。

圈内人更爆出猛料，说南油酒店业主让酒店烂尾的真正原因，是一直想对酒店进行加建或拆除重建，打算建30层以上的高楼，但南油酒店根本不符合城市更新基本要求，占地面积太小。当时南油酒店拆迁，就要退红线8米，酒店占地面积本来就小，按规定退红线，根本就不划算；但如果在现有基础上加建，一方面会面临政府审批，另一方面也存在技术疑点，毕竟这栋酒店楼龄太长，墙体承重是一个大问题。

2016年3月，因安全隐患问题太多，被有关部门裁定拆迁，南油酒店正式被爆破拆除，推土机进场，酒店被夷为平地，从此成了永恒的记忆。

人如其楼，楼如其人，各自的命运都极为相似。

天下大势，分久必合、合久必分。蛇口，这名不见"地图"的三分自留地从特区设立之后，见惯了"楚河汉界"东滨路两界的纷争，演绎了浓缩版的中国改革开放之路的真实轨迹。

南油大厦、南油酒店的年轮正好都是30年，这不是一种宿命，而是一种凤凰涅槃。

随着南油大厦、南油酒店相继轰然倒下，高楼林立、城轨纵横的广东自贸试验区前海蛇口片区（以下简称"前海"）浮出水面，那个曾经熟悉的"南油"渐行渐远，但"南油"这两个字仍会刀刻般长留在蛇口的婆娑树影里，在呢喃中诉说往昔的人和事……

从南油走出来第一个有世界级影响力的人物，就是华为创始人——基建工程兵出身的任正非，人们对南油集团的点滴记忆，多半都是出自这位昔日老南油人的励志故事。这个励志故事让今天更多的人记住了"南油"和南油集团。

南油集团还没正式成立之前，基建工程兵任正非正式转业到南海石油深圳后勤服务基地，时间大概是1983年下半年，这距他从重庆建筑工程学院（后并入重庆大学）毕业刚好整20年。人到中年，39岁的年龄，正是干事业的时候，南海石油深圳后勤服务基地也就是后来南油集团的前身，据说是深圳当时最大、最好的企业之一，一切都刚刚好，一切都刚刚开始，一切都朝气蓬勃。

任正非夫妇基本上是前后脚落脚到南油，也就是后来的南油集团，任正非的前妻就在南油集团总裁办就职，与南油集团前工会主席陈宗浩先生共过事。

南油故事中最为重要的一环自然少不了商战，以"楚河汉界"工业十路为界，硝烟弥漫，商战曾十分激烈。

东滨路以前都被老蛇口人称为"工业十路"，东滨路继续向前延长，就能直接抵达广东自由贸易区深圳前海蛇口片区前海石。

2018年10月25日，习近平总书记前往前海实地视察了自贸区开发情况，发表了重要讲话，再次吹响了改革开放再出发的号角。前海当年还是一片滩涂，2012年12月7日至2018年，总书记时隔6年两次亲临前海，意义非凡。

而东滨路向东延长，随着2007年深港西部通道深圳湾大桥的全线贯通，触角实际上已延伸到了中华人民共和国香港特别行政区的屯门和元朗。

深圳、香港一衣带水，一海相连，一路相牵，风风雨雨走过了71个春秋。商贸流通、商业管理，深圳人放下身段向对岸的香港学习，向西方先进的管理技术和资本市场学习，市场经济开始在新兴的开发区——南油开发区起步，并野蛮生长。40年特区建设硕果累累，成功地将一个昔日荒凉的海滩蚝田打造成了东方威尼斯海滨之城。

中国第一家外币购物商场诞生在深圳经济特区成立的第二年，就是1982年6月开业的蛇口购物中心，当年占地不足200平方米，是国内开风气之先的第一家外币购物中心，创造了当天开业、当天收回全部投资的商业神话，承载了"改革急先锋"袁庚想将这里打造成中国的"购物天堂"的理想。

又过了13年，外币蛇口购物中心关店。这一年，江西樟树人何金明从欧洲学成归国，当他一踏上充满拼搏、创业、速度的特区这块神奇热土，便义无反顾地辞职下海。

1996年4月，何金明和另外一家公司各出资250万元，在东滨路靠近南油酒店不远处，创办了第一家人人乐南油店。

和从南油下海的任正非一样，何金明辞职创业的年龄也是44岁，何金明比任正非小8岁，刚好比任正非晚了8年创业。跟任正非的别无选择不同，何金明在海外学有所成归来，认定商业连锁超市是中国的未来，十分乐观，主动下海。但后面的结果，并非如意，甚至可以说是九死一生，最后，难逃悲剧性的命运。

养路工出身的何金明从小就吃惯了苦，干事业有一股天生的韧劲。高考制度恢复后，通过自学，他考入湖南经济干部管理学院（后并入中南林业科技大学），走上了中层领导干部岗位，被国家内贸部作为优秀干部人才派往欧洲培训，按理说未来前途无量，但这个骚动不安的中年汉子，放着好好的深圳市金属交易所总经理这样显赫的职位不干，在44岁人生这个节骨眼上的年龄又开始重新出发，这需要一股子勇气，好在这也是很多特区人的气质，不服输。

人人乐超市南油店创业初期，面积小，才2 600平方米，就是这2 600平方米的超市，开店之初日营业额超6万元，奠定了南油片区零售业的江湖地位。这个店也是深圳人人乐连锁商业集团股份有限公司开出的第一家店。

但好景不长，人人乐超市南油店开店不久，家乐福进驻中国大陆，首站选中南油。

家乐福可是欧洲第一大零售商、全球零售业第二大巨头，业务范围遍及世界 30 个国家和地区。当时这家霸气的外来户，其竞争原则是：主商业圈 3 公里范围内不允许有同行存在。对手家乐福南油购物广场就开在何金明眼皮底下，距人人乐超市南油店不到 1.5 公里的地方，兵临城下，短兵相接，咄咄逼人。

零售商战不可避免，人人乐南油店当日营业额应声而下，跌破 2 万元以下，还有继续滑坡的可能。何金明 "一夜白了头"。中年创业万事哀，是进还是退？歇业还是维持现状？这是两难选择。

商战无情。支持何金明把店再坚持开下去的理由当时只有一个，将开超市的 100 万元贷款还上，就关门大吉，否则，一战功成万骨枯，出师未捷身先死。

艰难到什么程度呢？贷款开店的"负翁"何金明急迫时，还银行贷款利息的 2 万元现金当时都借不到、拿不出。第二天银行上门追讨，差点就要封门，店里的职员东拼西凑，借了 2 万元给老板，才保住了这个小店。

为了活命，不让这个新生儿"夭折"，何金明开始去对手家乐福店蹲守，一蹲就是 37 天。向对手学习，最终超越对手，壮大自己，这也许就是深圳特区 40 年竞争力、创新力和生命力的源泉所在。

从那天开始，一位中年男子成了家乐福南油购物广场店每天第一个进入、最后一个离开的常客。为方便记录，中年男子在家乐福对面的米粉铺租了一张桌子，50 元一天，每隔 10 分钟就出来记录一次，记完又跑回去继续观察，整整 37 天，中年男子对家乐福南油购物广场店的观察心得写满了 400 多页纸。

"家乐福的碗是非常有模有样地竖立陈列，我们只是平放在上面。他们的拖鞋是挂起来的，我们乱七八糟地堆着。"中年男子不断在细节上寻找着自己的差距。

家乐福是第一个在中国将生鲜引进超市的，这让中年男子纳闷不止，超市里怎么能做菜市场呢？他又悄悄地跑到家乐福的后台，趁工作人员不备，把冷库打开细细端详，这种越轨行为很快就被人盯上了。

家乐福工作人员冲上前来，警告道："哎，你这是干什么？"

"对不起，我走错路了。"中年男子傻傻地应了一句。

家乐福南油店店长戴尔顿后来也知道了这个"不速之客"，无奈之下，派两个便衣对中年男子进行紧跟盯梢，结果两人不打不相识，后来反倒还成为了难兄难弟。

"中国人最大的聪明之处就是变。学了就变，变得还比你快。"何金明蹲点学习过程中发现，家乐福市场应变速度快是它的取胜关键，于是在学会了对方的经营管理之道以及专业促销术后，回到人人乐南油店，就开始如法炮制，与家乐福展开了惊心动魄的"闪电战"。

"他们的促销策略一天变一次，我就一天变两次、变三次。在家乐福市调前我按兵不动，家乐福的市调员一走，我就马上调整计划。这样的战略迫使家乐福店长也向我学习，每天亲自带队到人人乐来两趟，后来甚至早、中、晚走访三次。"

旷日持久的商战，你来我往持续了一年半，最终的结果是人人乐超市南油店销售额从不足 2 万元攀升到 60 多万元，而家乐福南油店营业额则直线倾泻了一半。为避免更进一步的恶性竞争，互相伤害，最后敌对双方握手言和。

"这场竞争让我们学会了家乐福的狼性文化，学会了强势促销，学会了在市场上每分每毫份额的坚决不让。"何金明庆幸能够在与强手对决中取其所长、克敌制胜，是家乐福帮助了一个中国本土商业连锁企业安全度过了它的哺乳期。

一波未平，一波又起。2000 年 5 月，与家乐福店的零售纷争尚未完全平息，全球零售企业老大美国沃尔玛阔步走来，就在东滨路人人乐南油店正对面，开了一家经营面积为 2.1 万平方米、号称亚洲第一的商超购物广场，选址更加逼近，仅 150 米。

何去何从，脚底抹油，还是拼死一战呢？何金明再次面临生死抉择。

静思过后，他这次还是选择留下来。留下来的原因再简单不过，经历过了与家乐福的生死之战，何金明已明显意识到，在市场经济下，竞争是不可回避的，如果不想接受这种挑战，当年他就是入错了行，错跨入了零售业这扇大门。得知沃尔玛马上就要昂首挺胸进入南油片区，何金明这次想到的第一件事情是：必须提前布局，与之抗衡，人人乐要先行扩充规模，这次必须以其他店的利润来贴补，全力对抗咫尺之间的沃尔玛超级市场的巨大挑战，才有可能赢得全盘的胜算！

在沃尔玛从选址到开业的 11 个月的时间内，深圳人人乐连锁商业集团股份有限公司投资 8 000 万元，以最快的速度抢开两家新店。1999 年 11 月，人人乐深圳福田店开业；2000 年 4 月，人人乐惠州店开业，用规模效应争取时间和机会成本，以快打慢。

可在距沃尔玛蛇口店开业只剩 11 天的时间，发生了一件不太愉快的事情。但坏事变好事，祸兮福所倚，最后的结果是更进一步激发了何金明和他所带领团队的斗志，借这个契机，中年男子凝聚了团队的向心力，充分提振了团队的信心。大家一致下定决心，要为民族商业腾飞争上这口气。

事情的缘由是，当时财大气粗的沃尔玛根本没把人人乐南油店放在眼里，在距离南油店 13 米处竖立了一块特大型招牌，上书：沃尔玛向前 100 米。此举让人人乐的员工集体"蒙羞"！当晚，何金明带领一帮人用冷焊机把那块招牌切割掉，用货柜车把它拖到滩边，沉入大海去了。

随后的扩店将竞争演绎得近于白热化！

当年舆论的重心一边倒，倾向沃尔玛一方，何金明担心一装修，就会让大家误以为人人乐南油店因竞争不敌对手才关门歇业，在客户和供货商内部造成恐慌心理。

沃尔玛开业 2 个月后，时机成熟，人人乐便开始筹备大规模闭门扩建。关门装修之前，人人乐南油店用了 10 天时间向沃尔玛全线发起了价格攻击，27 000 多种商品全线降价，到了第 10 天甚至有的商品已经打到了 5 折以下，毛利率不到 2%。不出何金明的预料，沃尔玛不得不接受价格竞争，对商品进行了大幅降价。到了第 10 天，人人乐南油店突然宣布关门装修，打了沃尔玛蛇口店一个措手不及。

"策划的时候我们就想过，沃尔玛接下来可能会有两种反应：第一种，一看上当，赶快把价格调起来，反差太大会令沃尔玛丢掉形象；第二种，不对价格进行迅速调整而是慢慢回调，同样中了我的计。"

商者，诡道也！经商如用兵，兵不厌诈！

零售行业，一般开新店的周期是 4 个月，最快的也不会低于 3 个月。斗红了眼的何金明向手下员工提出，争取 1 个月就装修完毕。但中途他又声东击西，通过供货商放出风来，造成人人乐南油店 4 个月后重新开张的"假信息"。供货商都是零售行业的"传声筒"。这条"假信息"就迅速扩散到竞争对手沃尔玛的耳朵里，对人人乐南油店采取的相应对策有了松懈之心。

沃尔玛瞅准人人乐还有 4 个月装修期限，便迅速将自己的商品价格上调。而人人乐店却在悄悄疯狂赶工。包括何金明在内，施工人员不出卖场不洗澡，在空调的风管上面铺上纸皮，轮流在上面睡一两个小时，竟创造了 21 天商超扩建成功的神话。

沃尔玛也很担心对手的扩建速度，每天都派人打探店铺的装修情况。为了麻痹对方，所有设备人人乐南油店都选择在凌晨时段运入，随后便"闭门"，故意在门店的卷闸门外面堆着垃圾不运走，但有谁知道：其实所有商品均已上架，促销价格都已布置好。

21 天以后，人人乐突然在蛇口电视台和深圳的大小报纸上刊登广告：人人乐南油店第二天开业。这天晚上，卷闸门前的垃圾终于全部清走，第二天清晨闸门一开，宽敞的购物大厅里灯火通明，促销的商品琳琅满目，价格非常优惠，而沃尔玛则因为没有防备，又一次被"狡猾"的对手彻底算计了。当时沃尔玛中国营运总监也不得不承认："在中国，能与沃尔玛面对面竞争，并能继续发展下去的企业，只有人人乐。"

1980 年深圳经济特区成立，实行市场经济，市场形势瞬息万变，唯一不变的是市场规律和顾客的需求，谁掌握了这一点，谁就可以以不变应万变。从实战中来，再到实战中去，尊重对手，善于向对手学习，楚河汉界演绎的商界风云并没有就此打住。过去的辉煌并不就能让你的企业在前进的道路上一劳永逸，东滨路"一条路"的故事还在继续……

粤海街道办：承载"光荣与梦想"

2017 年 7 月 21 日，位于东滨路西侧的人人乐超市，深圳本土企业人人乐连锁商业集团股份有限公司在深圳开设的第一家超市正式宣布停业，自 1996 年开业至今，营运 21 年，最终难逃关门的命运。

人人乐南油店是南山片区居民买菜购物常去的地方，许多老居民纷纷表示了不舍。即使到目前为止，人人乐南油店也是深圳特区存活时间最长的商业零售超市，创造了特区商业零售存活最高纪录的神话。

中国民营超市第一店——人人乐南油店，1996 年开业，2017 年 7 月停业，21 年。

中国第一家外币购物商场——蛇口购物中心，1982 年开业，1995 年停业，13 年。

中国民营超市第一股人人乐于 2019 年 10 月 31 日被西安曲江文化要约收购，过户手续办理完毕，人人乐的控股股东由浩明投资变更为曲江文化，公司实际控制人由何金明、宋琦、何浩变更为西安曲江新区管理委员会。

深圳特区最大的市管企业——南油集团，1983 年成立，2004 年底进入股权重组，21 年。

中国第一家科技类民营企业——华为技术有限公司，1987 年从南油开发区艰难起步，2019 年位列世界 500 强第 61 位，成为全球电信设备领域里的"巨无霸"。

比华为正好晚一年，1988 年，中国平安银行从东滨路以南的蛇口开始起步，是中国第一家股份制保险企业，至今已发展成为金融保险、银行、投资等金融业务为一体的整合紧密、多元的综合金融服务集团。2019 年《财富》世界 500 强排行榜第 29 名；2019 年《福布斯》全球 2000 强第 7 位。

1998 年腾讯公司在华强北深圳市赛格科技园二栋东四楼这间不起眼的地方，取名"腾讯"，开始艰难起步。如今这里被腾讯永久租赁了下来，作为腾讯纪念馆（苏文摄，2020 年）

1993 年，汕头籍的马化腾也从南油开发区附近的深圳大学计算机系毕业，在通信行业打工 5 年后，1998 年和自己的同学张志东注册成立深圳市腾讯计算机系统有限公司，目前三栋腾讯总部大厦均分布在南头古城外，其中，层高 230 米的前海腾讯数码大厦双子塔可望在 2022 年正式启用。

马化腾这位初期官司缠身的 IT 男终于熬过了酷暑难耐的艰难岁月，成为坚守"南油"这块风水宝地的互联网标杆企业，屹立潮头不倒。

腾讯海滨大厦总部（中航供图）

中国最具成长性的创新企业——深圳市大疆创新科技有限公司，2006 年 11 月 6 日成立，彼时创始人汪滔还是香港科技大学在读研究生，必须经常往返深港两地，每个周末便回到深圳的城中村挥汗如雨，进行无人机研发。

大疆创新为全球领先的无人飞行器控制系统及无人机解决方案的研发和生产商，目前客户遍布全球 100 多个国家，成为全球无人机企业的"大哥大"。2014 年，大疆创新搬迁到深圳市南山区创维半导体设计大厦，这片区域就是当年的南油开发区，但标志性的建筑——南油大厦已不复存在。

2017 年 8 月 14 日，美国总统特朗普签署行政备忘录授权贸易代表对中国开展 301 调查。随着中美贸易摩擦升级，美国针对中国高科技企业发动了精准打击，早先有中兴的"芯片危机"，之后华为、大疆等公司也纷纷被美国纳入到"黑名单"之中，而这些企业最初的注册地址，恰恰都在深圳南山区的粤海街道办，也就是昔日特区精神的聚集地——南油。《人民日报·海外版》2014 年创办的新媒体"侠客岛"，也很快关注到这一热点，粤海街道办当年还只是南油开发区里的很小一块区域。

从南山区粤海街道走出去的这些名企，已经发展成为中国科技和中国制造的栋梁，无怪乎"侠客岛"在微博上发出调侃：这哪里是中美之间的贸易博弈，分明是美国和深圳南山区粤海街道办的一场世纪之战。这是 2019 年上半年网络平台上流传得很广的一条段子。

粤海街道就是这样一个神奇的存在！

据官方的统计数据，2019 年深圳市南山区的 GDP 达到 6 103.6 亿元，同比增加 7.6%，连续 7 年在广东省区县 GDP 经济指标中独占鳌头。南山区常住人口 145 万人，流动人口 300 万人以上，人均 GDP 超 5 万美元，已抵得上一个发达的中型国家。可南山区粤海街道核心区，只有 14 平方公里，开车从街道上绕一圈，大概只要 10 多分钟。在这片神奇的土地上分布着946 家高新技术企业，孵化出了 87 家上市公司，其中有 9 家独角兽企业。

就是这块 14 平方公里的神奇土地，却创造出超过 2 509 亿元 GDP，这个体量相当于西部省会兰州或广东汕头经济特区的总和，更为重要的一点是，粤海街道办经济不是靠重工业，不是靠服务业，不是靠银行和房地产，而是靠高科技产业。

如果以人均计算，粤海街道人均 GDP 高达 18.5 万美元；要知道即使是全世界人均 GDP 最高的国家卡塔尔，也不过是 12.8 万美元。

在这片神奇的土地上，走出了中兴、华为、大疆、腾讯等科技巨头，集中了全国顶尖的高新技术企业，诞生了马化腾和许家印前后两位全球华人首富。

有人编了一句词：美国有硅谷，日本有银座，中国有粤海。著名国际经济学家张五常教授预言深圳将会超过上海和美国硅谷，成为整个地球的经济中心，而群英荟萃的粤海自然就是深圳的中心。

可谁能想到，40 年前，这里还只是一片滩涂，30 多年前，这里就叫南油开发区呢？只有经历过搏杀，经历过失败，才能成长为参天大树。

在《中国区域孵化能力评价研究报告 2016》中，以创业环境而论，深圳南山区以 87.58 分位居第一，北京海淀区以 84.00 分位居第二，上海浦东新区为 74.78 分，位居第三。

科技产业的发展，一看研发投入，二看转化效率。以往的科技研究都会面临转化的难题，南山区成功的秘诀就是充分信任企业，把机会交给企业，因而南山区企业孵化成果的效率显著。南山创新力量的显著特征可以概况成"6 个 90%"：90% 以上的创新型企业是本土企业、90% 以上的研发机构设立在企业、90% 以上的研发人员集中在企业、90% 以上的研发资金来源于企业、90% 以上的职务发明专利出自企业、90% 以上的重大科技项目发明专利来源于龙头企业，从而将研发、生产和市场进行有效对接。

2018 年，南山区获 PCT 国际专利申请量达 7 055 件，占深圳全市近四成，占全国 12.8%。南山区知识产权服务机构已达 71 家，维正知识产权集团、布林克斯律师事务所等国内外著名服务机构落户南山，知识产权密集型企业及优质服务机构聚集效应显著，不断促进南山区知识产权要素资源优势迅速转变为产业优势和竞争优势。全国许多地区在科技研发的过程中主要依靠高校、机构和国企，但在深圳南山，民企担负起了科技创新的重任。

任正非曾经提到特别喜欢的一张照片，一架在"二战"中被打得千疮百孔的伊尔战机仍然在坚持飞行，眼看就要坠落，但是最终它还是惊人地安全返航。

任正非说："我觉得这架战机很像我们公司现在的情况。华为现在的情况就是一边飞一边修飞机，争取能够早日飞回来。"

成长中的忧虑

深圳特区 40 年历程，在市场化的道路上，可谓是一骑绝尘。

今天看起来习以为常的市场经济机制、组织机构和运营模式，都是从深圳这片热土上发展而来的。深圳特区诞生了中国历史上第一次公开的人才招聘、工程招标，中国首起土地拍卖，出现了第一家中国的股份制企业和内地第一家外资企业。

所有的经济制度都离不开人。人类历史上所有创造过奇迹的城市，几乎都是移民城市，移民带来了劳动力，带来了丰富的技术创新潜能，更形成了一种难能可贵的开放的环境。在各大城市人才争夺战中，深圳的落户门槛偏高，但吸引力依然不减。2018年，在北京、上海等一线城市人口出现净流出的背景下，深圳以近50万的新增人口高居全国城市人口净流入第一位。

吸引人才主要依靠薪资水平。有数据显示，2018年一季度，南山区平均招聘薪资高出全市均值20%，其中高薪职位占比显著高于深圳全市均值。另外，南山区有20.4%的职位平均招聘月薪在1.5万元以上，高出深圳全市均值9.1个百分点。

另外，人口年龄结构中年轻人占据更多的比重，城市的传统包袱小、新锐意识明显，也是深圳成为创新中心的关键之一。

当然深圳也有自己应当面对的困境，深圳两大产业核心——粤海科技片区和前海金融片区，无论是土地价格还是房地产价格都处在相当高的位置，几乎可以和世界顶尖的城市核心区相匹敌，但今日南山与粤海的实力，尚不足以超越硅谷和银座的地位。

对产业而言，地价和房价最终都会转化为企业成本。可能对于金融行业而言，高地价还可承受，但对于高新技术企业而言，高地价会产生比较强的挤出效应，形势不容乐观。针对这一问题，2009年深圳已经针对性地提出了以发展公租房为核心的房地产改革措施。

深圳的另一个短板仍然是高校资源稀缺。数据显示，深圳的在校大学生数量直到2018年才突破10万，远低于绝大多数省会城市。深圳2018年就提出：未来10年投入1 500亿元，集中资源办更多高水平的大学，力争到2025年高校数量达到20所左右，在校生超过25万人，成为高等教育强市之一。

粤海街道办的南界线就是东滨路，岁月流转，这里已经发展并成长为"高新技术产业聚集区、高校和科研机构聚集区、现代服务业聚集区和新型高端社区聚集区"。东滨路再向东，粤港澳大湾之核心区域——前海在望！未来在望！

湾区潮涌

The High Tides in Greater Bay Area

Chapter 3

金融科技新城

　　深圳经济特区从开始的一无所有，到世纪之交，用了不到 20 年时间，成功地跻身世界十大金融之都，成为一个集科技、金融、实业、制造业于一体的超级城市综合体。

海上看湾区（邱海虹摄，2020 年）

　　围绕"金融先行示范"，如何下好这盘活棋？金融与科技相结合，如何用这经济发展的双引擎，去触发新经济，去释放更大的能量，再造一座金融科技之城？这都是特区金融管理者、金融从业人员急迫需要思考的问题。

　　2019 年，《粤港澳大湾区发展规划纲要》《支持深圳建设中国特色社会主义先行示范区的意见》两个文件相继出台，可谓珠联璧合。其中金融科技多次被提及，可见未来这个领域将继续成为推动深圳经济继续前行新的增长极。

　　2019 年 11 月 26 日，"2019（第五届）中国金融年会"在深圳丽思卡尔顿酒店举行，大会的主题是"金融新动能：科技与融合"，"金融＋科技"的融合发展至此成为一个不可回避的命题。

深圳市地方金融监督管理局巡视员肖志家在本次年会上晒出了最近几年深圳金融及金融科技所取得的"成绩单"，深圳金融产业聚集效应持续增强。2019 年 9 月，最新一期"全球金融中心指数（GFCI）"显示：深圳进入全球十大金融中心行列，位列全球金融中心第 9 位。其中深圳金融科技在全球列第 5 位，绿色金融在全球列第 15 位。

深圳金融业体现了独特的科技"含金量"。2019 年前三季度，深圳实现金融业税收（不含海关代征关税和证券交易印花税）1 211.4 亿元，占全市总税收的 25%，稳居深圳各行业之首。

深圳在"十三五"规划中提出把深圳建设成为国际化创新型金融中心。金融科技作为金融创新业务的重要方面，强调利用大数据、云计算、人工智能等科技优化金融服务流程，改进金融服务业务模式，提高金融风险甄别能力，等等，这都成为深圳建设现代化、国际化金融创新中心的重要抓手，践行"金融先行示范"的重要一翼。

曾经历过的迷惘

互联网金融、金融科技、科技金融，这三个词近年来频繁见诸各媒体报章，相关定义非常容易被混淆。

互联网金融落脚点在"金融"，是传统金融机构与互联网等科技企业利用互联网技术和信息通信技术实现资金融通、支付、投资和信息中介服务的新型金融业务模式。互联网金融本质上仍属于金融，没有改变金融风险隐蔽性、传染性、广泛性和突发性的特点。

科技金融落脚点也在"金融"，是指金融如何支持和服务科技产业。由于高科技企业通常是高风险的产业，同时融资需求比较大，因此，科技产业与金融产业的融合更多的是科技企业寻求融资的过程。

金融科技（FinTech）一词最早源于美国，其本身也是一个创新词，由"Financial Technology"合成而来，从字面上理解，即应用于金融的技术，与科技金融最大的区别是金融科技落脚点在"科技"。

以下可以分别从产业、业务、科技等不同的角度来解读这个技术术语。

首先从产业的角度研究金融科技，金融科技可以被理解为应用现代科技从事金融业务创新的初创企业。美国和一些国际咨询公司基本上采取这一定义。

例如：美国商务部认为，利用软件和技术提供创新金融服务的金融科技公司，通过降低金融成本、延展服务范围，将重塑和改善整个金融面貌。然而，传统金融机构一直是金融科技的主要参与者与实践者。随着金融科技初创公司业务模式的不断创新发展，传统金融机构也开始愈发重视利用现代科技加快金融创新，将主体限定为"初创公司"难以客观描述金融科技的本来面目。

其次从业务的角度分析金融科技，可以将金融科技理解为金融与科技相结合所形成的创新业务模式，包括移动支付、网络借贷、网络保险、股权众筹、智能投顾等。

英国政府首席科学顾问发布的《金融科技未来》报告认为，金融科技通过金融与科技的融合，有望创新和颠覆传统金融模式和业务，为企业和个人提供一系列全新的服务。目前国内一些互联网金融也是从业务模式的角度进行界定，即：互联网金融是传统金融机构与互联网企业利用互联网技术和信息通信技术实现资金融通、支付、投资和信息中介服务的新型金融业务模式。

最后从科技的角度来审视金融科技，前海金控博士后肖子龙认为可以将金融科技理解为现代科技在金融领域的应用和创新。金融科技以大数据、云计算、人工智能、区块链等技术创新为驱动力，囊括金融服务全部环节和金融业务的各个方面，全面应用于各个金融业务细分领域，是"金融＋科技"的高度融合，颠覆了原有的金融逻辑，重塑了整个金融市场的价值链，大幅提高了金融市场的运行效率，对未来整个金融行业的价值重构具有深远影响。

如果从金融科技的发展应用上来看，目前，国内专业人士比较倾向于这种定义，即金融科技是指科技在金融领域的应用，旨在创新金融产品和服务模式、改善客户体验、降低交易成本、提高服务效率，更好地满足人们对金融的需求，其参与者不仅包括通过科技提供创新金融服务的金融科技公司，也包括传统金融机构、为金融业提供技术服务的科技公司、投身于该领域的投资公司与孵化器以及金融业不可或缺的监管机构，它们共同组成一个生态体系，在竞争与合作中，共同推动着金融业的创新、变革与发展。

作为国内的区域金融中心，深圳的条件显然不如广州，与香港携手似乎也还比较艰难，有一道有形的铁丝网和一堵无形的心理之墙隔阻。从时间的布局和空间的布局来看，深圳金融业实际上也折射出了深圳经济的尴尬，即地缘经济的局限性。它夹在香港和广州之间，而香港是中国面向世界的窗口，广州则是华南的门户、珠三角的枢纽，深圳居其中只能算是一块夹心饼干。深圳天生具备这种危机感，两面受压，非生即死，深圳金融业狭缝中求生存，不创新，不跟科技结合，就只能死路一条。

千禧之年——2000年，特区金融决策者们一直纠结：深圳是否有必要成为一个区域性金融中心？是否需要取代谁，吃掉谁？这种纠结一直在影响特区金融业发展的方向和目标定位。

在这个问题上，深圳市商业银行行长王骥的观点是：特区资源有限，长远来看不可能靠房地产和制造业去跟其他城市比拼，深圳未来必须走服务业之路，与香港携手构建服务华南和南亚地区的区域金融中心是不二选择。

2010年深圳设立前海深港现代服务合作区管理局。2012年12月7日，习近平总书记来到前海，对前海提出"依托香港、服务内地、面向世界"发展方向时，就已经十分清晰明确，这仍然是延续了深港两地几十年前就起步的"金融科技梦"。

当多数特区人对这种转型，表现出茫然而不知所措，无法找准自己正确的定位，是因为一直没有参透这样一个最基本的认识，即：中央设立经济特区的初衷和目的是什么？

深圳经济特区自设立之日起，前面将近20年的发展一直依赖中央赐予的政策倾斜和优惠的红利，简单地说，就是全国其他地方没有的"特区红利"，这也为后来建立一个比较完善的市场经济体系做了一些铺垫；此外，中国希望特区在金融改革和创新上，给全国有一些新的示范，尝试一些新的做法。

如果说前 20 年深圳在经济建设和发展上一直处于全国领跑者的位置，深圳未来面临的是群雄环伺、你追我赶的激烈竞争局面。深圳不可能再有政策优势，地缘优势也有很大的弱化，生活指数、商务成本都比较高，必须进一步增强忧患意识和危机感，在金融创新上寻找突破口和变化，这就是金融科技在深圳孕育、发芽、生长的最大的历史背景所在！

显然，迟到的觉醒换来了深圳改革设计者们的思想意识的转变，从而导致顶层架构和战略发展的转变和优化，从而强化了金融优势，特别是紧抓互联网发展这波大浪潮中最重要的一朵浪花——金融科技，凤凰涅槃，一飞冲天，脱颖而出。

杀出一条血路结硕果

"中央没有钱，你们自己去找，杀出一条血路来。"特区发展初期，中央领导人已经明确地表了态，深圳经济特区的建设不要等，不要靠，要运用好政策，自谋出路。

填补资金缺口、平衡资金供需的重任落在深圳金融业的肩上，金融业扛起了突破资金"瓶颈"的历史重担。既然深圳特区是作为中国改革开放的"试验田"而成立的，深圳金融业在改革开放初期也就勇担了中国金融体制改革开放中的第一个吃螃蟹者，在银行、证券、保险等行业领域里创造了中国金融史上 100 多项中国"第一"。

1981 年，南洋商业银行在深圳设立分行，这家分行成为国内第一家外资商业银行。作为对外开放的窗口，深圳特区是我国外资银行最早进入的城市；北京是中国外资银行代表处最早设立的城市，1979 年，日本住友银行在北京市设立了代表处，成为我国第一家外资银行代表处。

1985 年，深圳创建了中国第一家外汇调剂中心。

1986 年 12 月 5 日，深圳成立了中国第一家中外合资财务公司——中国国际财务有限公司（深圳）。

1987 年 4 月 8 日，招商银行成立，成为中国第一家完全由企业法人持股的金融业股份有限公司。

1987 年 5 月，中国第一家公开发行股票的上市银行——深圳发展银行发行上市股票，第一张银行股票面世。

1988 年 3 月 21 日，中国平安保险股份有限公司成立，是中国第一家股份制保险企业。

1989 年 7 月，经国家外汇管理总局批准，招商银行率先在全国范围办理离岸业务。

1990 年 12 月 1 日，深圳证券交易所开始集中交易。"老五股"集中在深交所挂牌上市，与上海的"老八股"一起成为中国证券业的里程碑。

1991 年 4 月，中国第一家贷款证制度，在深圳金融行业试水，有效配合了银行资产风险管理改革，目前，这一制度已经作为一项成功的改革经验在全国银行业推广实施。

1991 年 6 月 10 日，中国第一家期货交易所——深圳有色金属交易所（SME）经中国有色金属工业总公司和深圳市人民政府批准正式成立。

1993 年，中国首家中外合资银行——华南银行在深圳特区成立。

1993 年 6 月 3 日，深圳经济特区融资中心成立，向全国资金市场开放的中国第一家试行资金公开买卖的货币市场建立，标志着特区面向全国的货币市场正式形成。该中心采取会员制，会员有权参与中心交易的中国人民银行融资券和其他有价证券，进行资金拆借业务。

1994 年 5 月 28 日，中国第一家外汇经纪中心——深圳外汇经纪中心在特区成立，实现了与国际市场联网进行外币间的买卖，成为当时国内唯一能参与国际市场交易的外汇经纪中心。

1994 年 11 月 24 日，招商银行跟华为技术有限公司举行买方信贷签字仪式，标志着深圳在国内率先推出了金融资本与产业资本相结合的新形式——买方信贷。此举被金融业业内人士誉为"具有深远意义的突破性改革"，"迈出了国内金融改革的重要一步"。

1995年6月22日，中国第一家地方性股份制商业银行——深圳城市合作商业银行经中国人民银行总行批准宣告成立，标志着深圳金融改革又有了新突破、新进展，为全国各地正在组建的城市商业银行提供了经验和启示，为中国金融体制改革提供了经验。

1995年7月3日，深圳招商银行在国内第一家推出"储蓄一卡通"新业务，成为国内储蓄业务的"一次革命"。

1995年12月18日，深圳金融结算中心宣告成立，这是中国第一家完全按照与国际金融标准接轨的要求，专业从事金融电子化清算系统开发、运行与维护的金融机构。

2003年，招商基金管理公司在深圳特区成立，这是中国第一家中外合资财务公司。

中国第一家中外合资财务公司、中国第一家证券公司、中国第一批证券管理条例和法规、中国第一个基金管理条例、中国最早的电话银行业务、中国第一个银团贷款、中国第一个楼宇按揭贷款、中国第一台银行自动取款机……无一不是在深圳特区诞生。深圳金融业的创新和改革形成了多层次、多方位发展的格局，金融实力大增，成为特区经济建设的开路先锋，义不容辞地承担了中国金融领域改革开放、创新和发展的"急先锋"角色。

前海深港基金小镇全貌（前海管理局香港事务处供图）

创新与融合，飞贷金融科技案例

2019年7月22日，吴晓波频道出品的《地标70年》——2019年首档探索经济地理的纪录片在深圳如期摄制成功。曾被新华社《经济参考报》称为"深圳金融创新缩影"的飞贷金融科技董事长唐侠，作为吴晓波的老友，受邀接受采访，谈到创业创新的酸甜苦辣，以及在深圳所历经的30余年的小微金融时感慨万千。

吴晓波采访开场白是这样说的："我会在很多行业选择一些标杆企业，常年追踪，以了解最新的变化动态。在金融科技领域，我选择的是深圳的飞贷金融科技。"他接着说："飞贷金融科技是从死人堆里爬出来的，我见过很多混乱的金融企业。今天这么厉害的技术飞贷金融科技团队做出来了。"

"在深圳这片创新热土上，飞贷金融科技又是如何在万众创新中脱颖而出？"吴晓波抛出了这个疑问。

唐侠是这样回答的：飞贷金融科技成立近十年来，几乎以两年一变的姿态引领行业创新。2010年自主开发信贷工厂系统；2013年开发移动应用支持业务流程的互联网化，打破时空障碍；2015年全球首创随时随地随借随还的移动信贷产品，面向全网用户将贷款全流程缩短至几分钟，荣获国家多项专利及政府金融创新奖项；2017年推出移动信贷整体技术，与多家涵盖保险、银行、信托、支付的金融头部企业达成整体技术输出合作。

而作为唯一入选美国沃顿商学院的中国金融科技案例，飞贷金融科技是国家高新技术企业、深圳市级企业技术中心，2016年、2017年连续两年入选"中国百优案例"。其移动信贷整体技术，国际赞誉颇多，2018年以最高分荣获由世界银行和G20联合颁发的"全球小微金融奖"最高奖项铂金奖，成为唯一获得大奖的中国企业。这是中国金融科技企业首次荣膺由世界银行级别权威组织颁发的国际性大奖，也是迄今为止中国小微金融领域企业荣获的最高奖。2019年更是被美国《时代周刊》评为"全球金融科技最佳实践"。沃顿商学院Amit教授接受美国《时代周刊》采访时是这样评价飞贷的："飞贷金融科技的成就和创新非常独特，它的创新是全球金融科技行业最佳实践，其对小微金融借款人的独特价值主张、技术创新，以及领先的风险管理实践正在重塑全球移动信贷的格局。"

2019 年年底，深度研究金融科技领域的诺贝尔经济学奖得主萨金特与飞贷金融科技总裁曾旭晖深度对话，并表示："普惠金融在全球已经提出40 多年。在中国，诸如飞贷金融科技这类先进的技术和优秀的企业，与规模庞大的市场场景美妙结合，让普惠金融成为现实。"

由美国麻省理工学院斯隆管理学院出版发行的世界十大综合管理类期刊之一《MIT 斯隆管理评论》主编 Paul Michelman 也曾点评说："中国企业的创新势头和成果简直不可思议，美国人严重低估了中国企业的创新能力，飞贷金融科技的发展历程堪称商业创新的传奇。"

这就是金融科技成功发展的一个靓丽的"深圳样本"。

成长密码——微信支付故事

"可以扫码支付吗？"

"微信还是支付宝？"

"二维码在哪？"

这种购物场景式对话，每一个人每一天都在反复地使用，就类似当年的问候语："您老，吃了吗？"在这个手机比饭票还重要，没有钱可以，但没有手机不行的年代，手机支付已经成为家常便饭，钱包就在你生活中须臾不能离开的手机中，手机好似一个人生命的血液，甚至像身体上的组成零件。

《致生活》是微信支付官方版品牌形象纪录片。《致生活》这样来诠释金融科技的价值：洞见人心所向，实现生活所向。从社交红包、扫码支付工具到渗透社会各行业的科技助力者，微信支付这些功能定位转变所反映的，是微信支付本身对自己产品角色和定位的不断思考和演进。

那么，微信支付是如何成为今天深圳金融科技标杆的呢？

作为一个社交产品，微信于 2011 年上线。微信支付出现于两年后的

2013 年 8 月，最开始的产品定位仅仅是"移动支付工具"，作为微信中一个不太起眼的附属功能。

当智能手机热潮兴起之时，微信社交应用成了移动互联网第一波流量收割者。但对于当时的大众来说，"移动支付"还是一个新名词，作为社交服务里的领头羊。微信支付当时的角色，更接近于移动支付概念的普及者，根据这样的产品定位，微信支付也有了当时主推的三大核心功能——扫码支付、App 支付、公众账号支付。

微信红包成为一种时尚（电视截屏）

从今天的角度看，它们都属于非常基础的功能。但在 2013—2014 年，正是这些简单的功能，让人有了低门槛体验移动支付浪潮的机会。上线不到一年时间，微信支付就开始走红，这完全得益于"微信红包"的新功能。微信红包是十分中国、十分本土化的创新，从产品上考量，本质上其实就是一种转账功能，但在洞悉中国传统习俗及人们的情感诉求后，微信支付用红包进一步定义支付行为，配合微信本身天然的社交属性，微信支付大行其道。

2015 年羊年春晚，适逢红包需求最旺盛的春晚除夕夜，微信红包品牌活动，让微信支付一夜"红遍"大江南北，走红中国。10.1 亿次的微信红包收发量，110 亿次的摇一摇互动……这些亮眼的数据，不只是这次品牌营销的成功，更多的是金融科技的突破性创新的成功，是中国大众接受和拥抱移动支付这种新产品形态的开始。

而在这之后的几年，随着人们对移动支付的理解加深，小程序、小账本等新功能上线，商业经营活动的数字化，指纹、虹膜、刷脸，甚至现在连脉搏等新技术都能辅助完成支付，类似无人便利店、新零售、智慧社区等新的商业形态也成为可能。以微信支付为代表的移动支付，不仅让中国金融系统运转效率大大提高，甚至还让美国的科技公司纷纷开始模仿。

为金融场景服务的更多的高科技也加速涌现了出来：人工智能数据分析、多种场景的图像和语音识别技术正在被应用到微信支付的产品中，再渗透到商业和民生的各个领域。通过扫码购、社交支付、自助点餐、小微收款、生活缴费、无感支付、自助购、小程序乘车码等体验构筑的智慧生活应用所倡导的，也许就是人们未来对生活的更本质化的需求。

《纽约时报》有一小段介绍中国微信的视频，美国人是这样"定义"中国微信的：这是你的WhatsApp、Facebook、Skype和Uber，你的Amazon、Instagram、Vimeo和Tender，里面的各种服务，数不胜数。

以微信支付等为代表的金融科技产品不仅改变了我们的生活方式，还改变了世界对中国创造的看法。上述所有中国式创新，都有一些共同特点：建立在移动互联网基础之上，全面数字化和智能化，围绕用户实现自然、高效、整合性创新，超越传统服务的模式和水平。正是这些创新，让中国人的生活方式在最近5年实现了对西方世界全面的弯道超车。

而这恰恰就是金融科技带来的一种近乎科技哲学的新思考：金融科技本身不是目的，让每一个人生活更加美好才是终极目标。

从目前来看，中国是金融科技的受惠者，是全球金融交易最活跃、支付最便利、成本最低、效率最高的国家之一。正如毕马威亚太区金融业主管合伙人Simon Gleave所描述的，中国金融科技发展迅猛，在全球具有领先地位。移动支付是目前金融科技领域最成功的，却也不是完全没有服务摩擦的，其他领域更是有很多痛点，有待利用科技手段解决。2019年，中国上规模的金融科技企业的营收规模达到15 200亿元，直达上亿客户规模。

目前中国的金融科技更偏向于实际金融业务的后端，并不是金融产业链中利润最丰厚的一环，因此短时间内金融科技的营收规模很难迎来爆发性的增长，但即便如此，2020 年预估将突破 19 000 亿元。

而这相当一部分均来自深圳经济特区的金融科技创新的成果。

哪怕最近全球新冠肺炎疫情全面爆发，金融危机的阴影挥之不去，但危机中也孕育着更大的商机，很多线下业务加速被逼向线上发展，深圳的金融科技反而会迎来前所未有的发展机遇。

金融—融城

一句经典的俗语是这样的："今天你对我爱理不理，明天我让你高攀不起。"

深圳金融科技怎么做到后发优势，从追赶时代到引领时代，从而走在全国甚至全球的前列？

当年深圳和上海的竞争，用今天发展的眼光来看，不免有点幼稚甚至急功近利。竞争一定非得要分出个高低上下？一定非得是零和游戏？就如同今天的中美竞争，美方的主流观点偏向于零和，你赚就是我亏，利我永远是第一；而中国的观点认为其本质是互利共赢。所以深圳在国内同上海的关系，更是一种彼此增强，双方实现互利共赢的积极竞争。其结果就是世界十大金融城市，中国占据四席，深圳利用金融科技实现弯道超车，从而一举奠定今天世界级金融都市的基础。

作为中国市场经济发育最早、最成熟的城市之一，深圳金融产业规模长期位居全国前列，并已成为深圳市的支柱性产业之一。从 2010 年互联网产业的发展后期，深圳很好地抓住了金融科技风口，借助科技推动金融创新，微信支付、平安金融、微众银行、招联金融等一大批优秀金融科技公司相继成立，金融产业在原有基础上再次取得较大发展。

中国综合开发研究院发布的最新一期中国金融中心指数报告显示，深圳的金融产业发展综合排名已跃居全国第三，并依然在迅速发展，金融产业增加值近三年年均增速 13.93%，高于北京和上海。毕马威中国"2019 领先金融科技 50 企业"评选结果也验证了这个报告，深圳以 15 家入围，排在北京和上海之后，名列国内第三，凸显了深圳在金融科技领域的中国地位及全球地位。从评选标准的几个核心维度来看，科技与数据，创新与变革，金融服务普及，资本/市场认可度，发展前瞻度，企业洞察力模型（SIP）等，再集合团队、技术、产品、市场、融资等多个维度，深圳的企业都处于全国甚至全球领先地位。

前海金融创新（前海管理局香港事务处供图）

其中起码有三板斧起到了决定性作用！

首先，政府搭台做好顶层设计。

《深圳市 2018 年政府工作报告》中指出，"要做强做优金融支柱产业，出台支持绿色金融和金融人才发展的政策措施，大力发展金融科技、消费金融、财富管理、互联网征信等，并新引进持牌金融机构 25 家以上，推动央行金融科技研究院等项目落地，打造市级金融控股平台，提高金融服务实体经济效能"。这是继 2017 年后，深圳市第二次在政府工作报告中提及金融科技。金融科技发展时间尚短，具体发展模式各地都还处于积极探索阶段。目前深圳市出台的最重要政策是 2019 年 6 月深圳市政府发布的《深圳市扶持金融业发展若干措施》，措施中重点提到"充分发挥金融创新奖和金融科技专项奖的创新激励作用"，其中的金融科技专项奖重点奖励区块链、数字货币、金融大数据运用等领域中的优秀项目，年度奖励额度上限达到 600 万元。

在促进金融科技发展机构建设上，深圳市有关部门牵头成立了和信中欧金融科技研究院，研究方向分为金融信息安全、金融交易和金融数据三大类，重点聚焦区块链、身份识别与认证技术、安全支付技术以及与金融相关的人工智能和大数据技术研发。该研究院将引领深圳建成与伦敦金丝雀港遥相呼应的金融科技人才聚集地与金融科技产业发展聚集地。

其次，市场主导发挥资源优势。

虽然深圳市政府积极推动金融科技变革，但是在整体上，深圳始终坚持"小政府、大市场"理念，既不干预企业日常运营，也不形成地方保护主义，而是支持更多通过市场规则、市场价格、市场竞争引导资源配置的行业行为，使市场化理念被行业普遍认同和遵循。例如，深圳市金融办自设立之初即定义为产业协调服务机构。这充分发挥了深圳民营经济发达、民间资本充裕的优势，拓宽了民间资本进入金融领域的通道，民营企业也可以积极通过多种方式发起或参与设立各类金融机构及新兴业态。

再次，服务实体提供多层次需求。

金融是实体经济的血脉，服务实体经济是金融的天职。2017 年深圳市金融办牵头组建市级天使投资母基金，加快发展股权投资和创业投资，首期规模 50 亿元，通过聚焦早期项目、最大幅度让利等新模式，撬动社会资本支持种子期、初创期企业成长。

同时，为进一步解决各类企业"融资难、贵、繁"的问题，深圳市金融办还牵头搭建了创业创新金融服务平台，以及深圳金服，通过技术调整，共整合 70 多个部门近 200 个企业信息数据源，破解涉企信息壁垒，促进融资高效便捷对接，为不同发展阶段的企业提供融资、咨询、政策支撑等一站式服务。截至目前，该平台已注册企业 2.3 万家、注册金融机构 141 家，合作产品数 248 项，促成融资 202 亿元，已经被成功打造成深圳政府主导、市场化运营的金融科技服务标杆。

深圳的银行业是如何开展金融科技应用的？

交行某分行小企业金融部设立了科技金融专营团队，提供专业化产品服务方案，建立"银行、科创局、园区和科技小微企业"四方协调机制，搭建融资融智平台，专门服务于高科技、高成长型科技企业。在服务科技型、创新型企业的过程中，银行结合深圳市促进科技和金融深度融合的各项政策，与市科创委、经信委、发改委、中小企业服务署等相关部门和组织对接，与各区搭建科技金融信贷合作平台，做到与市、区两级部门的扶助政策同发展、同部署。深圳市科创委等部门为了推动深圳科技创新扶持政策的宣传和践行，会授牌"科技金融工作站"给金融机构并给予特殊的配套扶持政策。

金融科技是实现普惠金融的发展路径，数字化是实现普惠金融的关键，以金融科技手段创造价值，能够为消费者提供最佳金融服务体验。

这里举一个案例：深圳的众多园区是如何开展金融科技应用的？

从政策扶持的对象上来看，深圳科技企业存在园区集聚的特点，这样比较容易精准地锁定科技集群，以点带面地批量推动。深圳的各大科技园区利用深圳市特有的金融科技政策，纷纷打造"智慧金融＋园区"的品牌服务模式，吸引了大量的科技企业入驻，通过优质的园区综合运营服务实现"房东"向"产业服务商"角色的转变，比如和金融机构共同打造物业管理服务平台、智慧金融服务平台、银政企政务直通平台、数据资源协同应用平台、人才提升平台、职业服务平台及门户宣传平台等，以嵌入式的金融产品服务园区及区内企业。其中金融增值服务正是各园区提升运营服务质效最有效、成本最低的方式。

数据显示，目前深圳银行业服务的小微企业中，科技型企业占到 30%以上。2018 年，深圳某金融机构分行就与 26 个园区达成共建智慧金融园区服务模式的合作意向，辐射的客户数量达 8 000 个，与 320 户科技型企业建立授信合作关系，新增贷款余额 12 亿元，取得了良好的经济效益和社会效益。

弯路：互联网金融和数字加密货币

任何事物的发展都不可能一帆风顺。这不仅对于深圳金融业的发展而言，从任何创业者的创业历程来看，都是绝对的真理。

"师傅，我去前海卓越壹号。"

从科技园北区，上了出租车，十几分钟后，乘客被"扔"在一个有巨大的 U 形玻璃钢的闪亮建筑外，周围巨大而密集的超高层写字楼还在疯狂的建设中。建筑的外形如此独特，让人觉得即将进入某个能量场的中心。这里就是离科技园仅仅三站地铁之隔的前海，特区中的特区，深圳大力打造的金融特区，也是金融科技公司扎堆的地方。

2017 年，前海核心——前海卓越壹号开始纳客迎新，如同另一个金融中心——福田 CBD，这里挤满了互联网金融公司以及区块链公司。这是两种不同的业务模式，也是极具代表性的金融科技公司。谁也没想到，接下来的两年，让这两类公司遭遇到了几乎覆灭式的崩塌。

随着互联网金融最近几年的迅猛发展，公司业务脱离了原本的金融科技的服务宗旨，而越来越集中在 P2P 网贷平台这种单一的商业模式上。随着中国经济体量增大，转型需求而导致的增长放缓、投资渠道不畅、优质项目减少，不可避免地导致了 P2P 网贷平台的金融风险增大、信息风险加剧、金融乱象多发等问题。从 2018 年开始，包括深圳市在内，全国的多家知名网贷平台爆发了大规模的"雷潮"，多家网贷平台被查。2018 年年底，南山区就有 7 家公司"爆雷"，公司被查封，高管被抓，所有公司均涉嫌非法吸收公众存款和集资诈骗，使得互联网金融行业整体陷入寒冰。随着政府清退政策的明晰，执行力度的加大，P2P 网贷行业集体清退，直至 2019 年彻底关停并转。

而众多的所谓区块链公司，顶着区块链帽子实际却是在搞数字加密货币ICO、STO等币圈的炒作，更是在短短两年之内体会到了"眼见他起高楼，眼见他宴宾客，眼见他楼塌了"。

有人笑话道：区块链不是骗子，但区块链却是最吸引骗子的技术。它轻易地就把全世界的骗子们统一和团结起来了。

金融科技坎坷发展的经验在于对以上互联网金融乱象的反思，深圳的金融科技业界人士做了如下的总结。

1. 社会各方对互联网金融的属性认识不到位。互联网金融仍然是金融，金融科技更是科技驱动的金融创新。概念游移和科技外衣改变不了金融本质，无论是 FinTech 还是 TechFin，无论是 ICO 还是 STO，都应透过眼花缭乱的名词甄别其业务活动的实质。

2. 互联网金融、金融科技没有改变金融的风险属性，其风险的传染性、涉众性反而更强，网络数据信息安全风险也更加突出。

3. 由于互联网金融的线上属性，跨界、跨区域交叉混业特征，风险扩散速度更快，溢出效应更强。

4. 接受服务的多维客户风险识别能力不高，损失承受能力有限，社会危害更严重。

互联网金融乱象的反思目的在于规范和改进。

1. 健全互联网金融法律法规；

2. 最大力度重视信息安全问题；

3. 严格监管及强力执行；

4. 回归普惠金融，发展技术赋能的金融服务。

正是这场互联网金融盛宴的快速崩塌，让深圳特区金融监管层深刻地领会到，金融与科技的融合发展方兴未艾，数字化、信息化大趋势下，互联网金融、金融科技的新业态、新模式仍会层出不穷，堵不如疏，科技将继续给金融业带来深刻、深远的影响，这也许就是金融科技短暂的"阵痛"。明天，深圳还是艳阳天！

融合到颠覆：还是区块链

虽然数字加密货币遭受打击，但区块链依然热度不减。有人说人工智能是生产力的变革，区块链是生产关系的变革，区块链正在重构一种全新的体系。既然区块链是全新体系，那它相对于旧的体系，即互联网体系，新在哪里？为什么有了互联网之后还要有区块链呢？互联网刚刚出现时，很多人不明白为什么需要互联网，把日常生活的衣食住行放到网上去，对大家来说会有什么意义。但当20多年过去后，当人人都用淘宝、京东，人人都用微信、微博的时候，你的购物、社交等一切全在互联网上进行，你不用就OUT了，因为你无法进行信息的高效传递。信息的大规模高效流动带领我们进入了互联网时代。

今天的区块链有点像昨天的互联网。很多人都不懂区块链是用来干什么的，甚至很多人认为区块链从业者都是骗子，即便你苦口婆心地跟他解释，说区块链不可篡改、区块链公开透明、区块链改变生产关系、区块链实现价值传递，他也不会理解，甚至会冷不丁地说上这么一句：这跟我有什么关系？

1912年，经济学大师熊彼特最早提出"破坏性创新"概念，他认为创新即是不断地破坏旧的结构和创造新的结构的过程。区块链技术被认为是继蒸汽机、电力和互联网之后的破坏性创新。蒸汽和电能释放生产力，互联网改变信息传递方法，区块链作为信任机器能够传递价值。区块链的经济模型是一张不同于传统互联网的全新价值网。

简而言之，它将使任何现有的公司、政府或机构等中心化组织处理信息和交易的方式变得过时。我们可以把它想象成一个巨大的蜂巢，运行在世界的每一个设备上。区块链不像互联网，区块链允许你分享和储存任何有价值的东西，它可以是货币、劳动、技术、知识产权、艺术作品，乃至用户行为等。

使区块链具有如此颠覆性创新的是，我们作为用户、作为消费者产生的每一笔交易、每一条评论、每一次点击、每一次访问、每一次搜索都处于我们的控制之下，通过加密，存储在区块中，有时间戳和可追踪。而截至目前，互联网上的情况是，我们所有的信息都已被中心化机构存储和利用。这意味着我们无法控制原本属于我们自己的东西。这方面的典型例子是像 Google 这样的搜索引擎，Facebook 这样的社交平台，银行、政府、电子商务企业、科技公司或其他任何中心化机构，它们可以获取你的任何信息，并将其用于广告、促销活动，用来赚钱或跟踪我们的支出，以监管的名义密切关注我们的一举一动。简而言之，我们的隐私被侵犯了。

在这种情况下，区块链用对等网络等概念将事务共享提升到了一个全新的水平。比如，我需要从某人手里购买产品，我不用将我的钱和信息传递给银行，再传递给他，而是直接通过区块链的可信网络，将这笔钱传递给他。如果说互联网是信息传递的时代，那么区块链就是价值传递的时代。

区块链不属于任何一家公司或组织。没有任何人能擅自存储或利用你的信息，数据确权和价值传递真正地回归自己，每个个体真正地翻身做了主人，这便是新时代区块链带给我们的机遇与梦想。

2019 年 8 月 18 日《中共中央 国务院关于支持深圳建设中国特色社会主义先行示范区的意见》正式发布，提到"支持在深圳开展数字货币研究与移动支付等创新应用"。这是党中央、国务院的一个重要抉择，也是一件让深圳区块链行业非常振奋的事情。为什么中央会选择深圳作为区块链、数字货币、数字经济的试验田呢？

其实，深圳在数字货币研究领域早有布局。2017 年 1 月，央行在深圳正式成立数字货币研究所。2018 年 6 月，央行数字货币研究所在深圳设立全资子公司——"深圳金融科技有限公司"。

在区块链生态上，深圳也早已成为中国区块链企业注册数最多的城市。天眼查数据显示，截至 2019 年 8 月，注册地位于深圳，且经营范围包含"区块链"的公司共有 3 973 家。深圳的两大科技巨头——腾讯、华为，也都分别发布了自己的区块链白皮书。2018 年，深圳新申请区块链专利高达 212 件。此外，深圳的人口平均年龄仅有 30 岁，年轻人对区块链与数字货币的接受程度，整体而言是非常高的。

2019 年 6 月，Facebook 宣布推出数字货币 Libra，要建立一套"简单、无国界的货币和为数十亿人服务的金融基础设施"。自此之后，数字货币在跨境金融、移动支付领域的潜力，被外界所广泛关注，数字货币成为新一轮行业竞争的关键。进一步促进数字经济的发展，扩大数据规模，加强数字货币和移动支付的发展，成为数字经济时代的重要基石。在深圳试点数字货币，以货币为抓手，可以进一步加强大湾区内各城市间的协作能力。

区块链应用落地方面，深圳也是有一些基础的。深圳市税务局联合腾讯公司在深圳国贸旋转餐厅开出了全国首张基于区块链技术的电子发票，截至 2019 年 8 月，深圳市已开出近 600 万张区块链发票，开票金额达 39 亿元，覆盖超过 113 个行业；招商银行在前海注册企业南海控股有限公司，基于区块链技术通过永隆银行向其在香港同名账户实现跨境支付，标志着国内首单区块链跨境支付业务成功落地应用；微众银行推出中国首个跨机构联盟链，通过区块链技术，在生产环境中运行的应用数据记录笔数已达 220 万笔，主要用于优化联合贷款业务中的备付金管理及对账流程等。

由于政策的支持，将来深圳还可探索发行基于离岸人民币的数字货币稳定币。比如说争取中国人民银行、香港金管局、澳门金管局支持，发行锚定离岸人民币的数字货币稳定币，在粤港澳大湾区内可实现多种货币与数字货币的自由兑换，打通传统资产和数字资产的桥梁，扩展人民币在湾区居民衣食住行等各类实际应用场景的跨境支持，助推人民币国际化进程。

浓郁的区块链氛围，坚实的区块链落地基础，让深圳成为数字货币研究的最佳试验田。数字货币，已经成为货币政策顶层设计的一次创新变革。而作为中国改革创新的重要试验田，深圳也一直承担着"颠覆性创新"的重要角色。深圳作为数字货币研究的试点城市，必然会从中受益。而放眼全国，深圳的解决方案一旦成熟，也可以直接复制到其他区域。

深圳的区块链行业即将迎来新一轮的爆点，在这个时势造英雄的时代，深圳一定有再次大展宏图的先机！

2020 深圳：金融科技的未来

随着时光车轮的转动，我们已步入一个新十年的开端——2020 年，突如其来的新冠疫情在新年伊始给全球经济和人民的生命安全带来巨大冲击。

新冠疫情对中国实体经济带来了巨大冲击，最新公布的 2020 年 2 月 PMI（Purchasing Manager's Index，采购经理人指数）为 40.3，大幅下滑 10.8 个百分点，低于 2008 年 11 月全球金融危机爆发时的 40.9，创 2004 年 4 月调查开启以来的最低纪录。许多传统企业损失惨重，不得不考虑另谋出路。也有一些公司的线上业务，因疫情影响而蓬勃发展，业绩爆棚。可见，拥抱数字技术是传统企业转型的方向，其中，区块链将发挥重要技术支撑作用。

商业环境中可信数据是保证商业运行的基础，其重要性不言而喻。而区块链中的数据存证能保障信息的可靠性，但同时也需保证上链数据源的真实性。硬件采集是保证数据来源可靠的不错方案，硬件加密的安全级别在这个环节中更为重要；再结合区块链技术中的智能合约自动、智能地处理信息，去掉人为操作环节，从而一步一步实现信息化和智能化。

前海区块链资深人士在 2019 年接受世界数字经济论坛一次采访当中，提到了如下几个观点。

1. 金融科技一定会对传统金融行业产生颠覆式的影响，而且这种影响呈加快态势。不仅受到行业监管周期的影响，也因区块链等金融科技已经触及金融行业根本的运行逻辑，必然产生颠覆式创新。

2. 全球主流商业金融机构、头部科技企业和大型产业集团几乎全部参与到以区块链为代表的金融科技的研发和发展过程中，金融体系、产业体系和科技创新深度融合，颠覆力量前所未有。

3. 以国家央行可能即将推出的数字人民币（DCEP）以及 Facebook 新推出的虚拟加密货币 Libra 为代表的全球数字经济的格局将发生深刻变化，不仅是政府拥抱数字货币的力度、广度和深度前所未有，数字金融的底层和基础设施、数字资产的形成逻辑和交易工具、数字通证的应用场景、依托数字金融的产业运行逻辑等都将发生迅猛的变化。

4. 金融科技对国际货币体系的冲击，以及数字资产对全球监管体系的挑战都将超乎所有人的预期。我国金融监管体系相对金融科技的发展来说相对滞后，互联网金融的起落就是一个惨痛的教训，但总体上具备较强的抗风险能力。我们必须对可能引发颠覆性变革的重大金融科技创新保持高度关注，在创新和监管之间找到有效的平衡。

2019 年年底，知识产权产业媒体 IPRdaily 与 incoPat 创新指数研究中心联合发布了"2019 年全球区块链企业发明专利排行榜（TOP100）"。榜单对 2019 年 1 月 1 日至 10 月 25 日公开的全球区块链技术发明专利申请数量进行统计排名，与 2018 年相比，企业整体发明专利申请量增长明显。入榜前 100 名企业主要来自 10 个国家和地区，中国占比 63%，美国占比 19%，日本占比 7%。其中阿里巴巴以 1 005 件专利位列第一，中国平安以 464 件专利排名第二，微众银行以 217 件专利排名第五，元征科技以 185 件专利排名第六，腾讯以 137 件专利排名第七。

从上述数据可见，区块链领域中国还是牢牢占据了第一军团位置，而深圳又在国内占据了重要位置，凸显深圳区块链研发在全球区块链领域的领军地位。

根据中国国际经济交流中心副理事长黄奇帆在习主席发布区块链国家战略之后不久的官方言论，央行可能将在未来几个月内正式推出国家支持的数字货币"DCEP"，初期将向中国工商银行、中国建设银行、中国银行、中国农业银行、阿里巴巴、腾讯以及银联七家机构发行。如果成行，那将是世界上首个法定数字货币，其意义深远，对于国际金融业的影响和冲击，对于中国重塑国际金融秩序、树立国家金融地位意义重大，深圳在这一轮新的发展浪潮中起到核心推动作用。

深圳这座有着改革之城、创业之都之称的先锋城市，已然成为金融科技创新企业成长的沃土。科创型以及政府引导型金融科技企业快速增加，云计算、大数据、人工智能、物联网、区块链等战略新兴产业已形成产业集群。如同施展了法术，在不到 10 年的时间里，从一个制造业和传统互联网发达的中国一线城市发展成世界级的金融科技之城，深圳神奇般地崛起于世界新技术革命的浪潮中，异常绽放，光彩夺目。

如果对深圳持续快速发展金融科技的未来展望一下，那就是：一要立足科技创新；二要开放思维方式；三要致力整合金融；四要健全监管体系。

立足深圳这个令人激荡的创新沃土，金融科技企业如何找准立足点，从而构建起完善的创新体系和应用体系，形成深圳特色和优势，并在进一步的服务升级中打造"金融科技之城"的城市品牌，值得所有创业者、政策制定者乃至旁观者去思考并为之奋斗。

深圳金融科技的春天必将更加美好！

数据彰显深圳金融软实力

深圳市福田中心区平安国际金融大厦（沈云昌摄　2020 年）

剖析了特区金融科技之后，最后再来归结一下深圳可怕的金融软实力。

1. 金融业规模。2019 年，深圳金融业实现增加值 3 667.63 亿元，同比增长 9.1%，金融业增加值占同期 GDP 的比重为 13.6%。全年实现税收（不含海关代征关税和证券交易印花税）1 522.4 亿元，占全市总税收的 24.7%，继续稳居各行业首位。

深圳一直以制造业和科技中心为傲，而让国人大跌眼镜的却是，金融业居然稳坐深圳税收贡献度第一把交椅，王者至尊。

2. 世界金融中心排名方面，2019 年 9 月最新一期"全球金融中心指数"（GFCI）中，深圳进入全球十大金融中心行列，位列全球第 9 位，国内仅次于香港（第 3）、上海（第 5）和北京（第 7）。在本期榜单中排名有较大跃升，较上期提升 5 位，与排名第 8 的迪拜仅相差 1 分。全球金融中心指数是权威的国际金融地位榜单，每年的 3 月和 9 月会进行一次更新，为广大金融投资界提供一个良好的参考依据。

观察者认为，这是对深圳作为一个新兴金融城市高速"突围"发展的最强有力的国际地位认同。放大一点想象力，假以时日，深圳能否挑战香港目前全球第三金融中心的地位，甚至成为突破中国金融体制限制的金融特区？

3. 本外币各项存款、贷款量。截至 2019 年年底，全市本外币各项存款余额 8.39 万亿元，同比增长 15.7%；全市本外币各项贷款余额 5.95 万亿元，同比增长 13.2%。存贷款规模稳居全国主要城市第三位，仅次于北京、上海。

观察者分析，目前深圳市的户籍人口还远不及北京、上海，但人口增速却远超北、上、广，以这种快速增长趋势，金融体量超过北、上是否指日可待？

4. 证券交易额。2019 年 1～12 月，深圳辖区证券分支机构（含证券分公司）证券交易额为 32.78 万亿元，同比增长 12.86%。截至 2019 年 12 月末，深圳 22 家证券公司总资产 1.71 万亿元，营业收入 841.89 亿元，均位列全国第一。净资产 4 198.81 亿元，净资本 3 290.41 亿元，净利润 308.53 亿元，位列全国第二，均仅次于上海，营业收入和净利润分别同比上升 32.41% 和 45.15%。专家观点：全国第二，还有名列全国前茅的可怕增长率！

5. 保险业。2019 年，全市保险市场累计实现保费收入 1 384.47 亿元，同比增长 16.19%，增速较全国高 4.02 个百分点。截至 12 月末，深圳保险法人机构 27 家，保险法人机构总资产 4.85 万亿元，同比增长 9.18%，法人机构总资产位居全国第二；净利润 1 376.12 亿元，同比增长 17.23%。1～12月，深圳保险业累计提供各类风险保障 347 万亿元。

专家观点：虽然在总体实力上，深圳保险业较北京、上海而言稍显弱势，但在局部因素上，深圳有自己的优势和特长，如制度的创新能力、较成熟的市场发展、与港澳地区毗邻的地域优势等。如何放大自身的优势，做到超维发展，很有想象空间！

6. 上市公司方面。截至 2019 年年末，深圳共有境内上市公司 299 家，其中主板 80 家、中小板 120 家、创业板 93 家、科创板 6 家。深圳境内上市公司总市值 7.05 万亿元，仅次于北京，超过上海，排名全国第二。

专家观点：一切的金融和科技最终都要为商业服务、为企业服务、为人居服务。在这个商业丛林里，金字塔尖的上市公司数量和市值，是这个城市商业、金融和科技实力的终极体现。相信此时深圳，在回首 2019 年这份骄人的成绩单时，会更加清醒，深圳，不仅是"三来一补"，不仅是香港的后花园，不仅是科技重镇，金融才是经济特区的主战场。

深圳特区不仅有国家赋予的特殊政策，在成长的道路上，它还有一项非常强大的能力。

这就是：重新定义自己！重新突破自己！

一泓清流深圳河

1993 年 9 月 26 日，尼泊尔国王访问深圳，被洪水所困，深圳市政府紧急出动汽艇把他们接出来。到了下榻的罗湖富临大酒店，周围还是一片泽国，船只搁浅，只好由富临大酒店的保安把国王一行人背进去。

尼泊尔国王访问深圳（文科园林供图）

此时，深圳市深南东路两旁在持续的大暴雨中成了白茫茫的一片汪洋。天桥下用床板、大油桶做成的各式各样水中交通工具纷纷出现了，水浅的地方有人干脆干起背人过水的活儿，就连平日的清洁工人，也拉起垃圾车出来搭人了。在解放路深圳戏院附近，几艘被困在工人文化宫里的游船，从文化宫里划出来，当时解放路上船影只只，东门老街一带成了另一座威尼斯水城。

1993 年 9 月 26 日下午，超过警戒水位的深圳水库开始向下游排洪，首当其冲的罗芳村一带成了大型的游泳池，洪水顺着深圳河，很快将火车站一带淹没。下午，东门南路丽都酒店附近，有不少市民走进水中摸鱼，人们随手一摸，都能从水里抓到活蹦乱跳的鱼，一些过不了关的香港人也不甘寂寞，走进摸鱼的人群里，那种场面既壮观又无奈……

深圳河古称明溪，自 1898 年《展拓香港界址专条》起，正式被称为深圳河。这条河发源于深圳境内的牛尾岭，全长 37 公里。在深圳市一侧的主要支流有莲塘河、沙湾河、布吉河、福田河、新洲河，最终流入香港米埔附近的后海湾，是连接香港与深圳经济特区的界河。

1997 年 7 月 1 日香港主权回归，一衣带水的深圳河又成为连接深港两地的纽带。其特殊的地理位置，不仅见证了国家的历史变迁，更见证了深圳这座城市的崛起。

红树林百鸟翔集（文科园林供图）

曾经的深圳河水清岸绿，承载了无数深圳本地人美好的记忆。

随着 20 世纪 80、90 年代深圳经济的飞速发展，深圳河变得黑臭难闻。深圳河未治理前，河床狭窄，河道曲折，加上海潮顶托，一遇洪水便宣泄不畅。据不完全统计，从 1993—2002 年，深圳共遭遇洪涝灾害 35 次，直接经济损失达 26 亿多元，仅 1993 年"6·16"和"9·26"两场大水，直接经济损失就高达 14 亿元。在历次的洪灾中，香港方面也损失惨重。治理深圳河，尽快提高深圳河的排洪能力，成为深港两岸人民的愿望，也成为深港两地政府的共识。

1981 年 12 月，深圳市政府与当时的港英政府就深圳河的防洪问题展开谈判，在深港双方的努力下，1982 年 4 月 2 日，深港联合治理深圳河工程的谈判工作正式开始，组成了联合工作小组。1985 年 3 月，深港两地政府确定了深圳河分阶段治理的三期实施方案：第一期对料壆—渔民村段和福田—落马洲段两个弯段进行裁弯取直；第二期对罗湖桥以下除一期工程以外的河段进行整治（拓宽、挖深、裁弯取直）；第三期对罗湖桥以上至平原河口河段进行整治。

深港两地政府经过长达 10 多年的谈判、细致周密的前期准备工作，于 1995 年正式开展深圳河治理工程，并委托深圳市治理深圳河办公室进行建设管理。治理深圳河工程的投资由深港两地共同平均分摊，至今已完成治理深圳河第一、二、三期工程，已治理河段防洪能力由治理前的五年一遇提高到 50 年一遇。第四期工程也于 2013 年 8 月 30 日开工，于 2017 年 7 月完工，为香港回归 20 周年献礼。深港联合治理深圳河四期工程全面完工后，深圳河上游的防洪基础更加牢固，河流生态也得到实质上的提升。

"深圳河治理完工后，沿岸环境好多了，气味也渐渐消失了。"在皇岗边检生活区，小区的健身设施也沿深圳河而建，不少居民在这里运动休闲，市民纷纷为深圳河治理点赞。深圳河没有治理之前，经常洪水泛滥，环境也非常差，河边杂草丛生，蚊虫很多，沿线哨卡边防武警要穿着厚厚的衣服，才能防止蚊虫叮咬。谚语说：宝安有三宝，苍蝇、蚊子、沙井蚝，特区成立后，河流脏污，蚊虫滋生，这种情况还持续了很长一段时间，夏天太阳一晒，河面上散发出浓烈的臭味，距离很远都能闻到。

从 1982 年 4 月 2 日深港联合治理深圳河工程的谈判工作正式开始，到 2017 年 7 月 2 日深港联合治理深圳河四期工程全面完工，深港联合治理深圳河跨越了 35 个春秋，几乎贯穿深圳经济特区建设始终，见证了 40 年中国改革开放的历史轨迹。

时任香港特区政府发展局局长、现任香港行政长官林郑月娥曾在 2012 年深港联合治理深圳河 30 年庆典上评价说："这 30 年来深港两地在治理深圳河上的合作，充分反映了深港两地政府为两岸居民谋福祉的决心。我相信，两地在各个领域上的合作，将会日益紧密。我很有信心，凭着多年来建立的互助互信精神，深港两地合作将为两地居民带来更大的福祉。"

深港联合治理深圳河工程与国际惯例全面接轨，在国内第一个率先实行"项目法人制、招投标制、建设监理制和合同管理制"，是中国第一个全过程进行环境影响评估、监察及保护的水利工程，是少有的在边防禁区内施工的跨境工程，形成了一套别具特色的管理模式，获得了水利部及广东省相关部门给予的多项殊荣，并得到香港有关部门的充分认可。

更为宝贵的是，多年来，深港两地政府通过联合治理深圳河工程，摸索形成了一套行之有效而又特色鲜明的合作模式和运作机制，为创新水利工程建设模式闯出了一条新路，是两地政府在跨境重大基础设施建设合作方面的典范。林郑月娥曾表示，深圳河治理过程中，深港双方虽然面对不少挑战，包括两地政府在运作、工程设计标准、招标程序以及施工方法等的差异，但双方都充分表现出互助互信的精神，在合作过程中求同存异，把难题一一解决。

"一条河孕育了两岸人民共同的福祉"，深圳河治理工程不仅为深圳和香港带来了崭新的界河，为保障深圳河两岸人民的生命财产安全做出了重要贡献，更是两种不同社会制度、不同法律观念的两个政府共同治理一条界河的成功范例，为深港两地合作提供了可借鉴的模式和宝贵的经验。

河道治理工作只有起点，没有终点。

2018 年深圳出台的《深圳市全面推行河长制实施方案》，反映了深圳市全面推行河长制的决心。在全市范围内推行河长制，对解决深圳市复杂的水问题，维护河流、湖泊、水库、湿地、滞洪区、海湾（以下简称"河湖"）健康，完善水治理体系，补齐水环境治理短板有着重要的意义。经过几年的努力，深圳已经在水资源保护、水安全保障、水污染防治和水环境治理等方面取得了突出成效。

近年来，深圳市也涌现出一批生态环境建设民营企业——深圳铁汉生态、文科园林、深圳园林、国艺园林等，在治理经济特区各大河流流域的水系治理及生态改善方面发挥了重要的作用。

福田红树林鸟类保护区和香港米埔湿地一起被列入国际重要湿地名录，具有国际范围的生态价值；其他重要的湿地资源，如坪山河、龙岗河、茅洲河流域范围内的河流湿地以及沙井、松岗一带滩涂、桑基鱼塘、红树林也得到有效的保护。

除了河道治理取得的突出成效，深圳市委、市政府在城市园林、生态环境提升方面也做了诸多努力。深圳作为改革开放的最前沿阵地，在各项建设如火如荼地展开之际，深圳市委、市政府始终坚持把深圳建成最干净、最优美、最舒适的现代化文明城市作为战略目标，努力建设最优美的人居环境。深圳一直借鉴新加坡等先进城市的发展经验，3次修编、调整了园林绿地系统规划，把市政公园作为生态绿地系统建设中最重要的组成部分，绿地面积得到大幅度的增加，与此同时，也增加了建设乡村公园和郊野公园及沿海公共海滩等规划，市、区、社区三级公园体系与城市生态绿地系统结合形成完善的"绿网"，形成城市空间的绿化走廊和城市肺叶。一直以来，深圳积极改善市民生活条件和生活环境，着力建设和谐宜居的文明城，让城市更接近自然，市民也因此有了更宽敞的生态生活空间，让深圳成为名副其实的"公园之城"。

2004年，深圳市举办了第五届中国国际园林花卉博览会，发布了《生态园林城市与可持续发展深圳宣言》，并以此为契机，开展了以全面提升城市生态质量为核心内容的10年大行动，同年，提出全面开展创建国家"生态园林城市"。2006年，深圳被国家住房和城乡建设部（原为国家建设部）专家组评为"国家生态园林城市"。2018年，深圳又正式被国家林业和草原局授予"国家森林城市"称号。

生态环境的典范——前海演艺公园（前海管理局供图，2018 年）

"人多地少、环境承载力难以为继一直是深圳发展的主要矛盾。"深圳市政府发展研究中心主任吴思康说。面对诸多资源环境约束条件，深圳反弹琵琶、独辟蹊径，走出一条不同寻常的创新发展之路。深圳美好的环境也吸引了中国港、澳、内地和国外的大批投资者前来投资兴业和旅游。

如今的深圳，天更蓝了，深圳空气质量首次达到世界卫生组织第二阶段标准。2019 年 PM2.5 浓度降至 24 微克／立方米，创 2006 年有监测数据以来最好水平，灰霾天数降至 9 天，为 1989 年以来最低，空气质量连续 7 年排名全国重点城市前十位，空气质量和经济社会发展走出了两条"背道而驰"的曲线。

如今的深圳，水更清了，水环境质量实现历史性、根本性、整体性好转。全市 159 个较大黑臭水体、1 467 个小微黑臭水体全部实现不黑不臭，迎来在全国率先实现全市域消除黑臭水体的历史性转折，一大批河流水域重新焕发生机活力，成为城市靓丽的风景线。2019 年，深圳被国务院评为重点流域水环境质量改善明显的 5 个城市之一，并成为全国黑臭水体治理示范城市。

如今的深圳，地更绿了，深圳建成了"千园之城"，城市生态质量显著提升。全市各类公园共计 1 090 个，面积达到 3.1 万公顷，深圳成为名副其实的"公园里的城市"。

夕阳下的深圳湾（文科园林供图）

如今的深圳，环境更优美了，市民们清晨晨练，处处春意盎然，一路花红草绿。环河环海道路两侧，栽种着樟树、榕树、椰子树、紫荆树等乔木，其间错落有致地分布着各种乡土灌草，形成了一道道城市的"绿色长廊"。生态公园里更是群芳竞艳，到处是赏花观景的人流，一派和谐景象。一边是原生态景观，一边则高楼林立、车水马龙……在寸土寸金的深圳经济特区，城市建设主动"留白"，人与自然和谐发展的美丽图景处处可见。目光近处，红树林树影婆娑，鱼翔浅底。放眼远眺，跨海高速长龙卧波，鹰击长空。

"随着对滨海湿地开展生态修复和环境提升工作，最近几年深圳湾越冬的候鸟逐渐增多。"福田红树林生态公园执行园长李燊介绍，自2016年文科园林参与对红树林自然保护区4号鱼塘改造后，各种迁徙的鸟种类数增加了近20种。随着深圳河湾流域水质量的改善，蛇口海域还吸引了白海豚、水母回归栖息，直接推动了深圳湾区域海水水质的改善，红树林片区的鸟群种类、数目也在逐年增加，与香港隔海相望的深圳湾公园，已成为深圳市民节假日观鸟赏景的首选好去处。

深圳另一条著名河道茅洲河，由广东省委书记李希亲自挂点督办。茅洲河经过治理后，干流河底群鱼悠游，沿岸绿草如茵，不少小朋友在浅水区捉鱼捞虾，不远处的几个年轻人则挽起袖子戏水打闹。后海河边三三两两的人影在夕阳下缓缓移动着，不时停下脚步，侧过身去，为一旁慢跑的市民让路。

不少昔日黑臭的河道，如今已成功摆脱黑臭，河岸两边成为周边居民散步的好去处。河流治理取得成效后，深圳市还将以水为主线，打造"碧一江春水，道两岸风华"的景观生态廊道——碧道，让市民享受到水环境治理的成果。2020年，茅洲河将完成12个碧道试点建设，到2025年全市全面建成"千里碧道"。

阳春三月，深圳湾畔黑脸琵鹭结伴涉水觅食，红嘴鸥在低空划出优美弧线；深南大道上百花齐放，从空中俯瞰深南大道，不仅"绿"得浓墨重彩，更是"花"得姹紫嫣红；滨河大道沿线的宫粉紫荆花也竞相开放，婀娜婉约、馥郁飘逸。深圳街头百花齐放，梧桐上的毛棉杜鹃也齐齐盛放，十里杜鹃花海美到窒息，色彩纷繁的鲜花把这座沿海大都市装扮得美不胜收。而东部大鹏半岛上远山连绵，波浪滔滔，各种海边礁石成为最好的前景，整个画面就像油画一般，而弯弯曲曲的海岸线，正勾勒出一幅幅最美的城市生态画卷。这世外桃源般的美景，正在深圳这座国际化大都市里成为现实。

网上广泛流传着这首《深圳绿化美如画》的诗歌："久闻深圳绿化美，亲历方知此言真。奇异花木盈满目，绿叶如茵果成林。"深圳经济特区人民深知，良好生态环境是最公平的公共产品，是最普惠的民生福祉。呵护生态、敬畏自然、经济发展与环境保护共存的观念，在深圳早已深入人心。

生态环境的典范——前海蓝（前海管理局供图）

行走的雕塑

红日喷薄，朝霞灿烂，顷刻间，被晨曦唤醒的城市抖落了一夜的慵懒，显出它整齐的市容与勃勃的生机。此刻，你若想挽着晨风，健步而行，抑或满怀惬意，驱车出发，在穿越深圳的公园、草地，在漫游宽阔的广场、社区时，不经意间你会发现一座座精美的雕塑艺术作品呈现在你的眼前。它们宛如一个个美的艺术使者，或立、或站、或横、或卧，不问季节，无论寒暑，点缀着城市的风景，美化着城市的面容。

其实，美的东西是到处存在的，罗丹曾经说过，美无处不在，我们的眼睛只是缺少发现。在我们共同生活的蓝天下，在祖国这块改革开放的热土上，到处都有精美的城市雕塑作品。深圳市委大院门口《孺子牛》（又名《开荒牛》）的雄姿，曾点燃过多少人对拓荒者的感佩与致敬；深圳市博物馆原址前的《闯》，展现出深圳创业者敢于打破一切条条框框、陈规陋习的勇气与努力；而莲花山顶的邓小平雕像，则凝聚着亿万人对这位引领春天、引领中国大步向前的历史伟人的感怀崇仰之情……

城市雕塑是城市的精神风貌、文化状态的生动反映，也是一个城市建设和文化品位的具体体现。不同的人可以对雕塑有不同的理解。通过对雕塑的鉴赏，人们达到思想的升华和精神的愉悦。雕塑是我们生活中无言的美的使者。

《开荒牛》和《邓小平》

深圳城市雕塑，几乎同时肇始于深圳经济特区宣布成立的那一年——1980年。那一年，深圳工人文化宫突然跑进了一个《大象家族》：一片翠绿的竹林中，一群大象仿佛从清晨的竹林中迤逦走出，迈向新的空间。无疑，这座雕塑赋予了深圳特区新意，也是她生动的写照：沉睡的土地已经苏醒，深圳开始由边陲小镇走向外面的世界，走向开放的伟大历程。从时间的节点上看，深圳的城市雕塑，几乎是与深圳这座崭新城市一路同行。

1981年，深圳市市长梁湘委托著名雕塑家、广州美术学院教授潘鹤筹建深圳特区室外雕塑的领导机构并亲自为深圳设计制作一件标志性的城市雕塑作品。

一天晚饭后，梁湘和潘鹤到市府广场散步。其间，他们边走边谈：

"刚才市府已经决定将莲花定为深圳的市花，可不可以就在广场建一个莲花池，荷花出淤泥而不染嘛！"

"不行！你说自己是莲花，那谁是污泥呢？香港吗？香港投资人吗？外来建设者吗？他们都是我们要团结合作的人，搞特区建设得靠很多人啊！"

梁湘沉思半晌，觉得很有道理，后来不仅放弃了这个方案，最后连深圳的市花也改了。

过了约两年后，梁湘又约来潘鹤，两个人在闲聊中，发现他们有一个共同的东西，那就是他们刚参加革命的时候都立志"俯首甘为孺子牛"，但在"文革"期间又都曾经成为"牛鬼蛇神"。潘鹤说，现在国家形势好转，但经过"文革"的破坏，大地一片荒芜，需要开荒建设，看来，我们这代人注定要当牛当马，为下一代开拓明天，不如做开荒牛。

晚霞中，潘鹤徜徉在如同小乡镇的百废待兴的深圳马路上，他看到到处是拖拉机、推土机，灰尘滚滚，拖拉机一次次地把砖头、木头拉走。视觉的冲击，给艺术家带来了瞬间的灵感火花。潘鹤马上动手做设计方案，题目就定为《开荒牛》（图片见第一章最后一节）。

关于《开荒牛》的诞生，后来潘鹤专门著文谈到他的创作想法："我和牛很有缘分，还是孩子时总爱念念有词：'牛耕田，马食谷，老窦（意为父亲）赚钱仔享福。'念得多了，就觉得牛很伟大，牛是不计报酬去完成其历史使命的，它来到人间似乎专为人类服务的……十年浩劫像噩梦一样过去了，三中全会的春风使大地苏醒，曾经被蹂躏成荒地的祖国等着我们去重新开发，开荒牛的动念又在人们麻木的心田里萌芽。

"拓荒者在我的脑海中变成一头浑身是劲的牛犊形象，那些根深蒂固的旧观念似一堆盘根错节的树头，于是，开荒牛拉树头的形象一瞬间便形成了，树根的形象同书法中的狂草浑然一体……"

坚定的信念，飞扬的灵动，令潘鹤很快塑造了一头身体前倾、肌肉紧绷、正在猛烈拉动身后树根的公牛形象。作品中，牛双目圆睁，头部用力向前几近地面，四条腿紧张地蹬踏，向前弯曲的右前腿和另外三条后蹬的腿形成对立统一，顺势扭曲的牛尾巴也为这座雕塑增添了动感与张力。整座雕塑作品手法写实，造型准确生动，局部采用夸张的表现手法，加强肌肉棱角和块面结构，使得整体形象简洁有力。同时，作品也采用了象征的手法，借用牛这种最为人们所熟悉的农耕文化元素，来表现人们不畏艰难险阻、埋头苦干、勇于开拓、务实进取的创业精神。四蹄抓地、牛眼圆睁、奋力拓荒、一往无前，虽然牛脖上的套轭、拉犁的绳索被雕塑家写意地省略了，但是牛的力拔山兮气盖世、俯首甘为孺子牛的形象却更加突出。

雕塑高2米、长5.6米、重4吨，由孺子牛和树根两部分组成，主体为铜材质，底座为花岗石料。雕塑见证了特区的创业历程，象征了特区建设者勇于开拓、大胆创新、无私奉献、奋勇前进的创业精神，对于弘扬特区改革、开拓进取和创新精神具有重要的意义。

一次邓颖超同志到深圳视察工作时，曾专门在《开荒牛》前留影，并语重心长地对深圳市委的领导说：刚才经过《开荒牛》，很高兴你们以开荒牛作为深圳的精神，共产党员就是要有这种踏实埋头苦干的精神，我看开荒牛应成为全体共产党员的座右铭，全国党员都要有这种精神。

深圳开荒牛精神，从此深入全国人民心中。

如果说，立于深圳市委门前的《开荒牛》已经成为代表特区改革开放的一个精神符号，而立于其左侧身后绿草丛中那尊同为潘鹤创作的《艰苦岁月》的雕塑则像一曲委婉的叙事曲，永远在唤起着人们对革命与建设历程的回忆。

《开荒牛》这座雕塑一落成便受到全国人民的一致好评，后来还获得了第六届全国美展金奖，其所呈现出来的精神也鼓舞着一代又一代的拓荒者。

今天人们在观摩、体察、欣赏这座《开荒牛》时，读出了它更多、更深的内蕴与深义：

> 曾经是寂寥冷清的海湾，
> 曾经是蒹葭丛生的沙滩，
> 曾经是板结封冻的土地，
> 曾经是野草疯长的荒原……

忽一日，千万建设者从四面八方集结到此，行装甫卸，风尘未洗，闪光的犁头就深深插进了这块改革开放的试验田。搅拌机的轰鸣唤醒了沉睡的大地，打桩机的雷声夯实了中国的信念。亘古的荒原终于焕发出青春的活力，遥远封闭的南国疆土发生了翻天覆地的巨变：大道通衢车水马龙，高楼广厦立地顶天，公园草地花团锦簇，街区繁华接踵摩肩，经济发展突飞猛进，热土新歌处处欢颜……

世界对东方的崛起刮目相看，人民对特区的建设者心存感念。雕塑家的眼睛在春天的土地上巡梭，那默默耕耘的垦荒牛终于点燃了创作的灵感：你看，它雄健的肌肉托起了重轭，它炯炯的目光望穿了云天，它巨大的身躯攥紧了力量，它奋起的四蹄一往无前。任何障碍在它的脚下都将被踏成齑粉，任何困难都难以阻挡它向前，向前！

光阴飞逝，时空流转，城市在岁月的长河中不断变幻着自己的容颜。而唯一不变的，是开拓者的精神永世流传。

"一九七九年，那是一个春天，有一位老人在中国的南海边画了一个圈。"春风过处，阳光暖照，深圳作为中国第一个经济特区在祖国南部迅速崛起。深圳作为改革的试验田，一开始就被认为肩负着改革探路的历史使命。作为改革开放的总设计师，邓小平同志于1984年春节前首次视察深圳，他对当时深圳的发展非常满意，视察结束后题词："深圳的发展和经验证明，我们建立经济特区的政策是正确的。"

小平同志充分肯定了深圳改革的成绩，同时鼓舞了深圳继续走创新之路、改革之路。

"一九九二年，又是一个春天，有一位老人在中国的南海边写下诗篇。"春色满园，春光无限，于是，深圳放开了思想包袱，坚定地深入改革，大胆去闯、大胆去试。第二次南方视察，小平同志发表了著名的"南方谈话"，明确指出特区姓社，不姓资，解决了长期以来困扰人们的对社会主义本质的疑惑。视察结束离开深圳时，小平同志拉着市领导的手话别，再三叮嘱道："你们要搞快一点。"于是有了震惊世界的"深圳速度"。

深圳这座春天之城，使人们对小平同志产生了无限的感念和崇敬之情。

1994年8月，深圳市政府即产生了制作邓小平雕像的想法。1个月后，设计方案第一稿完成。翌年1月，深圳正式下文，决定制作雕像。耗时4个月，由当时还健在的北京建筑艺术雕塑工厂研究室雕塑师白澜生、原深圳雕塑院院长滕文金、军事博物馆创作室主任刘林、北京雕塑厂雕塑家杨金环四人数易其稿，最终完成成稿。此间，滕文金为做好小平雕像，曾三次北上征求创作意见。小平同志的亲人及身边工作人员说，小平同志走路非常快，当时小平同志还经常提到的一句话"改革开放的步子要大一点"，因此雕像的造型就体现出他行走的动态。

在北京做塑像的过程中，隔一段时间，雕塑家们就把照片拿给邓小平身边的人看。"小平同志身边人员对最后定稿时个别地方不太满意，主要是衣纹。"

1997年2月19日邓小平去世，此前，雕像6米高的模型已经完成。

邓小平去世后很多城市要求做雕像，公开资料显示共有14座城市，中央均未批准。于是，深圳邓小平雕像工程也被搁置。

从1995年到1997年的3年间，邓小平雕像共经历了10个选址过程。

邓小平雕像（千帆摄，2015年）

被排除的地方有火车站、大剧院、邓小平画像下面，等等，位于规划中的城市中心区中轴线底端的莲花山成为最终选址。这里空间开阔，塑像面向南方即朝向香港，"也是圆了老人家生前一直想到香港去看看的心愿"。

2000年11月14日，深圳经济特区成立20周年，邓小平塑像在莲花山顶揭幕，这是滕文金先生一生中最重要的作品，单单制作就花了3年多时间。青铜铸造的邓小平像，面露微笑，双目炯炯有神，大步向前，身上风衣的一角随风飘拂。塑像高6米，底座高3.8米。花岗岩北墙上镌刻有邓小平的题词："深圳的发展和经验证明，我们建立经济特区的政策是正确的。"墙的南面，镌刻着邓小平的名言："我是中国人民的儿子。我深情地爱着我的祖国和人民。"塑像见证了深圳改革开放的伟大历史进程，寄托了深圳市民对中国改革开放总设计师邓小平的敬仰与怀念。如今，这座邓小平铜像已成为中国雕塑史上的一座里程碑，彪炳史册。

今天，人们来到莲花山上，瞻仰小平雕像，缅怀小平伟绩，都会心潮澎湃。

有一位诗人读出了大家的心声：

莲花山下，红霞万朵，绿树千重；南海之滨，春潮澎湃，涛飞浪涌。

一位老人风尘仆仆从遥远的北方走来，步履是那么匆忙，意志却又那么坚韧；面色是那么严峻，心中却又那么神闲气定。春天的风，俏皮地轻吻着老人的面颊，又悄悄撩起他飘拂的衣襟……

早在 1979 年那个春天，特区建设的红线就在他的笔下画定。在南国的热土上，他深切感受到早春萌动的气息，在南方的天空下，他精心筹划着改革开放的前程。随着蛇口半岛开山的第一声炮响，终于炸开了中国通向五洲四海的灿烂航程。从此，南海边的小渔村一夜崛起一座新城，年轻的深圳令整个世界都睁大了惊奇的眼睛。

自从老人在这里迈开了伟大而关键的第一步，古老的中国由此千帆竞发、万马奔腾。春天的故事在神州竞相传颂，春天的歌声搅热了亿万心灵。春天的脚步行走在华夏大地，春天的旋律被人民唱成了永恒。

为此，中国将永远记住这个步伐豪迈、步履生风的伟人！

《深圳人的一天》

1980 年到 1990 年，是深圳城市雕塑的第一个时期，据深圳市城市雕塑办公室统计，在此期间深圳建立了 220 座雕塑作品。从 1991 年开始，深圳的城市发展到了更进 ·步来考虑城市雕塑的规范以及城市雕塑在风格、题材上的多样性的时候了。从 1998 年以来，深圳的雕塑发展出现了一个质的飞跃，这个变化出现在深圳城市的决策者，提出了建设花园式、园林式的现代化国际都市的口号之后。

正是在这个期间，出现了一批令人瞩目的表现城市、贴近市民的公共艺术作品。其中最突出而有启示意义的是《深圳人的一天》雕塑。

熟知这一雕塑的中国美术学院雕塑系教授、博导，中央美术学院客座教授、原深圳雕塑院院长孙振华先生，向我们生动详尽地陈述了《深圳人的一天》的诞生。

1998 年，深圳有关部门决定将城市的 14 块公共空间改造成街心花园，其中包括了园岭社区，这个契机成为《深圳人的一天》策划的起点。

《深圳人的一天》之一（千帆摄，2017 年）

那时，即将迎来深圳经济特区建立 20 周年，深圳雕塑院和加拿大海归建筑师杨建觉博士决定用一种全新的雕塑观念，将园岭社区建成一个小型的纪念公园。其时，加拿大戚杨规划与建设顾问有限公司受托进行园岭街心花园规划和设计的时候，他们一反常态，反而向社区居民发放问卷："你们想让我们做什么？"在听取意见并与深圳雕塑院商量后，建一座平民雕塑的决定终于定下。

时任深圳雕塑院院长的孙振华找到了深圳晚报社。《深圳晚报》是一份贴近市民，更加生活化的报纸，《深圳晚报》的特质和《深圳人的一天》的价值取向非常吻合。孙振华和当时深圳晚报社工部记者赵笑梅一直有工作上的联系，就把合作的意向跟她说了，赵笑梅马上请示当时的总编王田良。作为老报人，王总非常敏锐，当即表示同意通力合作。

"我们就是要在一个特定的时间找到特定的'那一个',用完全偶然的方式,来固定一段城市的历史,以市民为主角,用雕塑讲述城市故事。"11月28日晚上,孙振华这样给大家下了"动员令"。4位文字记者、1位摄影记者和雕塑家们一起分成了4个寻访小组,雕塑家们负责人物外形的把关,深圳晚报社记者的任务则是向预选对象介绍这个特殊的文化工程,说服他们自愿做雕像模特,同时把过程记录下来,发表在当天的《深圳晚报》上。

　　1999年11月29日,是一个没有任何"说法"的日子,大型纪实性群雕《深圳人的一天》就选择了这一天,为深圳创造了一个引人注目的城市故事。

　　这一天,几个寻访小组遵循陌生化和随机性的原则,在深圳街头任意寻访到了17个各个社会阶层的人们,征得他们的同意,雕塑家将他们翻制成青铜等大人像,并铭示他们真实的姓名、年龄、籍贯、何时来到深圳、现在做什么工作等内容。围绕这18个铜像的是四块浮雕墙,上面雕刻有关于这一天深圳城市生活的各种数据:股市行情、农副产品价格、天气预报、晚报版面等。如今17个铜像(中学生、银行职员、医生、外国人、香港企业家、保险业务员、求职者、酒楼吃客、休闲的女人、包工头、公务员、清洁工、幼儿、内地来深的退休老人、打工妹、设计师等)和浮雕墙已经竖立在深圳园岭社区。

《深圳人的一天》之二(千帆摄,2015年)

《深圳人的一天》是一件极富创意的艺术佳作。作品用一组群雕——人物雕像、图文浮雕——艺术地展示了 1999 年 11 月 29 日这一天在深圳这座城市里所生活着的各行业、各阶层的人物和这一天所定格的与社会生活相关的事件、数据等。艺术家们力求使作品体现出历史的真实性和其群雕的平民化。前去参观的市民络绎不绝，在城市诞生的历史上，这种盛况是少见的。

"《深圳人的一天》在学界被认为是中国公共艺术的开山之作，它的公共性，首先体现在表现对象上，让平民成为雕塑的主人。其次就是在创作主体上跨界合作，社会参与。记者和雕塑家一起做雕塑，用完全纪实的方式，取消塑造环节，由人物原型直接翻制出来。全程跟踪、策划和报道这组群雕的《深圳晚报》当年 11 月 29 日的版面也作为市民生活忠实的记录者，永远地留在了背景墙上，留在了这座城市的记忆中。这大概是雕塑历史上的第一次吧！"孙振华先生至今说起这件事情，都无限感慨。

"我们的城市雕塑历来强调它的纪念性，这是一种宏大的叙事，英雄、帝王、圣贤、名人从来都是城市故事的主人。然而在城市可不可以有另一种叙事方式，即一种民间的、个人的方式呢？这种视角不是仰望的，而是平视的；不是有距离的，而是融入的。在一个城市，大多数的日子和大多数的人群毕竟是平凡的，一个城市既要记住神奇，也应记住普通。"无疑，《深圳人的一天》不仅以创作的实践印证了孙振华的理论，更竖起了一座市民的纪念碑。

面对这样一组活生生的雕塑，作家与诗人们心潮涌动，言由心生，自然不肯吝惜自己的笔墨和感情：

> 1999 年。园岭街头。道旁的白玉兰吹送着一阵阵清香，和暖的春风洒满了每一座高楼。公园里，老人们还在舒拳展腿梳理昨夜的残梦；上班族则急匆匆早已汇入南来北往的人流。城市方才卸去慵懒的倦色，青春勃发地向崭新的一天竞走。
>
> ……
>
> 刚刚出门的父亲，打个电话叮嘱在家的妻子为女儿买个生日蛋

糕；送奶的女工，忙不迭要把新鲜的牛奶递到每一扇窗口；工地上，戴着头盔的建筑师在紧张地调度施工；证券所里，炒股人的心随着股票的涨停板七上八下跳个不休；而滑旱冰的孩子，似一缕春风满地穿梭；休闲的少妇，依然牵着她的沙皮狗优雅踱步、不问春秋；只有草坪上清扫大街的老人，顶着一顶南国的竹笠不停地拾掇垃圾，要把一座花园般的城市献给五洲四海的朋友……

一个个生活的场景，一幅幅生动的卷轴，一帧帧定格的画面，一个个闪光的镜头。

平凡的日子，真实的记录。一段城市记忆，用青铜铸造；一部普通人的历史，用石头写就。

2004年，在国家建设部、文化部举办的第三届城市建设成就展览中，《深圳人的一天》获得了全国城市雕塑建设成就"特别奖"。2009年，又获得了建设部"新中国六十年100件优秀雕塑"的殊荣。同时，《深圳人的一天》还被雕塑艺术界公认为国内第一个真正意义上的公共艺术作品。自此，深圳逐渐告别传统城市雕塑模式，开启了真正的公共艺术新模式。

雕塑的诗意解读

雕塑是一个城市的文化符号，是一座城市的精神象征。雕塑家创造了美，创造了我们城市的和谐，给我们的生活空间增添了无限的诗意。

出于对雕塑艺术的热爱，感念于有些人对雕塑作品的立意、内涵以及表达理解上的困惑，在这样的思想支配下，一位敏于发现、勤于思考的文化人彭庆元拍摄出版了深圳雕塑艺术界第一本著作《凝固的诗情——深圳城市雕塑写意》，试图对深圳的100多件雕塑作品做一些诗意解读，受到海内外读者的欢迎和好评。

孙振华先生为之作序，称《凝固的诗情——深圳城市雕塑写意》一书"将深圳的城市雕塑图像汇集起来，用散文诗的方式，探寻这些雕塑的文化内涵，阐发一个文学家对这些作品的观感，使深圳的城市雕塑因这些优美、隽永的文字而获得升华。这种造型艺术和语言艺术奇妙的结合，将是深圳文化界的一段佳话"。

《凝固的诗情——城市雕塑写意》出版不久，即引起南山区委宣传部、区文化局的重视。南山区委区政府从加强精神文明建设与"文化立区"的高度出发，在公园、社区、街道、园林等许多公共场所又树立了一大批城市雕塑作品。生活在这里的市民面前，又浮现出南山艺术雕塑一片盈盈养眼的春光。这些城市雕塑作品，造型独特，气韵生动，品位高雅，既美化了城市的环境，又丰富了市民的审美视野，因而倍受社会各界的称赞与肯定。

人们在这春光中徜徉，在这春色里沉醉，尽情享受雕塑艺术带来的欢娱。作为一个生活于斯、工作于斯的南山人，彭庆元凭着对家园的热爱以及自己对雕塑艺术的敏感，长期以来，力图认真揣摩每一件作品所蕴涵的文化内蕴，对所有入选的雕塑作品认真体悟，用诗歌吟唱出心中的感受。彭庆元陆陆续续地写下了诸多感悟的文字与诗行，并配合雕塑图片在《深圳特区报》《蛇口消息报》等报刊上连续刊登出来。

文化立区，高瞻远瞩；艺术怡人，春风化雨。在南山区文化局的鼎力支持下，《凝固的诗情——南山艺术雕塑工程巡礼》又相继出版发行。它不仅更加形象地反映了南山文化建设与城市管理的风貌，更为大家所居住的城市与社区渲染与涂抹出一层浓郁的诗意。

在深南大道华侨城中央花园内，一座由数百根红色钢筋扭曲有序编成、状如飞鸟的《和风》艺术雕塑兀立街头。

> 是一只展翅欲飞翱翔九天的彩凤？
> 那宽阔而扇动的羽翼正直指苍穹；
> 是一面正待远航鹏程万里的云帆，
> 那细密而轻盈的船叶正鼓满春风。
> 仿佛不甘于脚下一片绿草地的衬托，

你凌空的欲望显得更加透明、鲜红。

站在你的面前心情特别愉悦，
伸出手能感到指间有凉爽的清风流动。
就像在苦旱的沙漠里跋涉者的期望，
就像在八月的谷场上收割者的憧憬。
其实，无论是大自然还是社会，
惠风和畅永远是心灵融通的造化之功。

《和风》（千帆摄）

而在南山商业文化中心区海德三道与后海大道交接口，一尊圆形通透、类似地球的不锈钢雕塑《鸟道》迷住了人们的脚步：它状如一个地球，体形却由无数鸟的翅膀连接而成。迷茫吗？仔细体悟、琢磨、玩味，彭庆元又用诗的语言作出了心灵的解读：

马路上集结着一群飞翔的小鸟，
翅膀组接的圆球多么巧妙。
孩子们围着它热情地触摸，
耳边就像听到了鸟儿的欢叫。
过往的行人望着它思索良久，
试图解析这圆球的奥妙。
其实它就是我们赖以生存的地球，
人鸟共栖才是和谐相生的天道。
给它们一片纯碧如洗的蓝天吧，
给它们一片绿荫摇曳的树梢；
给它们一身干净整洁的羽毛吧，
给它们一个和平宁静的春宵……

城市雕塑是环境的艺术。在蛇口渔港旁边的老街上，有一只美丽的大型海螺安放在车水马龙、人来人往的街边：它在诉说着什么？要把什么告诉未来？彭庆元为它解语：

是大海遗忘在陆地的一只耳朵，
日夜在倾听它澎湃不息的涛声？
是潮汐留给沙滩的一段故事，
时刻想诉说沧海桑田的渔村？
——一只彩色的海螺躺在这里，
忠实固守着昨天的记忆与光阴。

身边的楼群越来越密集了，
喧嚣的车流代替了橹声帆影；
咸味的渔歌越来越缥缈了，
偶尔才浮上老祖母的心唇。

于是，它甘愿成为最后一个守望者，

吹响新旧时代交响的嘹亮号音！

彭庆元在城市的雕塑中行走，在行走的雕塑中读城，面对一座座雕塑，用心灵去认真挖掘它的艺术真谛，用诗歌去表达它的文化内涵。一座雕塑一首诗，几年时间内他连续采访、创作、编辑出版了 4 本城市雕塑的诗歌图文集，收集自己抒写的雕塑诗歌竟达 600 多首，这在国内雕塑艺术界也是十分少见的，给深圳文化艺术界衔来了一片"绿荫"。

2010 年 5 月 12 日，《深圳特区报》曾以《在深圳我们雕塑家园》为题，整版报道了彭庆元先生由雕塑诗集出版而引发的关于城市雕塑的讨论。

深圳保利剧院鉴于城市雕塑在宣传、塑造城市形象中潜移默化的作用与艺术影响力，请彭庆元特别创作排演了一台大型雕塑诗歌情景朗诵剧——《雕塑：一个春天的旅行》。晚会将静态的雕塑搬上动态的舞台，以雕塑为创作背景，融合了朗诵、表演、音乐、舞蹈、诗画、多媒体等各种艺术形式，并延请上海人民艺术剧院表演艺术家徐风及一批朗诵工作者参演，再现了深圳市在城市建设、经济、科技、文化、教育、旅游等各个领域的长足发展，让市民从对雕塑的观赏中领略到深圳这座改革开放的春天之城的深刻变化与美好的城市环境。

想不到对城市雕塑作品的诗意解读，得到了广大读者与市民的热烈反响。许多读者纷纷来信，"没有想到城市雕塑竟然还有如此生动深刻的艺术内涵"，"雕塑与诗歌的联姻让我们增添了生活的情趣，加深了对艺术的理解"。

知名文艺评论家周思明先生以《城市雕塑的知音与福音》为题发表长篇评论，并盛赞这位用诗歌解读雕塑的第一人："彭庆元的多部城市雕塑诗集；将我们的目光聚焦到诸多城市的独特雕塑作品上面，那些作品融入了大众所接受的文化内涵和精神力量，她们以自己不可替代也无法抵挡的艺术魅力，与城市中的绿地、道路、建筑等交相呼应、相映成辉，将不朽的雕塑文化融入城市的繁华景观中去。置身于现代化脚步加快的当今城市，城市雕塑的概念作为一门公共艺术，为大众创造出更多的城市人文景观，让人们拥有美的感受、愉悦的心情，身心得到陶冶，灵魂受到洗礼。这套诗集所展现、解读的城市雕塑，及其所体现的创意性与文化性，给城市雕塑的意蕴做了可贵的加法。一言以蔽之：城市雕塑创造了美，彭庆元的《凝固的诗情》创造了另一种美，一种关于城市雕塑的意义延伸、文化拓展之美！"

就在彭庆元4本雕塑诗集出版不久，深圳市公众力公益发展中心与福田区文化局、区外事办、区团委等部门联手，于2014年11月1日举办了一次名为"行走的雕塑"的城市定向趣味挑战赛，组织1 000个中外市民、嘉宾围绕城雕作品寻找与探索，共同发现城市之美。此后，这种活动每年举办一次已成为惯例，形成了深圳文化活动的一项盛举与一道美丽的风景线。

雕塑是一个城市的文化符号，是一座城市的精神象征。雕塑家创造了美，创造了城市的和谐，给我们的生活空间增添了无限的诗意。海德格尔说："人，诗意地栖居。"城市雕塑就像一张城市的名片、一首诗的"诗眼"，时时刻刻在宣示着城市的文明。勤奋的深圳人在建设着自己的美丽家园；智慧的深圳人，也在用艺术雕塑着自己美好的生活！

法治至上

曾有人将深圳经验总结为四句话：市场是主导，企业是主体，法律是基础，政府是保证。让一流法治城市成为深圳新时期最为显著的特质、最为核心的竞争优势，成为建设现代化、国际化先进城市的坚强保障，把法治作为衡量一切行为的准则，让法治精神成为深圳这座城市的标志，这是深圳作为经济特区成立 40 周年以来的最高目标与最大成就之一。

回顾深圳发展 40 年，从经济模式上可以将其划分为四个阶段：第一个阶段是从 1985 年开始依靠"三来一补"起家、"贸易立市"转型；第二个阶段是从 1995 年开始，深圳逐步进入模仿制造阶段；第三个阶段进入"深圳制造"阶段，以华为、中兴等为代表的公司走向高端制造；第四个阶段是创新制造，也就是深圳作为未来创新之城的核心要素。

无论是最初艰难起步的滩涂渔村，还是如今在国际贸易局势动荡中稳步前行的创新之城，公平、公开、透明的法治环境都是深圳这座城市得以长远发展和不断进步的基础保障，因为创新离不开制度保障，而制度的成熟定型则离不开法治的支撑。

特区立法：鹏城法治第一步

深圳的法治城市之路，要从一个特别的名词说起——"特区立法"。

2008 年，广东经济特区主要领导人吴南生在接受《南方都市报》采访时回忆，1979 年 4 月，中央工作会议决定在广东的深圳、珠海、汕头，福建的厦门等地试办出口特区。7月15日，中共中央、国务院批转广东省委、福建省委的两个报告——即著名的1979年中央50号文件，决定在广东和福建两省实行"特殊政策、灵活措施"。

改革开放初期，各地的经济发展都在"摸着石头过河"，深圳也不例外。不但国内没有现成的对标样本城市，即使境外经济制度发展比较完善的国家和地区，考虑到国情不同，也不适宜盲目照搬。此外，更为紧迫的是，没有任何具体的法律制度框架对深圳应如何发展经济进行指导和统筹。

要发展特区经济，势必要引入外来的投资，但当时的深圳并没有相关的地方立法。事实上，不只深圳，在20世纪80年代初的中国，全国性的立法文件也为数不多。究其原因，一方面是新中国成立以来，结束战争状态的中国百业待兴，一波接一波的政治运动一定程度上扰乱了社会经济发展的步调，立法机关难以根据社会经济的发展规律进行规划立法；另一方面，"十年浩劫"使得整个法制体系陷入徘徊与停滞状态。在计划经济体制下，一切经济活动都由国家通过行政手段统一安排，法制建设长期处于被搁置状态。

直到党的十一届三中全会召开以后，我国进入基本法律制度的恢复与重建时期，自此我国开始有规划、有目标地构筑中国特色社会主义法律体系。因此，党和国家决心在深圳办经济特区后，首先要解决的问题就是赋予深圳有关立法的特别权力。这是特区立法的历史背景。

广东省和深圳市能够先后分获中央批准，被授予特区立法权，可谓一路艰辛。《广东省经济特区条例》仅2 000余字，从起草到公布却用去一年多的时间，前后共进行了13次大大小小的修改。

吴南生回忆，在草拟《广东省经济特区条例》期间，由于当时对其他国家和地区的情况并不了解，对于发展自由贸易的法律、制度也不熟悉，不少专业术语都需要从头学习，比如房地产是什么，地租又该如何理解，哪些概念可以使用，哪些需要改进后再用，等等。于是，他们请教了全国政协原常委、时任香港南洋商业银行董事长庄世平先生。从1979年春节前后开始，庄世平为创办特区而不断奔走于香港和广州、汕头之间。他熟悉世界经济，帮助吴南生等人收集了全世界各个自由贸易区、边境工业区、出口加工区的各种条例、资料，方便他们研究和制定特区条例。改革开放是"摸着石头过河"，《广东省经济特区条例》的出台则是经济特区立法工作摸着石头过河的首个重大突破。

1979 年 12 月 27 日，广东省五届人大二次会议审议并原则通过了《广东省经济特区条例》。随后，国务院责成国家进出口管理委员会对该条例组织研究论证。1980 年 4 月，广东省五届人大三次会议正式通过了《广东省经济特区条例》。

鉴于这是我国首个经济特区条例，吴南生等人坚持将《广东省经济特区条例》报送全国人大通过。当时部分委员认为全国人大常委会是不审议地方法规的，无须讨论广东的特区条例。但吴南生向有关领导表示：特区是中国的，只是设在广东，所以广东的特区条例是中国的条例，社会主义国家要办特区，没有全国人大常委会通过和正式授权，地方是不便创立的。

1980 年 8 月 26 日，第五届全国人大常委会第十五次会议决定，批准国务院提出的在广东省深圳、珠海、汕头和福建省的厦门设置经济特区并通过了《广东省经济特区条例》。

《广东省经济特区条例》获批实施后，我国揭开了试办经济特区的序幕。1981 年，全国人大常委会授权广东省、福建省人大及其常委会制定经济特区各项单行经济法规，使其在经济体制改革方面起到"立法试验田"的作用。

广东省被授予地方立法权后，重点对发展经济进行了立法探索。深圳市法制局首任局长张灵汉是首位提出特区立法权的人，1981 年，深圳成立了经济特区立法工作组，张灵汉担任组长。

按照当时中央的要求，立法工作组的主要任务是把经济特区内实施的特殊政策逐一进行立法，把变动性较大的政策落实为具体的经济法规。很快，工作组便完成了第一批 5 个单行经济条例的立法工作，包括对进出口业务进行管理、明确对外资入境建厂使用土地的土地使用费、对特区内贸易往来的税收进行规定，等等。

1980 年 5 月 16 日，中共中央、国务院发出《关于广东、福建两省会议纪要的批示》，提出广东应首先集中力量把深圳特区建设好。深圳毗邻香港，在改革开放初期面临着第四次"逃港潮"，大量青年劳动力流失。我国试办深圳经济特区的目的之一，是希望大力吸引外资入境发展劳动密集型的出口加工业。如果没有劳动力，怎么能建起来特区呢？

"逃港潮"事件有着复杂的社会环境背景，除了政策因素，两岸的经济落差恐怕是更为直接的导致人口外流的原因。吴南生发现，深圳有个罗芳村，香港新界也有个罗芳村。有报道称，深圳罗芳村的人均年收入是134元，而新界罗芳村的人均年收入却达到了13 000元。这时，大家才逐渐认识到，管制人口流动，光靠军队强制措施是不够的，根本上要从发展生产力，提高经济水平出发。

尽管陆续出台了一些法律法规，但在整个法律体系尚不完善的阶段，深圳作为经济特区更多的还是依赖"红头文件"，很多民商事问题仍处于"无法可依"的状态。

"红头文件"是各级政府颁布实施的行政规范性文件，不具备法律文件稳定性、长期性的特征，随着情势变化而产生变数的可能性较大。由于当时的决策者对招商引资问题，特别是如何管理境外资本并与之合作尚处在探索阶段，面对经济开放后带来的各种问题，不少"红头文件"疲于应对，虽不至朝令夕改，但政策的变动性较大，且从中央到地方行政文件繁复且不乏相互抵牾之处，一定程度上影响了外资进入特区的信心。

熟悉国际贸易的人知道，国际市场是非常注重贸易规则的。1984年，张灵汉开始接触香港的法律制度，他深刻认识到，改革开放后的经济特区一定要格外重视经济法律的制定工作，市场经济改革必须有与之相适应、相匹配的一整套法律机制。1985年开始，深圳立法工作组着手拟定经济特区立法计划，以5年为节点，陆续出台覆盖经济特区建设紧要方面的地方法规，保障特区工作的开展基本做到有法可依，之后再用5年时间逐步完善和落实。

随后，张灵汉带着这份立法计划前往香港征求意见，得到香港负责立法的人士以及律师界的支持。张灵汉随即返深向市里进行汇报。很快，一份名为《借鉴移植香港和国外经济立法经验、加快深圳立法的工作方案》的文件上报到了省人大。

深圳作为经济特区的立法参考了不少国际经济贸易通行的做法，内容多涉及抵押贷款、买卖租赁、土地抵押等新问题，所以立法工作要取得省人大的支持，需要一定时间。但特区立法问题不便一拖再拖，必须在短时间内解决。由此，张灵汉向深圳市领导提出，要在 5 年内完成制定 135 项法规的任务非常艰巨，除非深圳有自己相对独立的立法权。当时考虑这个话题比较敏感，只在深圳市内部进行过讨论。

1987 年，深圳召开经济特区立法研讨会。张灵汉再次提出深圳争取立法权一事，遭遇不少反对意见。一些同志担心深圳立法在法理上存在"违宪"和"争权"嫌疑。与会的法律专家和经济特区代表倒是大多数赞同经济特区拥有自己的立法权力。由于双方意见不统一，会议最终也没有讨论出一致意见，只好会后由张灵汉直接向全国人大和中央写报告请示。同年 8 月，中央专门派人到深圳调查情况，由张灵汉负责汇报。

1988 年年底，中央领导亲自到深圳视察。听取了张灵汉等人的详细汇报后，中央领导表示，中央同意给深圳立法权，还派了体改办领导到深圳研究落实。

1989 年 3 月，七届全国人大二次会议召开。会议审议了国务院关于授予深圳立法权的议案。尽管会上反对的声音很大，但委员长会议上已经统一了思想：深圳立法权要支持。当时全国人大常委会一位领导提出了一个折中办法，考虑到深圳还没有成立人大，可以将议案变通为：授权全国人大常委会在深圳成立人大之后，再对国务院的议案进行审议并作出相应决定。

全国人大会议结束后，深圳市委立刻决定筹备特区人大。1990 年 12 月，就在特区人大成立的当晚，张灵汉和时任人大法工委主任闻贵清赶到北京。中央一位领导为他们支招，可以分批请全国人大常委会的委员到深圳特区考察，让他们了解特区要立法权的具体原因。张灵汉和分管法制的领导商量，请全国人大常委中的老同志列名单，把常委中比较有威望的、影响力比较大的同志分四批请来特区考察。

1992年年初，邓小平同志南方视察后，改革开放的共识更加广泛。作为地方争取立法权的一次突破性尝试，深圳再次以书面形式向全国人大常委会请求审议授予深圳立法权。

在推动深圳获批特区立法权的过程中，一位重要人物不得不重点提及，他就是被中央从湖北调到深圳工作的厉有为。据厉有为回忆，1990年12月2日，他被组织从湖北省安排到深圳市工作，担任第一届深圳人大筹备组组长。随后深圳市第一届第一次人代会投票选举厉有为当选深圳市第一届人大常委会主任，与深圳结缘的时光就此拉开序幕。

深圳争取特区立法权是一场真正的接力赛。20世纪80年代末，从张灵汉等人到时任市委书记李灏，都曾向中央提出过在深圳落地特区立法权的构想。厉有为到任后，也接过了这根接力棒。厉有为认为，作为改革开放的最前沿阵地，深圳的每一项创新举措都是史无前例的，且勿论全国其他省市是否有过类似探索，恐怕不少具有社会主义特色的中国做法在世界上都属首创。特区的行动需要依法而为，如能获得特区立法权，在特区内先行制定有关政策与法律法规，把改革的重大试验纳入法律框架，保障市场经济在特区内顺利推行。试验成功的，再把政策上升为法律，同时将试验成果复制、推广到全国。这就构成了经济基础与上层建筑互促互进的良性循环，既可以保障深圳特区发展有法有据，又能够以地方立法试验的形式助推国家层面立法，同时为深圳经济的发展拓宽道路。因此，争取特区立法权是逻辑得当的，更是现实所需的。

深圳最终获批中央授权经济特区立法权，还是经历了一番波折。这里还要特别感谢一位老同志，那就是万里。厉有为回忆，当年对于是否授予深圳立法权的争议很大。万里担任全国人大常委会委员长后，主张授予深圳立法权，并且着力推动深圳取得地方立法权。

1992年6月底，授予深圳立法权一事被再次提到七届全国人大常委会二十六次会议的议事日程上。厉有为到北京后，首先拜访了万里委员长，再次汇报中央授权深圳立法权的必要性、可行性和深圳的准备工作。

前海法治大厦（前海管理局供图）

为争取到广东省的支持，厉有为找到出席会议的广东省人大常委会副主任杨立。杨立将反对深圳获得特区立法权的不同意见转交给厉有为，厉有为摸清情况后，把情况报告给时任全国人大常委会秘书长曹志同志。曹志同志又向万里委员长汇报。万里随即做出三项决定：一是请专家研究授予深圳立法权的合法性，是否存在所谓"违宪"嫌疑；二是由曹志协助做广东省的工作，说明这是党中央的决策；第三，安排厉有为同志在大会上发言。经法律专家研究，授权立法是符合宪法规定的。曹志随即向杨立传达万里的意见，杨立马上请示了时任广东省委书记谢非，谢非答复：按万里委员长的意见办。

经过不懈努力，1992 年 7 月 1 日下午 3 时，七届全国人大常委会二十六次会议根据七届全国人大二次会议的决定，授权深圳市人大及其常委会根据具体情况和实际需要，遵循宪法的规定以及法律和行政法规的基本原则制定法规，在深圳经济特区实施，并报全国人大常委会、国务院和广东省人大常委会备案。这是深圳被授予经济特区立法权的历史性时刻。自此，深圳开启了法治城市的发展之路。

"一市两法"：割裂的法治版图

要深刻理解特区立法的前因后果，首先要厘清立法权是什么。作为国家主权权能之一，立法权是国家通过立法机关进行制定法律、修改法律、解释法律以及废止法律的权力。立法权根据立法机关的层级不同，权力范围也有所区别。经济特区同时存在两类立法权，一种是由宪法、立法法规定的"地方立法权"，另一种是由全国人大及其常委会授权决定而产生的授权性地方立法，即"经济特区立法权"，这是我国在改革开放过程中逐步探索赋予经济特区的特别立法权力。经济特区的地理范围与地方所属行政区多少会有所重叠，因此这两类地方性立法权力在实践中常常有在某片区域内并存的情况。"一市两法"这个词形象地描绘了深圳在撤县设市以及经济特区设立后相当长的一段时间里的法制状况。

1979 年 3 月，中央和广东省决定将宝安县撤县设市，改名深圳市。1982 年 6 月，市政府在划定的深圳特区界线上设立了一道全长 84.6 公里的特区管理线，将经济特区与非特区区分开来。这条管理线被深圳人称为"二线关"，"经济特区"是深圳的"关内"，包括罗湖区、福田区、南山区、盐田区；属于深圳市管辖而不属于经济特区的区域是"关外"，包括宝安区、龙岗区。特区管理线在很长的一段历史时期里有着三重含义：它既是一条经济管理制度分割线，也是一条法定边界管理线，更是一条特区立法与地方立法适用范围的分界线。

作为经济制度分割线，特区管理线的内外通过立法形式实施不同的经济管理制度。由于"关内"逐步完成了产业转移，所以劳动密集型企业多在"关外"，而"关内"则集中发展高科技产业和商业贸易。这条经济管理线不但使"关内"和"关外"在社会经济发展上产生明显对比，也使得特区内外的法律制度有了较大差异。

经济特区正式设立直至 2010 年国务院批复扩大深圳特区范围，将原位于特区外的宝安区、龙岗区纳入特区范围内之前，"关外"的 2 个行政区仅受国家立法、广东省立法以及深圳市地方立法的规制，而"关内"4 个行政区内除了受到前述几层法律约束，还受到特区立法以及特区政策的规制与扶持。

2010 年 7 月 1 日，深圳市第五届人大常委会第一次会议审议并通过《深圳市人民代表大会常务委员会关于 2010 年 7 月 1 日前通过的深圳经济特区法规在扩大后的深圳经济特区适用的决定（草案）》，规定已经通过并在"关内"生效实施的 120 项特区法规中，有 101 项特区法规在当天同步扩大适用至整个深圳市。此后，特区管理线作为一种内外有别的制度界限功能逐渐消失，特区立法权和地方立法权在深圳市水乳相融，为深圳的法制建设和立法创新拓宽了更广阔的土壤。

经济立法：法治护航改革开放

作为"立法试验田"，深圳的立法首先要做的就是突破现有的体制障碍，构建全新的制度框架，为制度改革和经济改革铺路。获批经济特区立法权后，深圳的立法思路与安排开始逐渐清晰，制定出一大批可复制、可推广的特区法规，不少国家层面的市场经济立法雏形都源自深圳这座初长成的未来之城。

以公司和破产法律制度为例。过去国家层面的经济主体立法侧重于按企业所有制进行，深圳特区对于市场主体的立法探索则根据实际情况，创新选择按照组织形态以及资本构成来划分。1993 年 4 月，深圳市一届人大五次会议通过《深圳经济特区股份有限公司条例》和《深圳经济特区有限责任公司条例》，正式将"公司"概念以立法形式确定，成为我国首批公司法律。"公司"是市场经济主体的核心要素之一，为"公司"立法，就是为社会主义市场经济立法，这两部法律被公认颇具经济法领域的破冰意义。

仅有公司成立的法律还不够，因为在市场经济下，经营不好的企业会倒闭，会破产，这是市场的自然规律。但当时"破产"的概念还是非常新鲜的事物，在计划经济时代，国营企业是不存在破产这个说法的。随着外商投资内地情况的增加，企业破产的现象开始出现。

1984 年，香港商人刘天就在深圳经营的竹园宾馆，因其位于香港的母公司经营不善，濒临破产。香港破产署要求到深圳拍卖竹园宾馆以及刘天就投资的其他资产。尽管当时深港贸易往来愈加频繁，但在计划经济体制与香港尚未回归的双重背景之下，内地还从未发生过境外机构入境执法的情况。竹园宾馆破产案历经波折平息之后，类似的企业要求破产的案例不断出现，这对当时的深圳立法者而言，是一个绝佳的推动企业破产制度落地的机会。

破产法律制度是市场经济法律体系不可或缺的部分。1986 年，张灵汉等人将这些案件进行总结，报送省人大批准出台《深圳经济特区涉外公司破产条例》。深圳获批特区立法权后，又先后于 1993 年完善制定了《深圳经济特区企业破产条例》《深圳经济特区企业清算条例》等法律法规。其中，《深圳经济特区企业破产条例》大胆突破《企业破产法》的适用范围，所有类型企业均被纳入破产对象，后被全国其他省市吸收借鉴，为国家出台《破产法》先行先试做了准备。

1993 年，深圳市中级人民法院设立全国首个破产审判庭，专门审理企业破产案件。2016 年，该院上线全国首个破产信息公开平台，为深圳经济的健康发展和经济转型保驾护航，为全国法院破产审判工作积累了丰富经验。2019 年，深圳破产法庭正式成立，成为我国首个相对独立运作的破产法庭，着重探索构建内地与香港跨境破产机制。

除了公司，个人也是市场经济中不可忽视的经济主体。伴随人工智能、大数据、区块链等信息技术的发展以及自媒体平台的日渐成熟，独立且时间相对自由的个体职业者会逐渐增加，成为市场经济主体的重要组成。而我国至今还没有关于个人破产的法律出台。2019 年 6 月，国家发改委等 13 个部委印发《加快完善市场主体退出制度改革方案》，提出分步推进建立自然人破产制度，逐步推进建立自然人符合条件的消费负债可依法合理免责，最终建立全面的个人破产制度。

个人破产制度对于深圳这座创业创新之城有着重要意义。截至 2019 年年底，深圳新登记企业量和个体工商户总量分别位居全国大中城市第二，商事主体总量累积超过 300 万户，商事主体总数和创业密度居全国首位。创新的活力在于不断引进新的市场主体，同时疏通市场主体退出机制。正所谓"水流不腐"，唯有如此，才能保障市场的长期活力，对于优化深圳的法治化营商环境更是突破之举。

作为立法创新先行者，深圳在探索设立个人破产制度的道路上进行着各种尝试。2014年8月，深圳市律师协会提出在深圳经济特区建立个人破产法律制度；2015年，深圳市中级人民法院完成调研课题"个人破产制度研究"，初步形成《个人破产条例（立法建议稿）》；2020年3月，深圳市政府发布《2020年优化营商环境改革重点任务清单》，提出将争取国家授权，开展个人破产制度试点，推动个人破产条例的地方立法；2020年4月29日，《深圳经济特区个人破产条例（草案）》首次提请深圳市人大常委会审议，深圳将率先在全国建立个人破产制度，作为市场主体的自然人有望同样经过法定破产程序宣告破产。草案内容反映出保护良善诚实债务人通过破产程序重新回归经济活动以及严惩恶意讨债与破产欺诈行为的立法取向。

深圳勇于突破传统经济体制束缚，在没有国家层面的法律法规可以遵循的情况下，先后制定了国有资产管理、企业清算、土地使用权出让条例、政府采购条例等地方法规，规范市场主体的法规逐日完备，大量企业如雨后春笋般成长起来，推动深圳经济社会高速发展。

围绕要素市场经济配套、规范中介机构、促进新兴产业等内容，深圳市完成了有关土地使用权出让、房地产登记、劳动合同、价格管理等经济立法任务。一系列特区法规相继出台对于规范深圳的市场主体、健全市场要素、助力社会主义市场经济有着重要意义，法律逐步代替"红头文件"成为推动深圳发展的核心引擎。

社会立法：重点领域先行先试

深圳的立法始终以创新发展、社会治理、民生建设等作为重点领域，加快建设地方法规规范的完整体系，立法工作始终围绕特区改革和经济社会发展所需，保障重大改革于法有据。政府报告显示，深圳的立法着力加快创新驱动和对外开放立法，制定或完善知识产权保护，促进科技成果转化、数据安全、网络安全、个人隐私保护和对外经济合作等方面法规规章；加快城市治理立法，制定或完善城市更新、社会综合治理、安全生产、社会诚信、社会组织以及社区股份合作公司治理等方面的法规规章；加快民生幸福城市立法，制定或完善教育、医疗卫生、食品安全、生态环境保护、慈善救助、家庭权益保障等方面的法规规章。在不少社会立法的空白领域，深圳主动通过立法先行先试，推动解决改革发展中的挑战与难题。

作为一座日新月异、不断崛起的新城，深圳的工程建设速度举世瞩目。为了做好行业规制，深圳又陆续探索实施了关于建筑工程质量、工程招标投标、建筑监理制度的成套法规，同时出台了系列法规对日渐红火的房地产行业进行立法，开启全国住房商品化改革道路。

随着深圳高楼林立，高层住宅小区开始出现。高层建筑附属设备多，日常维修养护和管理事务烦琐复杂，由此产生了物业管理需求。1994年，深圳借鉴香港的物业管理经验，颁布了全国首部地方性物业管理法规——《深圳经济特区住宅区物业管理条例》。2003年，国务院制定《物业管理条例》，许多具体规范即吸收了深圳立法经验，我国物业管理进入了法治化、规范化发展的新时期，直接助力《物权法》的出台。

1995年，深圳制定了全国首部推动无偿献血的地方性法规——《深圳经济特区公民无偿献血及血液管理条例》，完成了由"有偿献血"向"无偿献血"的制度变革；2003年，深圳率先颁布规范人体器官捐献移植的地方性法规——《深圳经济特区人体器官捐献移植条例》，为国务院在2007年颁布《人体器官移植条例》提供了立法参考和地方实践；2006年，为促进循环经济发展，深圳公布实施全国首部循环经济地方立法——《深圳经济特区循环经济促进条例》，大力推动资源更有效利用，保护绿色生态环境；2014年，深圳率先起草我国首部高校立法——《深圳大学条例》，旨在推动高校去行政化，落实高校办学自主权；2016年4月，深圳市人大常委会审议通过《深圳市经济特区医疗条例》，聚焦医患关系问题，成为我国首部地方性医疗基本法规；2019 年，深圳出台《深圳经济特区控制吸烟条例》，被称为"史上最严控烟令"……这些与民生息息相关的立法，通过前瞻性的立法理念，潜移默化地引导我们的社会生活，彰显着深圳这座法治之城的独特魅力。

深圳法治环境的营造始终坚持"以人为本"，通过完善劳动者相关法律制度吸引全球精英集聚。

1980 年，港商刘天就了解到当时深圳市委正在研究《房产补偿贸易法》，即深圳出土地和厂房，外商出设备和资金，盈利所得由双方分成。出于商人的灵敏直觉以及对深圳特区未来的期待，他决定与深圳市巨邦企业总公司（原深圳市饮食服务公司）合作投资宾馆，中国首家中外合作宾馆——竹园宾馆就此诞生。竹园宾馆打破固定工制度，率先试行劳动合同制，进行劳动用工制度改革，企业拥有了用工自主权和工资分配自主权。这项举措直接推动了我国劳动法律制度和劳资关系的重大改革。1983 年，根据竹园宾馆的实践经验，深圳市先后出台《深圳市实行劳动合同制暂行办法》和《深圳市实行社会劳动保险暂行规定》，成为内地首个实行劳动用工合同制及社会劳动保险制度的城市。

作为从零起步的经济特区城市，深圳的建设与发展依赖四面八方的人才集聚。特区成立之初，"三来一补"的加工企业成为主要的市场主体。这些企业多属劳动密集型企业，使得深圳成为名副其实的"移民城市"，外来务工人员数量庞大，人口流动性强，人才认定标准不一，由此产生劳动者权益遭受侵害的案件时有发生。2002 年，深圳市制定《深圳经济特区人才市场条例》，对人力资源市场中的人才流动进行规范，但未解决人才政策零散、各区政策不一致、缺乏一个效力层级较高的地方性法规等问题。2017 年，深圳市颁布《深圳经济特区人才工作条例》，人才优先发展的法治保障终于落地。

作为创新之城，深圳是我国知识产权保护示范城市之一，拥有华为、中兴、腾讯、大疆等实力雄厚的战略性新兴产业和头部企业，各类专利密集度高，对专利申请、专利确权和维权的知识产权保障机制需求强烈。2018 年，深圳市通过《深圳经济特区知识产权保护条例》，旨在建立最严格的知识产权保护制度，规定了知识产权合规性承诺制度、行政执法技术调查官制度、违法行为信用惩戒制度、行政执法先行禁令等多项创新举措，助推深圳建设具有世界影响力的创新创意之都。

中国（深圳）知识产权保护中心、国家版权创新发展基地和国家海外知识产权纠纷应对指导中心地方分中心等三大国家级知识产权平台，先后落户前海蛇口自贸片区，为深圳的创新主体提供了集专利申请、快速审查、快速确权、保护协作等于一体的一站式综合服务平台。产业升级转型以来，深圳不断推行和巩固严格的知识产权保护制度，建立健全侵权预防、预警和应对机制，完善惩罚性赔偿制度，营造激励人才创新创业的公平竞争环境。

法治创新：引领司法改革创新动力

深圳市是全国首批司法改革试点地区之一，多项司法改革措施引人注目，法治中国示范城市效应逐年扩大。

根据深圳市政府颁布的《法治中国示范城市建设实施纲要（2017—2020年）》，深圳市将通过在加快形成完备的地方法规规范体系、率先基本建成法治政府、深入推进司法体制改革、推进法治社会建设、营造法治化国际化便利化营商环境、强化法治建设组织保障等六大方面着力推进法治中国示范城市建设。

在审判权运行机制改革方面，党的十八届三中全会提出要健全司法权力运行机制，确保依法独立公正行使审判权。2013年，最高人民法院印发《关于审判权运行机制改革试点方案》，探索深化司法公开和审判权运行机制改革试点，深圳市中级人民法院成为试点法院之一。

在司法人员管理体制改革方面，2017年，深圳市人大常委会出台《深圳经济特区警务辅助人员条例》，成为全国首部规范公安机关辅警管理的地方性法规。深圳在全国率先推动劳动合同制司法辅助人员管理制度改革，明确辅警身份，创新执法赋权，加强执法监管，实行"三级九等"职级管理，为地方辅警立法提供范例，并通过广东省复制推广全国。

律师是司法部门和社会公众之间关键的连接点，保障律师执业权利，保护律师的职业尊严，是司法诉讼正常运转的基本要素。1982年，国务院颁布《律师暂行条例》，恢复和重建现代律师制度，规定律师是国家的法律工作者，工资由政府财政拨付，隶属于司法厅或司法局，有着公务员序列的等级之分。可想而知，吃着"官饭"的律师在办案中说得更多的是"官话"，代表的也多是领导意志，当事人的利益往往难以兼顾。

随着对外经济的迅猛发展，我国律师制度也开始与国际接轨。在深圳经济特区，高频率的国际商贸活动带来大量涉外民商事诉讼案件，体制内的律师们面对繁杂的国际贸易规则和外国律师条件严苛的诉讼要求时常感到措手不及。改革开放初期，张灵汉等人考察中国香港、日本等地的律师制度后便曾提出借鉴国际经验改革律师制度，包括律师事务所改制、律师身份转变为社会法律工作者，等等。20世纪90年代初，国家开始探索推进律师制度改革，将律师事务所推向市场化，被誉为首个接轨国际的《深圳经济特区律师条例》就是在这样的背景之下出台的。该条例最大的贡献之一，是规定律师有权在侦查期间介入刑事案件，为当事人提供法律服务。此外，条例率先对律师体制、律师协会行业管理等进行改革和规范，开创了我国律师制度地方立法的先河，为不久后全国《律师法》的出台奠定了立法基础。

2020年伊始，辞旧迎新的转折点，一场突如其来的新型冠状病毒肺炎疫情席卷中华大地。深圳司法系统积极应对疫情变化，以诉讼便民为出发点，利用互联网、大数据等技术手段进行"云开庭"，当事双方无需到法庭现场，通过视频方式进行庭审，这是我国法院信息化建设的重要成果之一。

深圳市福田区人民法院速裁庭法官廖泰琳是湖北恩施人，疫情期间因交通管控无法按时回到工作岗位。和全国许多暂时不能回到审判席的法官一样，廖法官选择了"云审判"。开庭前，面对无法阅卷，没有法袍、法槌等困难，廖法官借助"E送达平台"等智能平台逐一解决。2020年2月24日，这场审判通过深圳移动微法院进行了互联网开庭。审判长廖法官和当事人双方均未出现在福田区人民法院的第 29 号法庭，而通过微法院客户端，司法审判的所有诉讼参与人均做到了同时连线进行开庭，庭审录音、录像同步生成，一切按部就班地进行着。

现在，深圳法院系统已经做到从立案、开庭到文书送达等诉讼流程均可通过网上完成，"云立案""云调解""云信访"等服务触手可及，全力打造全国标杆型、示范型智慧法院。公开数据显示，疫情期间，深圳两级法院通过移动微法院在线开庭过千次，其中速裁类案件实现线上庭审常态化。福田法院通过粤公正系统、深圳移动微法院、"巨鲸"智平台三大平台开展网上庭审逾 150 次，审理案件逾 350 件；深圳中院的速裁庭线上"云庭审"覆盖率更是达到 100%。

法治共建：推动粤港澳大湾区法治共同发展

2014 年，国务院决定设立中国（广东）自由贸易试验区，立足面向港澳深度融合；2019 年，中共中央、国务院印发《粤港澳大湾区发展规划纲要》，全力打造内地与港澳深度合作示范区。这两件大事是深圳再一次腾飞的重大发展契机。

香港作为亚太地区重要的国际金融、国际商贸、国际航运枢纽和国际信息服务中心，金融服务、物流业以及专业服务成为其核心支柱产业。20 世纪 80 年代以来，深圳的贸易模式与外资结合日益紧密，特别是与香港的商贸往来，因水陆相连的便利交通条件而不断壮大。因此，不少法律制度的创新举措都多多少少借鉴了香港经验，在特区内先行先试，实施效果好的便推广到其他地区。在深圳经济特区与香港的商贸往来过程中，深圳对于香港的商事制度不断学习和借鉴，并有选择地进行法律制度的横向移植。香港信奉自由市场经济理论，法治环境健全有序并与时俱进，在合同、公司、证券、银行、保险、知识产权等方面的制度规定与国际接轨，对深圳的特区建设有着直接且积极的制度辐射效应。这些立法实践经验为广东自贸试验区和粤港澳大湾区的法治建设奠定了良好基础。

深圳一直着力于营造法治化营商环境，其中商事登记制度改革最为引人关注，地方立法亦引领全国。2013 年，对标香港商事登记制度，深圳先行先试出台《深圳经济特区商事登记若干规定》，改革现行以营业执照为中心的商事登记制度，创新商事主体资格与经营资格相分离、审批与监管相统一的登记制度，大力扶持小微企业和高科技创新企业，激发创新、创业热情。2015 年，深圳在全国率先推出"多证合一、一照一码"改革，商事主体需办理的证照由原工商、质检、税务、公安、社保、公积金多个部门分别核发的证照，改为由商事登记部门核发加载统一社会信用代码的营业执照。这些举措有力地推动了全国建设规范化、国际化、法治化的营商环境。

2011 年 6 月 27 日，深圳市第五届人大常委会第九次会议高票通过《深圳经济特区前海深港现代服务业合作区条例》，该条例被誉为前海的"基本法"。当时的前海还是一片滩涂，这个"特区中的特区"在成立伊始便运行在法治的轨道上。前海坚持"依托香港、服务内地、面向世界"，对标香港与国际一流营商环境标准，以深港合作为核心竞争力，加强与香港在金融、专业服务、人才、物流等方面的合作。

前海是国家唯一批复的社会主义法治建设示范区。2012 年 12 月 7 日，习近平总书记视察前海时强调，前海要在建设中国特色社会主义法治示范区方面积极探索、先行先试。前海始终牢记总书记嘱托，深入贯彻习近平总书记治国理政新理念、新思想、新战略，坚定不移走中国特色社会主义法治道路，在打造中国特色社会主义法治建设示范区方面坚持立法先行，将法治建设列为六大板块创新之一，致力于打造与国际通行商业规则对接的法律制度与规则体系。

成立十年，前海以"条例＋办法＋指引"构筑起法治基本框架；建设前海的法院、检察院，率先探索与行政区划适当分离的司法管辖制度，实现涉外与涉港澳台商事案件跨区域集中管辖；率先探索审执分离，率先探索司法行政事务管理权与审判权分离；借鉴香港法治经验，首创港籍陪审员选任制度，选聘港籍调解员进行商事调解；建立香港及外国法查明机制，打造国家级法律查明平台；首创涵盖纪检、监察、检察、公安（经侦）、审计等五大职责的一体化的廉政监督模式，设立前海廉政监督局……如今的前海，有着当年特区成立之初的法治抱负，做着特区先行先试、勇于探索的法治创新之举，其法治建设有香港法治的深刻烙印，是深圳法治发展的绝佳缩影，也是促进粤港澳大湾区一体化的重要实践。

脱胎于香港廉政公署的深圳前海廉政监督局（汪婧摄，2020 年）

2020 年是深圳正式建市 40 周年。回顾深圳的特区立法历程，其立法理念、视角、重点、方式随着特区社会与经济日新月异的发展以及中国法治化进程的深化而不断变化着。深圳经济特区的历史，是法治建设不断加强、法治环境不断完善的历史。"深圳速度"不仅仅是盖起一栋摩天大楼的速度，也不仅仅是百货商场的商品更新换代的速度，更是深圳立法为基、不断依法完善城市治理的速度。通过先行先试、灵活变通的立法形式，深圳经济特区实现了从市场经济试验区向经济、法治双试验区的重大转变。

2019 年，《中共中央 国务院关于支持深圳建设中国特色社会主义先行示范区的意见》发布，鼓励深圳用足用好经济特区立法权，允许深圳立足改革创新实践需要，根据授权对法律、行政法规、地方性法规作变通规定。截至 2020 年年初，深圳市已完成地方性立法与政府规章逾 500 项，其中超三分之一属于没有国家立法的先行先试。这些地方法规构建起经济特区的独具特色的法治框架，为深圳市场化、法治化的高速发展提供了法律和制度保障。作为"立法试验田"，深圳时刻实践着"法治至上"，为国家立法的顶层设计提供了生动详实的样本与蓝图。

仰望星空大湾区

站在北纬 22° 53′、东经 113° 90′附近，打开你的手机地图立刻会显示：自己已置身大海。但实际情况可能是：你脚下是坚实的土地，身边尘土飞扬，泥头车从身边呼啸而过，这是 2012 年的前海。这样的故事，每天都在重演。

前海全景（前海管理局香港事务处供图，2018 年）

2008 年，深圳成立前海湾保税港区管理局。2010 年 1 月 22 日，深圳市决定筹备前海深港现代服务业合作区管理局，任命深圳市盐田港集团有限公司原董事长郑宏杰为深圳市前海深港现代服务业合作区管理局（前海湾保税港区管理局）局长。

开发建设前海是党中央在新的历史条件下做出的重大而英明的战略决策。

2015 年，前海深港现代服务业合作区正式纳入广东自贸区深圳前海蛇口片区，承担起 4 个方面的国家战略定位：现代服务业体制机制创新区；现代服务业发展集聚区；香港和内地紧密合作先导区；珠江三角区产业升级引领区。

前海深港现代服务业合作区管理局（以下简称"前海管理局"）为深圳

市政府直属派出机构，是全国首家区域治理型法定机构，履行前海深港合作区相应行政管理和公共服务职责，依法负责前海片区开发建设、运营管理、招商引资、制度创新、综合协调等工作。根据国务院授权，前海在经济建设上享有除金融以外的副省级城市权限。

中国（广东）自由贸易试验区深圳前海蛇口片区管委会（简称"前海蛇口自贸片区管委会"）于 2015 年 4 月经广东省政府批准设立，主要负责决定片区发展的重大问题，统筹推进制度创新，建立高标准国际投资贸易规则体系，培育国际化、法治化、便利化营商环境，推进粤港澳服务贸易自由化。

前海蛇口自贸片区规划面积 28.2 平方公里，分为前海区块 15 平方公里（即前海深港现代服务业合作区范围）和蛇口区块 13.2 平方公里。其中，前海深港现代服务业合作区位于珠江口东岸、南头半岛西侧，由桂湾、前湾、妈湾三个片区组成；蛇口区块原为招商局集团蛇口工业区，位于深圳南头半岛东南部，与香港新界的元朗和流浮山隔海相望，这个片区是中国改革开放最重要的发源地，中国改革开放的"试管"，诞生了"时间就是金钱，效率就是生命"这最具有影响的改革开放口号。

1981 年年底起，矗立在蛇口工业区的标语牌"时间就是金钱，效率就是生命！"在国内产生深刻影响。（何煌友摄，1981 年）

开发建设前海，是习近平总书记亲自谋划、亲自部署、亲自推动的国家战略，是我国进一步深化改革、扩大开放的战略举措。前海承担着自由贸易试验、粤港澳合作、"一带一路"等在内的十多个国家战略定位，是真正意义上的"特区中的特区"。

前海蛇口自贸片区管委会、前海管理局合体办公,目前实行"两块牌子、一套人马",作为法定机构实行一体化运作,这就是今天的前海,双区驱动,齐头并进。

2010年4月7日,广东省人民政府和香港特别行政区政府在北京签署《粤港合作框架协议》,时任中共中央政治局常委、国家副主席习近平出席签署仪式。2010年8月26日,《国务院关于前海深港现代服务业合作区总体发展规划的批复》下达,"特区中的特区"前海概念浮出水面。在深圳经济特区成立30周年的重要节点上,国务院正式批复同意设立前海深港现代服务业合作区。

也正是在2010年,前海面向全球征集还在"海中央"的前海地区的概念性规划,目标是未来将前海打造成中国的世界湾区。6月20日,前海概念性规划方案出炉,来自美国的James Corner Field Operations所提交的"前海水城"获得第一名,为前海构想了一个充满活力的21世纪水城。

武汉大学深圳产学研基地大楼是深圳虚拟大学园国家大学科技园内第一家奠基、第一家封顶、第一家投入使用的大学产学研基地大楼,是深圳经济特区和"211""985"国家名校武汉大学全面合作的丰硕成果。2009年11月17日,深圳市市长王荣,武汉大学党委书记李健、校长顾海良,中国科学院院士、中国工程院院士李德仁均出席了落成仪式。

2011年1月18日,筹建中的前海管理局,从光大银行大厦搬迁至武汉大学深圳产学研大楼。1月26日,前海管理局在武汉大学深圳产学研大楼挂牌。大潮起珠江,这预示着大湾区建设,珠江口之滨新一轮改革开放从武汉大学深圳产学研基地开始潮起潮涌。

一张白纸好画最新、最美的图画

从零起步,在一张白纸上好画最新、最美的图画,理想很丰满,现实却很骨感。在建设前海深港现代服务业合作区过程中,前海建设面临的现实状况十分严峻。一开始，前海这片核心区域最早的定位是前海物流园，前海物流园项目被紧急叫停，并转变为深港现代服务业合作区，但之前的物流园、港湾码头、发电厂、污水处理厂、垃圾收纳场及石材厂，规划杂乱无章，远处滩涂散发着腥臭味，一到夏天，蚊蝇滋生，恶臭难闻；深圳经济特区建设30年，这片区域仍然是特区的"化外"之地、特区外的特区，长期不被重视和关注。

前海当时就是在这样一片大海边的滩涂，珠三角渔民渔船停泊、避风、补给的地方开始了"借地"之举，向大海进军，向大洋出发。

深圳经济特区是北上广深一线城市中全国城市规划总面积最小的，常住人口1 390万，加上流动人口达到2 500万人，人口直逼广州市。省会广州市城市面积达7 434.4平方公里，是1997平方公里的深圳土地面积的3倍。40年来开疆拓土，城市土地资源严重匮乏一直是困惑特区跨越式大发展的魔咒。

20多年开荒拓土，特区不得不向广袤的海洋要地，向绵长的滩涂进军。盐田、蛇口、赤湾、妈湾等深水港区，深圳国际机场、福田区、南山区、宝安中心区及西部通道，无一例外均采取了填海造地来满足特区快速发展的需求。2016年6月深圳再次出台新的《深圳城市基础设施建设五年行动计划（2016—2020年》（以下简称《计划》），再向大海"借地"50平方公里。

资源稀缺情况下，特区的当政者发现了前海这片滩涂的价值，当年的蚝田，还有洗脚上岸的渔民踪迹难觅，取而代之的是由一幢幢现代化的高楼大厦组成的前海新城拔地而起。

作为规划中的国家发展战略高地，前海十年前行，习总书记两度视察，对前海的未来寄予了殷切期望。

尚未抵达深圳前，2012年11月15日在《全面贯彻落实党的十八大精神要突出抓好六个方面工作》的讲话中，习总书记就着重提到了：

"只有改革开放才能发展中国、发展社会主义、发展马克思主义。中国特色社会主义在改革开放中产生，也必将在改革开放中发展壮大。"

"改革不停顿，开放不止步" 是党中央坚持改革开放，向世界再次发出的重要宣示，也是中国全面深化改革的动员令。

2012 年 12 月 7 日，习近平当选总书记后第一次离京，南下考察的第一站便是深圳前海。总书记说："这次调研之所以到广东来，第一站选择在深圳，就是要到在我国改革开放中得风气之先的地方，现场回顾我国改革开放的历史进程，将改革开放之路继续推向前进。"

全程负责陪同总书记的前海管理局第一任局长郑宏杰讲了这样一件小事：当时前海还是一片热火朝天的填海工地，他发现总书记的鞋上落下了一层灰尘。

郑宏杰为前海的建设打下了坚实的基础，这位盐田港集团前任董事长自 2010 年组建前海管理局，作为新时代"拓荒牛"就有一种老骥伏枥、志在千里的雄心和壮志。

作为特区中的特区，前海是全国新区里面唯一以法定机构来推进新区建设的自管区域，借鉴了中国香港和新加坡的经验，通过市场化运作管理来达到小政府、大服务、高效率、国际化的要求。从 2010 年到 2013 年的打基础期，前海管理局每一个人都带着一种很强的紧迫感和使命感，快一点，再快一点，最好 1 年能干完 5 年的工作，而这位第一任局长更像一个停不下来的陀螺。

前海最首要的工作只有一项，就是填海！除了填海还是填海！！

"每天上午 8 点半前一定到办公室，晚上 9 点以后可能还在办公室加班。如果不在办公室，也可能在外面开会或者接待。"初期前海管理局干部职工都在帐篷里办公，夏夜帐篷里的蚊子老大一个，干事业的人们全然不顾，这种状态一直持续到 2013 年底、2014 年初，新建的万科企业公馆启用后，这种状态才有很大改观。

每天来前海参观、学习、考察的全国各地人员络绎不绝，据说郑局长一天最多接待过 17 批次，从一个会议室到另外一个会议室，根本都找不到一个空置出来的会议室。

这样的工作强度，让这位老局长有些吃不消了，加之郑局长年轻的时候一只眼睛玻璃体脱落，另外一只眼睛视力也不太好，患有干眼症，开会时，经常要用热水焐着眼睛。

过了 6 年，习总书记再次来到前海。已经退休的这位郑局长闲暇时还会经常步行到前海石公园，走一走，坐一坐，这里实实在在留下了他一生最值得纪念的荣誉，他是已载入史册的前海第一任"拓荒牛"。

昔日的滩涂、工地，如今树影婆娑、绿草如茵。2015年，为配合前海桂湾河水廊道工程，总书记来看过的前海石向南平移了300米，前海滨海休闲带上已建起了新的前海石公园。

逐梦之地"90派"

2014年12月7日，由前海管理局、深圳青联、香港青协三方共同打造的国内首个深港合作的国际化青年创新创业社区——前海深港青年梦工场正式开园，最早入驻前海的一批创业者进驻的就是这个逐梦之地，他们几乎是清一色的"90后"。如果说特区第一批移民是以"60后""70后"为主的基建工程兵和外来务工人员，改革开放35年后，这次进驻前海平台的就是国际"游牧"部落"90派"青年军，以及港澳回流的高级青年人才。前海的创业者中，除了港漂、陆漂之外，也有一批海外回流的"90后"。

深港青年梦工场（罗亚平摄，2019年）

Jack Cheng是他们中少量的"80后"，他经营香港的一家国际旅行社15年，祖籍潮汕。

因受香港疫情和零售经济下滑的影响，在香港旅游发展局成长计划的扶助下，Jack Cheng 将未来的发展目光投向了粤港澳大湾区。疫情爆发之前，Jack Cheng 在前海核心商圈租赁了 300 平方米的写字楼。Jack Cheng 在香港的公司一直是深圳腾讯集团在港支付的战略合作伙伴，Jack Cheng 计划打造一个香港版的"京东商城"——爱港猫科技，为内地对接优质的香港商家和港货，这样一来可以为目前苦苦煎熬中的香港商家解困，二来为国内小资家庭提供国际上优质商品和服务。回内地创业，有 Jack Cheng 这样想法的香港青年不在少数。

丁责电子的创始人宁绩，1990 年出生。戴着一副黑色细框眼镜的他，看起来毫无"90 后"的稚嫩，说起话来，却有着一颗"天不怕地不怕"的"90 后"创业心，宁绩是从新加坡的公司转身回到祖国创业的前海寻梦人。

宁绩的创业跟京东的刘强东有些相似之处。宁绩高中开始创业，从卖教科书到做二手 U 盘，摆过地摊，开过店面，做过批发……人生的第一桶金应该是高三做一本高考复习资料的长沙销售总代理，赚了 3 万元。大学毕业后，宁绩去了一家新加坡的上市公司上班。

"我在天津上大学的时候，就想毕业后一定要来深圳，这已经成了一种信念。"

宁绩从大一开始就经常参加全国的各类展会，深圳高交会他连续参加了五届。

"刚来深圳那会儿，身无分文，透支信用卡创办丁责电子，别人认为我很偏激，而我认为没什么大不了。"

宁绩说，创业在他看来是一件顺其自然的事。

"我只适合创业，不成功反正我也活不下去了，拼一拼也是一种没有办法的选择。而且，深圳是一个包容的城市，来了就是深圳人，在这里创业就算失败了也没人笑话你。"

2013 年初，宁绩在前海创立深圳前海丁责电子有限公司，专门从事高科技产品的研发和销售。目前，研发的产品主要包括高铁智能巡检、云处理系统、单兵穿戴巡检摄像头、远程云服务报警模块、智能家居模块等产品，未来将主要投入研发特种机器人和家用机器人。

丁责电子早已实现正常销售，在前海通过厚德孵化器拿到了上百万元的天使投资。宁绩创业之初，据说为激励自己必胜的信念，快速掌握商战技巧，每天必读《毛主席语录》和《孙子兵法》。

前海还有这样一位"90后"创业者肖宁，大学毕业后坐着绿皮火车，身上不足千元，怀揣着梦想选择了深圳，选择了前海，在这片土地播种下希望与梦想。

2013年的10月29日，前海总裁俱乐部招募志愿者，青年志愿者在深圳有广阔的沃土和根基，在2020年抗击全球新冠肺炎疫情过程中也起到了非常巨大的作用。

前海建设初期，肖宁以志愿者身份加入前海总裁俱乐部平台，进一步加深了对前海的了解，怀揣着一份坚定和执着，笃定前海的未来是一片青春飞扬、放飞梦想的热土。肖宁在当时全国各地加入总裁俱乐部的140名志愿者中脱颖而出，23岁便挑起了总裁俱乐部执行秘书长的担子，带领前海总裁俱乐部创新团队在2014年12月首届前海风云榜年度评选中斩获"最佳管理创新企业"荣誉。肖宁率先发起了全国各地到深圳前海考察活动，负责接待全国各地机关、社团组织、企业家抵达前海参观、考察、学习，继续弘扬"敢为天下先""争做排头兵""争做第一个吃螃蟹的人"的前海改革精神。

2014年年底，前海仍是满天黄土灰尘，一家餐厅都没有，作为一个另类的"90后"，肖宁在这一年创立了另类企业——前海公馆。

国家战略所赋予的高度给了"90后"的肖宁在前海创业的激情和勇气，前海追梦人不再局限于传统的流程式管控型组织，平台式、共享式、生态化的前海公馆机制在他们的策划下应运而生。前海公馆首次提出了共享合伙人办公模式机制，与前海企业高效商务服务体系理念与模式相得益彰，因为梦想，选择前海，在前海发展事业，即为前海事业合伙人。前海事业合伙人机制的首次提出，也是前海青年团队的自主创业模式的一种再创新。

肖宁来自曾国藩故乡，在前海的"八年抗战"可以说是一败涂地、惨不忍睹，从2012年怀揣1 000多元来到深圳，到肖宁"前海公馆"创新项目失败，他最高负债曾达到1 000多万元。千万负债压得他喘不过气来，只好暂时离开前海去打工，于2018年7月担任深商俱乐部首任秘书长，但这个山里出来的孩子从不气馁，仍像 100 多年前的曾公一样"屡败屡战"，勇往直前。现在经常挂在他嘴边的一句话是"要不是去前海的路上，就是在回前海的路上"，做好前海事业合伙人。只在在前海经历过的人，才能体会这句话的含义，充满了艰辛，也充满了信心和希望。

莫斯科不相信眼泪，前海亦然。

肖宁目前仍担任前海总裁俱乐部执行秘书长之职，刚来时的"少年心事当擎云"，经过八年的磨砺，已颇显成熟，创业初期栽些跟头不完全是一件坏事，会愈挫愈勇，更具再克艰难的勇气。2020 年，正好是肖宁三十而立之年，他选择再回前海，哪里跌倒，再从哪里重新站立起来，他要在这块热土上继续反攻，反败为胜。

类似肖宁这样的第一批前海创业者，拼尽全力，九死一生，创业成活率极低。

早期来前海深港青年梦工场创业的一位国内"211""985"名校硕士毕业生，连续创业 3 次，将人生七年最美好的青春时光全洒在这片咸湿的前海。他是香港籍，因家庭原因一直生活在深圳。他在前海梦工场创业的故事曾经被中央电视台、人民日报海外版等国内主流媒体报道，虽尚未成功，但还会有新的梦想等着他，他属于前海。

还有一位在前海博士后站点工作的金融科技博士后，同样也屡次参与创业大军之中，前海的创业气氛有点类似当年美国的圣塔克拉拉谷，因为这里也是中国的"硅谷"。

他们中每一个人的创业经历，拿出来都可以写成一本厚厚的书，他们在商海遭遇的血雨腥风，一点也不逊于 35 年前来深的第一批创业者，不逊于 100 年前加利福尼亚洲的淘金者。

前海敬重成功者，也包容和更加敬重那些说"再见"的失败者。没有一次成功不是九死一生，没有一次机会只是偶然获得。失败有失败的原因，成功自然都会有成功的道理。渐进中的前海肯定会有一些缺陷或不尽完善之处，"90 后"也不缺乏热血和激情，缺乏的往往是一往无前的恒心和毅力。

我们可以欣喜地看到前海也有勇敢者，勇敢者无畏！

2018 年 10 月 24 日，习近平总书记再次视察前海，亲自接见了 5 个在前海深港青年梦工场创业的青年团队。

前海深港青年梦工场是前海管理局投资建设的国际化青年创新创业中心，管理机构前海科创投控股有限公司系前海管理局局属公司。

2014 年 12 月 7 日正式开园时，中央政治局委员、国务院副总理、时任广东省委书记胡春华，全国政协副主席、香港特首梁振英共同参与了揭牌。深港青年梦工场一期占地面积约 5.8 万平方米，总建筑面积约 4.7 万平方米。自开园以来，截至 2020 年第一季度，前海深港青年梦工场累计孵化创业团队 466 家，其中中国港澳台及国际备案团队 227 家，累计融资总额超过 15 亿元。二期总建筑面积约 2 万平方米（包括 1.55 万平方米产业空间、0.06 万平方米商业空间），将在前海 10 周年嘉庆之际正式开园，以粤港澳初创型、成长型企业及孵化、研发机构为主要客户，重点支持智能硬件、AI 和芯片设计、移动互联网、文化创意等四大领域创业项目，打造科技时尚、开放共享、智慧活力、个性互动的全球科技创新者聚集成长空间。

正在兴建的前海粤港澳青年创业区（以下简称"青创区"）位于前海合作区桂湾片区核心腹地，占地面积约 9 万平方米，总建筑面积约 14.3 万平方米（包括 8 万平方米产业空间、约 1.3 万平方米商业空间），前海科创投控股有限公司负责投资建设和运营。创建青创区是前海贯彻落实《粤港澳大湾区发展规划纲要》中关于"拓展港澳青年创新创业空间"，助力深圳经济特区实现《中共中央 国务院关于支持深圳建设中国特色社会主义先行示范区的意见》中"建成具有全球影响力的创新创业创意之都"发展目标的一大重要举措。

前海青创区以人工智能、大数据、生命健康、物联网、区块链、云计算、科技文创等产业为重点，将建设成为前海首个聚焦产业加速的深港科创合作载体，致力打造具有全球影响力的青年科创平台。青创区一期建筑面积约 9 万平方米，将在深圳经济特区建区 40 周年，前海深港现代服务业合作区 10 周年嘉年华时投入前期试运行。

着眼于深港，着眼于青年，着眼于梦想，一直是前海发展的不二法则，仰望星空，粤港澳大湾区前程似锦！

前海深港青年梦工场建立不到 5 年，面积并不大的创新创业基地已累计孵化出 399 家创业团队，其中中国港澳台及国际团队占一半，累计融资总额超过 15 亿元。

"前海模式"

在习总书记的亲自指导下，敢闯敢试、精耕细作、精雕细琢，以制度创新为核心实现高速度、高质量发展，前海成立 10 年，初步形成了可复制、可推广的"前海模式"，即在新时代全面深化改革、全面扩大开放条件下，以制度创新为核心实现高速度、高质量发展的区域开发开放模式。该模式主要包括 7 个方面：形成了体制机制超常运作的"前海模式"，形成了以制度创新为核心、创新驱动发展的"前海模式"，形成了粤港澳深度合作的"前海模式"，形成了把握高质量发展规律的"前海模式"，形成了从零起步"画最美、最好图画"的新城建设"前海模式"，形成了打造高水平对外开放门户枢纽的"前海模式"，形成了以"1+6+9"党建工程体系为核心的党建"前海模式"。

习近平总书记第二次视察前海时，对前海开发开放成就的科学凝练进行了充分肯定，这也是前海管理局举办的率先推进中国特色社会主义先行示范区建设暨前海深港现代服务业合作区 2019 年成果发布会，系统发布前海合作区成立后的开发开放重要成果时，对"前海模式"做的全面总结和归纳。

前海在贯彻落实《中共中央 国务院关于支持深圳建设中国特色社会主义先行示范区的意见》过程中，勇当尖兵、走在前列，以开放度最高、自由度最广、引领性最强、创新力最佳、辐射力最优、联动性最好等"六个最"为行动指引，以重溯初心使命、重新顶层设计、重构发展空间、重振开放能级、重塑体制机制、重铸集聚效应等"六个重"为实现路径，加快建设"中国特色社会主义先行示范区"核心引擎区域，打造"新时代改革开放的窗口、高质量发展的窗口、社会主义现代化强国城市范例的窗口"，在先行中示范、在示范中先行，助力深圳实现从经济特区向先行示范区提升，从走在全国前列向走在全球前列跃升，从现代化、国际化城市向全球标杆城市演变，创造出让世界刮目相看的新的更大奇迹。

前海十年，这里平均每 3 天诞生一项制度创新成果，全国首创或领先创新成果 166 项，定义了"前海模式"的高度；注册企业增加值从 2013 年的 49.9 亿元增长到 2019 年的 2 301 亿元，增长 40 多倍，税收收入增长 70 多倍，体现出"前海模式"的速度；世界 500 强投资企业达 353 家，内地上市公司投资企业达 960 家，彰显了"前海模式"的质量……

2019 年 9 月 19 日，前海率先试点企业登记"秒批"制度，首批推出内资自然人有限责任公司设立"秒批"（无人干预自动审批），将企业设立审批时限由一天大幅度压缩至几十秒内。

"前海模式"，为实现中华民族伟大复兴的中国梦持续贡献前海力量。背靠粤港澳大湾区、面朝 21 世纪海上丝绸之路，前海正"风帆高悬、破浪而行"。

机制创新独步全国

双区驱动、制度创新是中国（广东）自由贸易试验区深圳前海蛇口片区和前海深港现代服务业合作区的核心任务，前海对照国际标准和水平，强化整体设计和系统集成，构建政府、市场、社会协同创新体系，形成了以投资便利化、贸易便利化、金融开放创新、事中事后监管、法治建设、人才管理改革、体制机制和党的建设八大板块为核心的制度创新"前海模式"。在前海自贸区，除了随处可见的恒生银行、金银业贸易场等知名港企的标志之外，还可以看到一大批新鲜事物：有适用香港法律断案的前海法院，有借鉴香港廉政监督模式的廉政监督局，还有粤港澳合伙型的联营律师事务所。

敢闯敢试，造就了"前海模式"。在前海管理局局长助理孙海伟看来，制度创新是前海的核心使命。截至 2019 年 12 月底，前海累计推出投资便利化、贸易便利化、人才管理改革等制度创新成果 469 项，全国首创或领先的达 166 项，在全国复制推广 50 项，全省复制推广 69 项，全市复制推广 122 项，在山西省等地复制推广 160 多项。

其中，在土地指标上，前海规定三分之一的土地要向港企出让；在金融领域，双方推动实现了跨境人民币贷款、跨境双向发债、跨境双向股权投资等五大跨境合作；在人才服务上，前海率先推行在前海工作的港澳居民可免办《台港澳人员就业证》，港澳人才不仅可在前海享受税务优惠，还可申请公寓等创新举措。

前海政府管理机制创新

前海管理局是国内首家设立法定机构进行区域职能管理的"吃螃蟹者"，通过立法的形式赋予法定机构一定的行政管理权限及社会公共服务职能，通过市场化运作、企业化管理来达到提高效率、增加透明和节约成本。它有别于一般开发区的官方行政部门，是企业化的政府。

所谓法定机构是根据一部或者多部法律法规设立的承担特殊职能的机构。它能够有更灵活的机制、更高效的运作方式来完成一些纯粹由政府机构不太好完成的使命。作为中国大陆地区第一个依法成立的真正意义上的法定机构，前海管理局跟全国各地开发区都不一样，他们更多用的是新区、开发区管委会或者领导小组的形式，而前海是参照中国香港、新加坡做法设立法定机构。像香港的贸发局，已经有几十年历史，还有香港市区重建局、西九文化区管理局。

"新加坡裕廊工业园区等都是用法定机构方式来设立。前海管理局全局 160 多人，只有我一个人是公务员身份，因为我还保留了市政府党组成员的身份，其他同志都是我们法定机构的职员或者是我们下属公司的雇员、工作人员。"作为前海管理局第二任局长，张备这样来定义前海管理局职能管理的创新模式，目前，这种管理模式在国内还没有第二家。

截至 2020 年 5 月，除了首任郑宏杰局长退休外，前海管理局第二任局长张备、第三任局长杜鹏均已"下海"，张备担任深圳市海王集团股份有限公司执行总裁、深圳市全药网科技有限公司董事长，杜鹏任平安集团党委副书记。

前海梯级土地开发模式登台亮相

梯级开发，分为 0 级、0.5 级、1 级、1.5 级、2 级共 5 个等级。1 级是城市基础设施建设，形成城市后续建设运营的结构骨架。2 级即商业、办公、服务配套、居住等地产开发项目和城市建设等，前海现代服务业合作区内的前海卓越壹号、前海华润中心以及前海法治大厦等永久性公共建筑均在此列。

1.5 级开发则为前海所独创，指的是根据基础设施建设情况和土地开发时序，通过租赁或短期土地使用，采用建设可移动、可生长的建筑和设施，开展品牌及影响力活动，在建设过程中展现前海未来形象，挖掘土地价值，形成滚动开发。

前海的 1.5 级开发，最具代表性的属万科地产开发的前海企业公馆，采用的是 BOT（建设—经营—转让）建设模式，万科地产以 "0" 地价的方式向前海管理局租赁相关土地 8 年经营权，以从事办公楼宇开发和租赁业务，特许权期限届满时，建筑将无偿移交给政府。无论从生产建设还是投产使用，1.5 级土地开发的效率和价值都体现得十分明显。

万科企业公馆不仅是前海首个 1.5 级开发项目，也是前海首个落成的商业办公项目。从 2014 年底开放至今，灵活、个性、辅以园林景观的企业公馆建筑群以新颖、现代化的形象，成为前海的形象展示窗口，也成功凝聚起前海首个实体产业生态圈。

商事制度创新改革

前海深化营商环境改革，激发市场投资活力，在全国率先实现外资企业设立商务备案与工商登记"一口办理"，企业办理营业执照和外商投资备案回执时限从自贸区成立前的 20 个工作日减少到 1 个工作日；推行高度便利化的口岸监管服务模式，开展深港陆空联运、全球中心仓、原产地证书智慧审签等试点改革；建立以信用为基础的事中、事后监管机制，前海跨部门协同监管平台归集来自深圳市 70 多个政府部门以及有关市场机构，涉及自贸片区 17 余万家企业的超过 1 500 万条信用数据。

中山大学自贸区研究院《中国自贸试验区制度创新指数成果报告》显示，前海蛇口自贸片区制度创新指数在全国自贸片区中连续两年排名第一。金融开放在全国领先，彰显示范窗口作用。

2019 年 7 月，《深入推进中国（广东）自由贸易试验区深圳前海蛇口片区外汇管理改革试点实施细则》正式印发实施，资本项目外汇资金使用、股权投资、跨境融资等多个方面先行先试政策落地前海蛇口自贸片区，进一步促进投融资便利化，为我国金融业对外开放探索新路径。

金融创新结硕果

从 2010 年筹备到 2019 年 12 月止，多个金融创新的"首单"花落前海：全国首家民营互联网银行开业、首家港资控股合资基金公司开业、首家港资控股的合资证券公司获批、资本项目收入的支付审核便利化首次试点、首单以交易所平台为依托的银行不良资产跨境转让……充分彰显了前海作为国家金融业对外开放试验示范窗口和跨境人民币业务创新试验区的先行先试功能。

前海已初步构建起事前、事中、事后的金融风险防控闭环体系，在全国率先探索建立具有地方特色的金融风险防控"前海模式"；积极探索科技防控新路径，以前海鹰眼系统为中心，以前海公共信用平台为基础支撑，辅以深圳私募基金监管服务平台以及其他行业相关系统，构建立体式、多维度的前海金融风险防控体系。

截至 2019 年 12 月底，前海蛇口自贸片区共有 50 084 家金融企业，累计注册资本达 52 114.18 亿元，开业企业 25 999 家，开业率达 51.91%，其中持牌金融机构共 243 家。自贸区金融业实现注册企业增加值 1 367.4 亿元，同比增长 15.3%。商业保理、融资租赁等金融相关服务机构 5 万余家。2019年全年前海蛇口自贸片区金融业实现税收 141.48 亿元，同比增长 27%。前海已构建起以现代金融为主导、高端多元的现代产业体系，成为我国目前最大的新金融、类金融机构集聚地，重要跨境金融中心。

前海国际金融之城（前海管理局香港事务处供图，2018 年）

法治创新打造优质营商环境

前海是目前国家唯一批复的社会主义法治建设示范区。9 年来，前海在司法体制综合配套改革、公共法律服务等方面提出一系列在全国具有引领意义的改革举措，形成了 110 多项法治创新成果。

最高人民法院第一巡回法庭、第一国际商事法庭、境外法律查明"一中心两基地"、中国（深圳）知识产权保护中心、深圳金融法庭、深圳知识产权法庭等一大批机构落户前海。全国 11 家粤港澳联营律师事务所中有 7 家落户前海。前海已经构建起集仲裁、调解、律师、公证、司法鉴定、知识产权保护、法律查明为一体的全链条法律服务保障体系。

"未来之城"站城一体化综合枢纽创新

前海综合交通枢纽建设，地铁 1 号、5 号、11 号线前海湾站已经全面贯通，穗莞深城际线预计 2020 年开建，港深西部快线正在积极规划。截至深圳经济特区成立 40 周年前夕，前海蛇口自贸片区桂湾中心位置的前海综合交通枢纽，已经规划汇集 5 条轨道交通。枢纽建筑地下 6 层，其中上面 3 层为轨道及交通换乘区，下面 3 层为地下车库，设 4 900 多个停车位。枢纽将设置深港过境口岸及公交、出租、社会车辆、旅游巴士等交通接驳场站，通过地下可直接连通市政道路的周边建筑，实现站城无缝对接，预计每天客流将达75万人次，可构建立足前海，辐射珠三角、香港地区的集约型、立体化的24小时活力社区，塑造国际化的现代城市窗口形象，形成前海片区地标和区域核心。

打造智慧枢纽。前海枢纽建成后，是人群高度集中的场所，相应地伴随着大量疫情及安全隐患。为此，前海枢纽将通过智慧化建设，进行精确、实时的人群预警，有效地监控当前人群分布态势，预测人群流动趋势，引导市民乘车出行以及消费，从而切实解决人流密度大且高度集中时段难以管理的问题，促进城市公共安全管理和突发事件预测、预警和应急处理能力。枢纽将通过合理统筹、创新研究，打造卓越的智能停车系统，进一步借助物联网技术打造智能停车系统，整合片区内停车资源，提升枢纽智慧化服务水平。此外，前海枢纽还将创新管理模式，充分挖掘站城一体的交通资源、运管资源、商业资源，利用物联网、云计算、移动互联网等信息技术的集成应用，为片区人员提供安全、舒适、便利的现代化、智慧化生活及工作平台，并可嵌入多种专业服务，如政务、法务、商务等模块，具有极强的可扩展性及互联互通性，全方位满足各种服务需求，打造"智慧社区"。

展示文化枢纽。前海枢纽将充分利用自身公共性和窗口示范性的特点，最大化利用空间和资源，通过空间文化艺术策划和规划，充分展示中国传统文化的博大与精深。通过搭建文化、艺术展示平台，展示中华文化的原生态及特色，广泛宣传我国悠久的历史、精湛的工艺、丰富的人文，让中国文化精髓融入生活，拥抱城市，走向世界。

构建生态枢纽。前海枢纽还提出了"生态枢纽"的理念，通过绿色建筑、海绵城市、雨水收集技术等方式，营造枢纽生态"小环境"。在园林绿化养护中，将考虑采用滴灌技术达到灌溉均匀的效果，并实现自动化、节水、节能、节省劳动力的作用。此外，还将创新能源综合管理，并提出管控措施，通过利用喷洒除尘设备降低大气污染，减少人工热源，加上风光互补技术等措施，全面控制和提高片区环境质量。

未来前海抵达世界各个国家首都的最长飞行时间不超过12个小时。

2020 年 4 月 17 日，前海举行 2020 年城市新中心建设第二季度重大项目集中开工仪式。前海城市新中心建设指挥部 2020 年第一次总指挥会议透露：2020 年前海市新中心推进建设项目 235 个，计划完成投资 586.1 亿元，为历年最高。前海自启动开发建设以来，累计完成固定资产投资超 1 500 亿元。

从 0 起步，十年磨一剑，努力画出最美、最新、最好的图画。前海已累计实现 193 栋建筑主体结构封顶，其中建成并交付使用 147 栋，建筑面积 196 万平方米。临海大道、滨海大道等 27 条主次干道主体完工，"四纵十横"的道路骨干网基本形成。

前海全景（前海管理局香港事务处供图，2018 年）

前海自贸区正在大力推进实施《前海城市新中心规划》及三年行动计划，坚持统筹区域、统筹山海、统筹岸线，构建"一湾、两山、五区、四岛"的空间格局，打造集山、海、林、城、岛、港、湾于一体的世界一流湾区城市风貌。启动国家博物馆深圳馆、"三馆一院"、城市新中心地标等一批重大公建配套设施规划建设，规划"921"陆海空立体交通构架。

在昔日南头半岛上的荒凉滩涂——前海，一座国际化滨海新城拔地而起，必将屹立在世界的东方。

一、专著类

1. 曾生：《曾生回忆录》，北京，解放军出版社，1991 年。

2. 铁竹伟：《廖承志传》（第二版），香港，三联书店（香港）有限公司，2018 年。

3. 江波、万莲：《邓华兵团战事报告（四野 15 兵团）》，郑州，黄河出版社，2013 年。

4.《毛泽东文集》，第 4 卷，北京，人民出版社，1996 年。

5. 中共中央文献研究室主编：《毛泽东传（1893—1949）》，北京，中央文献出版社，2004 年。

6.《周恩来统一战线文选》，北京，人民出版社，1984 年。

7. 陈晋：《毛泽东阅读史》，北京，生活·读书·新知三联书店，2014 年。

8. 沈文建主编：《足迹——蛇口消息报 20 周年特辑》，香港，亚洲传媒出版社，2010 年。

9. 许永军、刘伟主编：《蛇口，梦开始的地方——致敬改革开放 40 周年》，北京，人民日报出版社，
   2018 年。

10. 段亚兵：《创造中国第一的深圳人》，北京，人民出版社，2010 年。

11. 段亚兵：《文化深圳》，北京，作家出版社，2009 年。

12. 段亚兵：《深圳拓荒纪实》，北京，人民出版社，2018 年。

13. 段亚兵：《深圳财富传奇：占领华强北》，北京，人民出版社，2012 年。

14. 段亚兵：《深圳拓荒人：基建工程兵创业纪实》，北京，人民出版社，2014 年。

15. 段亚兵主编：《转战南北，扎根深圳》，海口，海南出版社，2013 年。

16. 陈秉安：《大逃港》，广州，广东人民出版社，2010 年。

17. 吴晓波：《激荡四十年》，北京、杭州，中信出版社、浙江人民出版社，2008 年。

18. 毕竞悦：《中国四十年社会变迁》，北京，清华大学出版社，2018 年。

19. 张继辰：《华为的绩效管理》，深圳，海天出版社，2016 年。

20. 孙振华：《中国当代雕塑史》，北京，中国青年出版社，2018 年。

21. 谭元亨：《雕塑百年梦》，北京，华文出版社，2000 年。

22. 彭庆元：《凝固的诗情：深圳城市雕塑写意》，深圳，深圳报业集团出版社，2006 年。

23. 金心异、老亨、呙中校：《深圳选择突围：因特虎深圳报告 II》，广州，中山大学出版社，2006 年。

24. 王锦侠、张奇：《天下大势——邓小平的外交思想与实践》，广州，花城出版社，2004 年。

25. 罗石贤：《中国风云——邓小平政海沉浮录》，香港，利文出版社（香港）有限公司，1995 年。

26. 速溶综合研究所：《业界地图》，北京，人民邮电出版社，2018 年。

27. 张利华：《华为研发》，北京，机械工业出版社，2010 年。

28. 傅贤伟、王海燕主编：《华为离职江湖》，深圳，海天出版社，2019 年。

29. 孙科柳：《华为基因》，北京，电子工业出版社，2014 年。

30. 陈广：《任正非：华为的冬天 唯有惶者才能生存的冬天哲学》，深圳，海天出版社，2015 年。

31. 田涛、殷志峰：《华为系列故事：枪林弹雨中成长》，北京，生活·读书·新知三联书店，2016 年。

32. 吕大乐：《香港模式——从现代式到过去式》，香港，中华书局（香港）有限公司，2015 年。

33. 我为伊狂：《谁抛弃了你》，南京，江苏人民出版社，2003 年。

34. 段钢、吴迪：《从前有座山》，北京，人民日报出版社，2018 年。

35. 斯培森：《我们深圳 40 年》，南京，江苏人民出版社，2018 年。

36. 麦克·尤辛、哈比尔·辛格、梁能：《中国模式》，台北，远见天下文化出版股份有限公司，2017 年。

37. 中共中央宣传部理论局：《新中国发展面对面》，北京，学习出版社、人民出版社，2019 年。

38. 吴革：《中国影响性诉讼》，北京，法律出版社，2006 年。

39. 王穗明、林洁编：《深圳口述史（1980—1992）》（上卷），深圳，海天出版社，2015 年。

40. 戴北方、王璞编：《深圳口述史（1992—2002）》（中卷），深圳，海天出版社，2017 年。

41. 深圳市前海深港现代服务业合作区管理局主编：《前海金融业务政策汇编》，2015 年。

42. 深圳市地方金融监督管理局主编：《2019 年深圳市金融业运行情况》，2020 年。

43. 老亨、金心异、我为伊狂：《十字路口的深圳：因特虎深圳报告 2004》，北京，中国时代经济出版社，2004 年。

二、报刊、网络资源类：

1. 孙振华：《以市民为主角，用雕塑讲述城市故事》，《深圳晚报》，2019-06-21。

2. 《揭秘国内"首座小平铜像"在深圳落成前后》，文化中国——中国网，2010-09-09。

3. 黄玉屏：《外来工的"法律知音"》，《深圳法制报》，2001-08-18。

4. 《深圳一年开出近600万张区块链电子发票》，新浪网，2019-10-21。

5. 《国内首单区块链跨境支付业务落地 前海金融科技创新实现新突破》，搜狐网，2017-03-09。

6. 《区块链金融应用：中国首个跨机构场景真实交易量突破百万》，第一财经，2017-04-06。

7. 薛洪言、陈嘉宁、黄大智、赵一丁：《互联网金融行业2019年第3季度报告》，苏宁金服集团·苏宁金融研究院，２０１９年１０月互联网金融中心暨银行金融科技专题报告。

8. IFAB& 埃森哲：《2019中小银行金融科技发展研究报告》，2019年10月。

9. 中国信息通信研究院：《中国金融科技生态白皮书（2019年）》，2019年7月。

10. 清华大学互联网产业研究院：《金融科技在小微企业信贷中的应用发展研究报告》，2019年4月。

11. 零壹财经·零壹智库：《全球FINTECH投融资全景报告2016—2019Q1》，2019年。

12. 黄乐平等：《区块链与数字货币，科技如何重塑金融基础设施》，中金公司，2019年10月行业报告。

13. 《飞贷金融科技的2019：十年磨一剑，科技推动打造全球金融科技最佳实践》，ups科技网，2020年01月09日。

14. 《金融科技公司讲"科技故事"是被逼的吗？》，《国际金融报》，2018-04-28。

15. 《深圳：改革开放40年"中国硅谷"炼成记》，深圳新闻网，2018-08-26。

16. 哈勒姆·斯蒂文斯：《硅谷与深圳：一个历史比较分析》，《中国经济特区研究》，2017年第1期。

17. 《科技创新将在深圳先行示范区中发挥更大作用》，《中国科技论坛》，2019年第9期。

18. 倪鹏飞、马尔科·卡米亚：《深圳故事：奇迹中的奇迹》，《深圳特区报》，2019-10-15。

19. 王帆：《深圳过去40年做对了什么？深圳原副市长：所有改革依靠法治化体现》，《21世纪经济报道》，2019-07-26。

20. 杜啸天：《"法治深圳"设计40部作品获奖》，《南方日报》，2015-02-02。

21. 何国勇：《深圳建设国际科技、产业创新中心研究——硅谷的经验与启示》，《城市观察》，2018（2）。

22. 《专访深圳市市长许勤：打造深圳标准 提早布局未来产业》。《中国经济周刊》，2016-08-01。

23. 兰建洪、吴小明：《深圳河治理工作回顾评价及未来治理方向探讨》，《广东水利水电》，2015（12）。

24. 张华、李长兴、卓建明：《深圳河治理工程成效初析》，《中国水利》，2000（10）。

25. 杨剑、关山、卢获、许黎娜、贾云勇等：《解析广东经济特区酝酿过程：邓小平定下特区名》，《南方都市报》，2008-04-07。

26. 阚珂：《人大制度60周年：深圳特区从试办到获立法权用了13年》，《检察日报》，2014-09-01。

27. 李佳佳：《深圳创业密度全国第一》，《深圳商报》，2019-02-19。

28. 张东方：《深圳市建设法治中国示范城市工作会议召开》，南方网，2017-12-28。

29. 万学忠、唐荣：《前海：一个国家级法治示范区的新面孔》，《法人》，2017-12-06。

30. 李菡丹：《科技点亮梦想》，《中华儿女》新闻网，2018-11-28。

年轮是一个时间的符号吗？

四十年，既怕提，又不得不提。

中国第一个经济特区就这样不声不响、不慌不忙，正式迎来 40 周岁。

一个不惑的年轮，进入崭新的 2020 年。一个非常纯朴的时代就这样轻轻地"划"过去了，有许多的不舍和记忆终究会成为永恒。年轮难道就只是一个时间的符号吗？

年轮实际上是一个很沉重的话题，话匣子一打开，可能三天三夜讲个没完没了，尤其是聊到深圳，这个原本可能就没有的经济特区。因为历史的风云际会，机缘巧合，不仅存在了，而且还最终发展成为了一个走中国特色社会主义道路的"成功典范"，成为令全世界为之瞩目的"中国样本"。其实，革命先辈们当初可能根本没有想得那么远，因为广东沿海地区逃港潮的大难题横亘在执政党面前，改革开放的总设计师邓小平同志提出"建立经济特区"，当时只考虑到了宣示改革开放的决心，要将百年来贫穷落后的帽子甩得更远一点点。就是这个出发点，最终成就了中国第一个经济特区，并借第一次世界经济全球化的浪潮，走上了历史的高点，成就了辉煌。

抚今追昔，年轮更是一种奉献和牺牲。几千万人来过深圳，有超过一半以上的人，没有留下任何痕迹，甚至一个名字；他们默默无闻地再回到了几千里地以外的穷乡僻壤，又过上了暮鼓晨钟、粗衣淡饭的普通人的生活，直至他们的二代追寻父辈的足迹再次南下特区打拼。40 年两代深圳人，他们建设了深圳这座"一夜城"，谱写了深圳样本的不朽篇章。

深圳经济特区成立那一年，我 15 岁，在读中学。本书一半以上的作者，在 1980 年基本都在幼儿园上学，有 3 位作者过了 9 至 12 年以后才出生。10 名作者中，有 5 名博士、1 名教授，汇集了清华大学、北京大学、北京理工大学、武汉大学、华中科技大学、中山大学、中国科技大学、南开大学等 8 所 "211" "985" 名校毕业的各路精英。

因为深圳，因为有这本记录深圳经济特区建立 40 周年的书，他们为了一个共同的目标，从五湖四海走到了一起，他们的认真和勤勉，也体现出新时代的一种执着和奉献精神。

本书写作时间不过半年，但 10 名作者中，年龄最长者彭庆元老师也许早就准备了多年。深圳经济特区成立 10 周年后不久，正处事业巅峰、都位居处级领导岗位的夫妻俩，彻底放弃内地优厚的工作待遇，义无反顾地南下深圳重新出发。正因为有全国人民从资金、人才、技术上的无私奉献，才成就了深圳经济特区在中国的很多 "第一"。

1987 年，华为成立的那一年，我也来到了深圳，一住就是两个多月，跟当年深圳莱英达集团旗下 "三来一补" 企业员工同吃同住，名曰 "体验生活"，实际上是写作，最后出版了《走出低谷》一书。岁月蹉跎，浪迹天涯 20 年，直至 2017 年，重新回到深圳这个起点，我才再拾掇起荒废了多年的文字，发现我属于深圳，离不开深圳。

正是因为在深圳，我才有了听清华大学深圳研究生院戴吾三教授讲座的机会。戴吾三教授是一位十分严谨的学者，他的 "解放军止步罗湖桥" 一节是《深圳样本》的开篇之作。

2020 年，戴吾三教授在美国西雅图女儿家过春节，因为全球新冠肺炎疫情的影响而无法回国，在给国内大学生、研究生上网课的期间，还寻隙亲自到美国图书馆为本书写作查阅资料，这种治学精神确实值得晚辈学习。

年轮也是一种竞争和超越。

中国第一个经济特区成立 40 周年之际，也是深圳前海——特区中的特区——10 周年嘉年华之际。前海虽不是中国第一个自贸区，却是中国第一个法人机构治理的深港合作试验区。前海管理局是为了打造前海深港现代服务业合作区而成立的，这在中国是首创。

2012年12月7日，习近平总书记视察前海后，寄语前海做最浓缩、最精华的核心引擎，希望前海"依托香港、服务内地、面向世界"，精耕细作，精雕细刻，一年一个样，一张白纸，从零开始，画出最美、最好的图画。总书记的殷殷期待，是希望前海不辱使命，超越深圳经济特区过去的辉煌。前海，承担了包括自由贸易区试验、粤港澳合作、"一带一路"建设、创新驱动发展四大国家战略使命在内的15个国家战略定位，是粤港澳大湾区的核心。

深圳样本，示范中国；前海打造，继往开来。

本书10名作者中有9人生活在前海、服务在前海。谭泽先是前海总裁俱乐部创始人；李从文博士、吴光胜博士管理的主板上市企业先后服务过前海自贸区；徐桦博士是前海链科创始人；肖子龙、汪婧两位博士分别在前海博士后流动站和北京大学深圳研究院博士后科研流动站从事金融科技、法治创新研究；我和其中两位作者也是前海自贸区的老居民；吴光胜博士团队为本书写作了"中国'硅谷'炼成记"一节；李从文博士和刘小芳承担了"一泓清流深圳河"一节；徐桦博士、肖子龙博士承担了"金融科技新城"一节；汪婧博士独立承担了"法治至上"一节的写作；彭庆元老师和谭泽先老师各自承担了雕塑艺术、外来工法律维权章节的撰写。本书汇集了三代作者，跨越了20世纪从40年代一直到90年代半个多世纪。

本书在写作过程中，先后有25名以上的志愿者参与了前期的采编，最后只有以上提及的10名作者完成了各自的章节。其中，美国病毒学会会员、深圳"梧桐凤凰人才引进计划"的海归钟靖博士参加了前期工作。最终因2020年席卷全球的新冠肺炎疫情影响，他们的前期采编最终无法形诸文字，而让许多美好的愿望和计划"落空"。

本书由罗亚平牵头撰写了全书75%的章节内容，在写作过程中得到了前海管理局、文科园林、华讯方舟、招商局集团、深圳市前海万企投资控股有限公司、拓日新能、华强电子世界、武汉大学深圳研究院、前海总裁俱乐部、华友会、前海爱港猫、前海中鑫立达、深圳美术馆、深圳博物馆，还有深圳市拓荒史研究会杨洪祥、聂进良，老基建工程兵汪力群、王增洲，南油集团原工会主席陈宗浩，任正非一些前老战友的大力支持，在此就不一一细述。最后，还要感谢深圳市臻启元文化投资有限公司对本书的大力支持。本书因为时间关系，仍有可能挂一漏万，还请读者批评指正。

前人抛下一片汗水，后人细心呵护，必然会让它长成一片参天大树。天佑中华，深圳期待"后浪"再创佳绩，再造辉煌！

罗亚平

本书作者简介

戴吾三：清华大学深圳研究生院社会科学与管理学部教授。2019年退休后加入哈尔滨工业大学（深圳）马克思主义学院，兼任南方科技大学社会科学高等研究院特聘研究员。著有《考工记图说》《汉字中的古代科技》《技术创新简史》等。

彭庆元：中国作家协会会员，中国散文诗学会理事，出版有《天涯芳草》《流浪的琴声》《艺苑风景线》《凝固的诗情：深圳城市雕塑写意》《艺穗集》等12部散文、诗歌集。

罗亚平：武汉大学文学院文学士，武汉理工大学MBA硕士，中国作协湖南分会会员，深圳市作协会员。

李从文：武汉大学工商管理学硕士、管理学博士，深圳文科园林股份有限公司创始人、董事长，深圳市文科公益基金会名誉会长，当选"改革开放40周年广东省优秀企业家"。

谭泽先：广东鲸山律师事务所主任律师，中国案例研究会理事，南山金融与财税律师团团长及前海总裁俱乐部创始人。

吴光胜：当选新中国成立70周年优秀中国特色社会主义建设者100人，国家万人计划领军人才，国家科技创新创业人才。全国工商联常委。武汉大学经管学院博士，华讯方舟科技有限公司创始人、董事长。

徐桦：华中科技大学理学士、澳大利亚昆士兰大学工程博士，前海链科创始人。

肖子龙：华中科技大学金融学博士，中山大学数据科学与计算机学院博士后。从事金融科技专题研究。

汪婧：北京大学国际法学院博士后，现供职于深圳市前海创新研究院。

刘小芳：深圳文科园林股份有限公司品牌负责人。